MÉDIAS et DÉMOCRATIE
Le grand malentendu

PRESSES DE L'UNIVERSITÉ DU QUÉBEC
Le Delta I, 2875, boulevard Laurier, bureau 450
Québec (Québec) G1V 2M2
Téléphone : 418-657-4399 • Télécopieur : 418-657-2096
Courriel : puq@puq.ca • Internet : www.puq.ca

Diffusion / Distribution :

CANADA et autres pays
Prologue inc.
1650, boulevard Lionel-Bertrand
Boisbriand (Québec) J7H 1N7
Téléphone : 450-434-0306 / 1 800 363-2864

SUISSE
Servidis SA
Chemin des Chalets
1279 Chavannes-de-Bogis
Suisse

FRANCE
AFPUD
Sodis

BELGIQUE
Patrimoine SPRL
168, rue du Noyer
1030 Bruxelles
Belgique

AFRIQUE
Action pédagogique
pour l'éducation et la formation
Angle des rues Jilali Taj Eddine
et El Ghadfa
Maârif 20100 Casablanca
Maroc

La *Loi sur le droit d'auteur* interdit la reproduction des œuvres sans autorisation des titulaires de droits. Or, la photocopie non autorisée – le « photocopillage » – s'est généralisée, provoquant une baisse des ventes de livres et compromettant la rédaction et la production de nouveaux ouvrages par des professionnels. L'objet du logo apparaissant ci-contre est d'alerter le lecteur sur la menace que représente pour l'avenir de l'écrit le développement massif du « photocopillage ».

ANNE-MARIE GINGRAS

MÉDIAS
et DÉMOCRATIE
Le grand malentendu

**3ᵉ ÉDITION
REVUE ET AUGMENTÉE**

2010

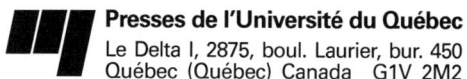

Presses de l'Université du Québec
Le Delta I, 2875, boul. Laurier, bur. 450
Québec (Québec) Canada G1V 2M2

Catalogage avant publication de Bibliothèque et Archives nationales du Québec et Bibliothèque et Archives Canada

Gingras, Anne-Marie

   Médias et démocratie

   3e éd. rev. et corr.

   Comprend des réf. bibliogr.

   ISBN 978-2-7605-2388-3

   1. Médias - Aspect politique. 2. Démocratie et médias. 3. Médias et opinion publique. 4. Médias - Influence. 5. Internet. I. Titre.

P95.8.G56 2009   302.23   C2009-940582-2

Nous reconnaissons l'aide financière du gouvernement du Canada par l'entremise du Programme d'aide au développement de l'industrie de l'édition (PADIE) pour nos activités d'édition.

La publication de cet ouvrage a été rendue possible grâce à l'aide financière de la Société de développement des entreprises culturelles (SODEC).

Intérieur
Mise en pages : INFO 1000 MOTS

Couverture
Conception : RICHARD HODGSON

1 2 3 4 5 6 7 8 9 PUQ 2010 9 8 7 6 5 4 3 2 1

Tous droits de reproduction, de traduction et d'adaptation réservés
© 2009 Presses de l'Université du Québec

Dépôt légal – 2ᵉ trimestre 2009
Bibliothèque et Archives nationales du Québec / Bibliothèque et Archives Canada
Imprimé au Canada

Table des matières

Remerciements XI

Introduction 1

CHAPITRE 1
La sphère publique comme idéal démocratique ... 11

1.1. Le concept de la sphère publique :
l'héritage de Habermas..................... 13
    1.1.1. La rationalité 16
    1.1.2. L'accessibilité 19
    1.1.3. La transparence 22
    1.1.4. La liberté d'expression................ 31

1.2. La crise de la sphère publique et le concept
de l'appareil idéologique.................... 40

Conclusion 51

CHAPITRE 2
Les médias et les pouvoirs politiques 53

2.1. Les pratiques journalistiques................ 55
    2.1.1. La collecte de l'information 57
    2.1.2. Les conditions de travail
          des journalistes..................... 65

2.2. Les styles politico-médiatiques 70

2.3. Le code de communication
des personnages politiques 86

Conclusion 98

CHAPITRE 3
Les médias et les pouvoirs économiques 101

3.1. Le pouvoir des patrons de presse 104
    3.1.1. L'organisation du travail
        et les interventions ponctuelles 104
    3.1.2. La défense du système économique 114

3.2. Les logiques économiques 122
    3.2.1. La marchandisation de l'information
        et de la communication 122
    3.2.2. La concentration de la propriété de la presse 132

Conclusion 164

CHAPITRE 4
**L'opinion publique et les sondages
comme outils de gestion publique.** 167

4.1. L'opinion publique et la démocratie 170
4.2. Les analyses technique et langagière des sondages 174
    4.2.1. L'analyse technique 174
    4.2.2. L'analyse langagière 178
4.3. L'analyse politique des sondages 181
    4.3.1. Les situations réelle et artificielle 182
    4.3.2. L'usage des sondages par les acteurs
        politiques et économiques. 184
    4.3.3. L'attitude de la population à l'égard
        des sondages 188
4.4. La publication des sondages 192
    4.4.1. L'utilité politique et économique des sondages
        pour les médias. 193
    4.4.2. Les débats sur la publication des sondages 199

Conclusion 205

CHAPITRE 5
Les technologies médiatiques 207

5.1. Le contexte politique et économique d'Internet 209
    5.1.1. Naissance et envol d'Internet 211
    5.1.2. La vision athénienne des technologies
        médiatiques 215
    5.1.3. La vision « orwellienne » des technologies
        médiatiques 218
5.2. Les multiples régulations des technologies
    médiatiques 224

5.2.1. Un contexte politico-économique prégnant......... 226
　　　5.2.2. De la régulation marchande à la régulation
　　　　　　 communautaire................................ 232
5.3. L'impact des technologies médiatiques
　　　sur le politique....................................... 240
　　　5.3.1. Le militantisme et l'organisation sociale
　　　　　　 sur Internet.................................. 241
　　　5.3.2. Le rôle des technologies médiatiques dans l'action
　　　　　　 politique individuelle et l'action collective.......... 247
Conclusion... 256

Conclusion.. 259

Annexe I.. 267

Annexe II... 273

Bibliographie sélective.................................... 285

Remerciements

La rédaction de cet ouvrage a été rendue possible grâce à l'aide et aux conseils de plusieurs personnes, parmi lesquelles deux méritent une reconnaissance bien spéciale à cause de leur patience et de leur générosité ; il s'agit de Thierry Vedel, chercheur CNRS au CEVIPOF, et de Claude Robillard, secrétaire général à la Fédération professionnelle des journalistes du Québec. Je remercie aussi Michel Arseneault, Philippe Authier, Louise Bernard, Marc-François Bernier, Jean Dion, Marc Lemire, Don MacPherson, Benoît Munger, Pierre-Paul Noreau, Rhéal Séguin et Michel Sénécal. Il va sans dire que l'aide de ces personnes ne signifie aucunement qu'elles partagent la perspective présentée dans cet ouvrage.

Introduction

En mars 2003, le président américain George W. Bush déclenchait la guerre contre l'Irak, prétextant la fabrication d'armes de destruction massive par Saddam Hussein et l'alliance du dictateur avec l'organisation terroriste islamiste Al-Qaida. Les preuves de l'existence de ces armes et celles de l'alliance Hussein/Al-Qaida étaient bien fragiles, mais le *New York Times* a reproduit sans nuances ni questionnement les positions de la Maison-Blanche. À cette époque, toute remise en cause ou interrogation sérieuse sur l'existence d'armes de destruction massive dans le *New York Times* était perçue comme une atteinte au patriotisme américain, et les voix discordantes reléguées à la portion congrue de l'espace éditorial, quand elles n'étaient tout simplement pas tues. Un an plus tard, devant le scepticisme grandissant à l'égard de l'existence des soi-disant armes de destruction massive irakiennes, l'ombudsman du *New York Times* faisait son *mea culpa*, expliquant la dérive journalistique par le patriotisme exacerbé auquel a succombé le célèbre quotidien. L'image du *New York Times* comme modèle de rigueur et d'objectivité volait en éclats, le journal ayant tout simplement servi de porte-voix aux mensonges de l'administration américaine.

Le malaise face à cet épisode peu glorieux du journalisme américain s'explique par une croyance fortement ancrée dans la culture politique occidentale : l'association entre, d'une part, la liberté d'expression et la liberté de presse, et d'autre part, la démocratie. Des médias libres symbolisent, plus que n'importe quelle autre institution ou organisation, la liberté d'expression, un ingrédient essentiel en démocratie. Toute restriction à cette liberté est perçue comme une menace à la démocratie. À l'opposé, on ne manque jamais de souligner la censure et le contrôle des médias qu'exercent les régimes autoritaires.

Il y a aujourd'hui un véritable fossé entre, d'une part, l'idéal journalistique de transmission rigoureuse des faits permettant aux citoyens et aux citoyennes de se faire une opinion éclairée sur les enjeux de tout ordre liés à l'évolution du monde et, d'autre part, les résultats de recherche en sociologie du journalisme et en économie politique des médias depuis plus de trente ans. Dans la perspective idéale, les médias constitueraient une « sphère publique », un lieu de délibération accessible, transparent et rationnel. Malgré leurs quelques défauts, ils joueraient le rôle d'un maillon fondamental du système démocratique. Les travaux sur le journalisme politique démontrent au contraire que la propagande, la désinformation, les mises en scène politiques et l'information-spectacle abondent dans les médias un peu partout sur la planète. Si les exemples de contrôle médiatique prennent une tournure plus flagrante dans certains pays non libéraux – on pense aux biais de la chaîne Al-Jazeera, à l'élimination d'une presse indépendante sous la Russie de Poutine et de Medvedev, à l'assujettissement de la télévision dans de nombreux pays comme la Tunisie et le Maroc –, les régimes démocratiques ne sont pas à l'abri des abus médiatiques, comme le montrent le contrôle de la télévision italienne par Berlusconi en Italie jusqu'en avril 2006 et les dérives récurrentes de la presse américaine en temps de guerre[1], entre autres.

Ce livre vise à faire le point sur une série de malaises relatifs aux médias : malaises quant à la crédibilité de la parole journalistique, à l'impact de la propriété de la presse sur les contenus, au mélange des genres entre l'information et le divertissement et au brouillage entre opinion et reportage. Dans quel contexte évoluent les médias et quel est leur degré d'autonomie face à la main qui les nourrit, l'entreprise privée ? Quelles attaches se tissent entre les journalistes et leurs sources ? Existe-t-il quelque chose comme un « contrôle de qualité médiatique » ? Quelles contraintes explicites ou implicites pèsent sur le travail des journalistes ? Comment concilier le rôle de fournisseur d'informations rigoureux des médias avec leur statut d'entreprises à

---

1. Alain Gresh et Olfa Lamloum (dir.), *Irak. Les médias en guerre*, Paris, Actes Sud, 2003.

la recherche de profit ? De quels outils disposent les acteurs politiques et tous les acteurs sociaux pour tenter d'influencer, voire de manipuler les médias et l'opinion publique ? Comment les sondages en sont-ils venus à représenter la voix du peuple dans les médias ? Ces questions, et bien d'autres soulevées dans ce livre, indiquent que pour vraiment comprendre le fonctionnement des médias, nous devons nous pencher sur la relative autonomie des journalistes et des médias, en mettant en valeur la toile des contraintes de nature politique et économique à laquelle ils sont assujettis. Voici donc une entreprise de déconstruction de l'image romantique du journaliste valeureux à la recherche des faits et une entreprise de déconstruction du média comme lieu de débat public servant la démocratie. À notre avis, l'association entre médias et démocratie repose sur un grand malentendu alimenté par trois confusions.

Il y a tout d'abord confusion sur le lien entre des médias libres et l'exercice concret de la démocratie. La réalisation, même imparfaite, de la démocratie comme système politique perméable aux volontés populaires, comme système administratif fondé sur la règle de droit, comme système commun de valeurs et comme lieu de débat nécessite des éléments de socialisation politique que rendent possible des médias libres : une éducation civique, une connaissance des acteurs, des idéologies et du système politique, la délibération et la pratique du compromis. Des médias libres constituent donc une condition essentielle à la mise en place de la démocratie, mais certainement pas une condition suffisante. Parmi les autres conditions essentielles, on trouve : une représentation adéquate de tous les groupes par les partis politiques, des mécanismes de participation politique variés capables d'instaurer un véritable « dialogue » entre la société civile et l'État ainsi qu'une capacité d'auto-organisation de la société civile. L'association naturelle entre des médias libres et la démocratie constitue donc un raccourci qui correspond à une méconnaissance des rapports de pouvoir en société et, disons-le, à une certaine forme de naïveté politique.

La deuxième confusion porte sur le pouvoir soi-disant intrinsèquement pédagogique de l'information et de la communication. L'association médias et démocratie repose sur un enchaînement de liens qui paraissent naturels : l'information mène à la connaissance, qui à son tour suscite la réflexion ; la communication est synonyme d'échanges, ce qui conduit à la formation des opinions politiques permettant la prise de décisions éclairées. La démocratie étant fondée sur la capacité pour le peuple de se gouverner (malgré l'ambiguïté de l'expression), sur la supposée capacité qu'a l'individu d'influer sur les politiques publiques, un préalable semble essentiel : qu'on fasse communiquer l'un et l'autre, et que du choc des idées surgissent le consensus et « le gouvernement du peuple pour le peuple ». Mais l'information et la communication ne possèdent aucun pouvoir pédagogique intrinsèque... Plus de messages ne garantit en rien la véracité de ces messages. On peut au contraire identifier de nombreuses situations où la communication et la propagande vont de pair. Par exemple, la communication politique de Hitler et son habile usage des moyens de propagande (radio, cinéma, loisirs, organisation du travail, associations bénévoles, organisations professionnelles, etc.) a contribué à instaurer un contrôle complet de l'Allemagne des années 1930.

Le potentiel pédagogique de l'information et de la communication a au contraire besoin d'une foule de conditions pour se réaliser. L'enchaînement des liens naturels cité plus haut pose problème : l'écoute du bulletin télévisé correspond souvent bien plus à un rituel qu'à un réel apprentissage ; en effet, la rétention d'informations sur un sujet est fonction des connaissances préalables d'un individu[2]. L'information, souvent présentée sous forme de spectacle, ne suscite pas nécessairement la réflexion : les citoyens et les citoyennes, qui s'intéressent de manière épisodique et souvent distraite aux affaires publiques, en débattent peu entre eux ; la communication provoque autant les échanges qu'elle les restreint, comme le montrent les exemples de propos offensants dans les groupes de discussion électronique qui ont un effet refroidissant sur bien des internautes ; les seuls produits journalistiques ne peuvent suffire à la formation des opinions politiques ; cette formation fait l'objet d'un grand intérêt de la part des acteurs politiques et économiques tant dans les systèmes démocratiques qu'autoritaires ; enfin, même les peuples réputés pour leur haut niveau de socialisation politique élisent à l'occasion des gouvernants peu compétents.

La troisième confusion porte sur l'aura d'harmonie qui se dégage de la communication, sur la prétendue bonne entente qui en résulte, sur l'idée de consensus qui y est associée. L'expression « idéologie de la communication » renvoie à ce type de liens ; à partir des années 1940 naît un discours explicite et cohérent qui apparaît comme une solution alternative aux idéologies politiques perçues comme ayant fait faillite. « L'idéologie de la communication se présentait comme une idéologie "sans ennemis" instaurant – grâce aux techniques – une sorte de

---

2. En conséquence, l'information médiatique accroît plus qu'elle ne rétrécit les écarts de connaissances dans la population ; les individus plus scolarisés et ceux qui possèdent déjà un bon bagage culturel apprennent constamment plus que les autres.

norme consensuelle dans les rapports sociaux³.» La communication est donc perçue comme distillant naturellement de l'harmonie : qui se parle s'entend.

Or, cette perspective fait fi des intérêts divergents des individus et des groupes constitutifs de la société et postule comme normale l'existence de consensus sociaux ; il s'agit là d'une vision naïve des rapports de force en société et du genre humain. La vie collective est tissée de relations antagoniques que le politique a justement comme mission de gérer. La communication peut servir à mettre au jour les divergences d'intérêts et faire le point sur les attentes, mais le compromis relève davantage de la recherche de la justice et du véritable respect des droits que de la communication, fût-elle apparentée à une discussion franche et exhaustive.

Pour dissiper le grand malentendu concernant l'association entre les médias et la démocratie, nous examinerons le rôle politique des médias à partir d'une analyse matérielle – entendue au sens des pratiques, de la législation et de la réglementation ainsi que de l'économie politique – et d'une analyse symbolique. Parmi les conditions matérielles dans lesquelles évoluent les journalistes et les médias, on trouve les pratiques journalistiques, les fondements de la routine médiatique, les liens personnels et institutionnels entre les journalistes et leurs sources, les relations de travail, la structure décisionnelle des médias, leurs assises économiques, leur statut juridique, l'impact de la publicité sur les contenus, l'organisation des réseaux électroniques, les objectifs de la construction des gouvernements électroniques, les stratégies des acteurs prédominants dans le cyberespace, la législation et la réglementation des médias traditionnels et les régulations des technologies médiatiques.

À cette analyse matérielle des médias viennent se superposer des aspects plus symboliques qui permettent de saisir la signification politique des pratiques et des organisations. Au-delà de leur fonctionnement matériel, les médias sont conçus comme un lieu de délibération ou une agora libre : le code de communication des personnages politiques s'exerce sur le mode de la plaidoirie ; les styles politico-médiatiques s'inscrivent dans des rapports affectifs et ludiques ; l'opinion publique symbolise le pouvoir du peuple ; et la mise en place de nouvelles technologies médiatiques s'accompagne de rêves d'une société meilleure.

---

3. P. Breton et S. Proulx, *L'explosion de la communication. La naissance d'une nouvelle idéologie*, Montréal, La Découverte, 1989, p. 12.

À notre avis, seule une analyse qui relève à la fois des aspects matériels et symboliques permet de saisir l'écheveau des intérêts qui entourent les médias et le nœud de croyances auxquelles ils participent. En effet, si l'examen des conditions matérielles dans lesquelles évoluent les journalistes et les médias explique en partie les stratégies et les comportements des divers acteurs, il faut joindre à cette perspective un volet plus immatériel ; les médias transmettent des idées qui elles-mêmes s'insèrent dans un contexte idéologique plus large. Les médias sont socialement et historiquement situés ; ils ne peuvent faire fi de la culture politique dans laquelle ils baignent, c'est-à-dire des croyances, des préjugés, des idées dominantes, de certains types de participation politique, des hiérarchisations sociales, etc.

L'analyse matérielle et symbolique des médias a pour but de saisir le rôle politique des médias, c'est-à-dire leur rôle dans l'évolution des rapports de force en société. Dans le premier chapitre, notre objectif est de contester de manière plus approfondie l'association médias et démocratie, c'est-à-dire de discuter de la sphère publique comme concept pouvant servir à expliquer adéquatement le rôle ou la fonction des médias dans les sociétés dites démocratiques. Le concept de sphère publique a été abondamment discuté à cause des aspects normatifs qui le fondent et qui se trouvent en complète contradiction avec les pratiques politiques erratiques des citoyens : non, le citoyen moyen n'est ni rationnel ni très intéressé à la chose politique ; non, le débat public ne se fait pas sans que soient pris en considération le statut des personnes qui s'expriment dans l'espace public ; non, ce n'est pas la qualité de l'argumentation qui préside au choix des acteurs mis en valeur dans les médias. La sphère publique constitue cependant un concept utile parce qu'il permet de fixer un idéal, celui de la « responsabilité sociale des médias ». Notre propos consistera à démontrer que les médias ne satisfont pas à cette responsabilité et ne constituent pas une sphère publique au sens habermassien du terme. Ils se situent plutôt sur un continuum où se trouve à une extrémité la sphère publique et à une autre l'appareil idéologique, expression qui renvoie à l'utilisation que font les élites des médias.

On ne peut, en effet, concevoir les médias comme une agora où les enjeux sociaux seraient débattus librement, un lieu neutre, étranger aux conflits. Les médias sont au contraire interdépendants des pouvoirs politiques et économiques, ce que nous nous emploierons à démontrer aux chapitres 2 et 3. Les médias exercent un « rôle politique », pas nécessairement partisan, mais un rôle dans le maintien ou l'évolution des rapports de force entre différents pouvoirs. Le poids de la presse écrite et audiovisuelle dans la représentation des événements en tout genre n'est pas neutre; il a un impact dans les rapports sociaux. L'examen des interdépendances entre les médias et les pouvoirs politiques et économiques nous permettra de comprendre en quoi cette situation des médias colore fortement la représentation qu'ils donnent de l'État libéral et du système capitaliste.

Le rôle politique des médias doit être appréhendé sur deux plans : celui des journalistes et celui des organisations médiatiques, aucun n'étant réductible à l'autre. La distinction est essentielle, parce qu'au-delà de l'autonomie relative dont disposent les individus dans une entreprise de presse, des exigences organisationnelles pèsent sur le travail journalistique. Les volontés individuelles ne peuvent faire fi des contraintes structurelles, elles les intègrent souvent de manière toute naturelle ; les contraintes, pensées comme normales, finissent par perdre leur visibilité. Les journalistes se veulent libres, ils se pensent libres, oubliant que, comme chacun de nous, ils sont assujettis à des contraintes organisationnelles.

L'interdépendance entre médias et pouvoirs politiques, l'objet du chapitre 2, s'explique de plusieurs manières. Les journalistes ont besoin de recourir à des sources fiables, régulières et crédibles comme les institutions ou les personnages politiques, et ceux-ci cherchent à construire ou à entretenir une bonne image publique. S'instaurent alors entre les uns et les autres des liens de dépendance mutuelle, qui ne renvoient toutefois pas à un jeu à somme nulle. De plus, les médias et les pouvoirs politiques fonctionnent en vertu de principes semblables, comme l'insistance sur les personnalités. Ils construisent ensemble la « politique spectacle », une politique assimilée aux loisirs comme le sport, le théâtre et le jeu. Les personnages politiques deviennent des « vedettes » et les affaires publiques sont appréhendées comme des shows et fondées sur l'exaltation et la performance. Enfin, parce que les hommes et les femmes politiques servent de sources privilégiées, leur discours, qui domine la scène médiatique, fera l'objet d'un examen détaillé.

L'interdépendance entre médias et pouvoirs économiques, l'objet du chapitre 3, peut être analysée en considérant la vie propre que possèdent les organisations médiatiques comme entités juridiques et économiques. Ces organisations, dans leur majorité, appartiennent à des entreprises privées, et fonctionnent en vertu d'un certain nombre de principes et de règles. Les entreprises privées sont des structures hiérarchiques visant la maximisation du retour sur l'investissement et ayant à leur tête des patrons qui font partie des élites économiques et sont généralement en bons termes avec les élites politiques. Tous les médias, même ceux qui n'appartiennent pas au secteur privé, doivent se plier aux logiques du système économique auquel ils appartiennent, et au premier chef à la marchandisation et à la concentration économique. En théorie, les médias sont coincés entre la nécessaire rentabilité et une mission d'information politique, deux objectifs étrangers l'un à l'autre ; en effet, la qualité de l'information ne garantit en rien le succès commercial, et la bonne santé financière n'est certes pas une mesure à l'aune de laquelle on peut évaluer l'information. L'examen des logiques économiques citées nous permettra de cerner le dilemme et d'évaluer le poids des contraintes économiques sur le fonctionnement des médias.

Le chapitre 4 porte sur l'opinion publique qui est associée à la nécessaire expression du peuple en démocratie et qui est cristallisée par les sondages. L'acception courante de l'opinion publique a trait à la force de la société civile face à l'État, au pouvoir des citoyens face aux élites politiques. La société civile doit être « domestiquée », « apprivoisée », bref, persuadée, pour que les États puissent se maintenir en place ; l'appui populaire ou l'apparence d'appui populaire persuadent, et ce, bien plus que les discours les plus brillants. Ainsi s'explique l'intérêt pour les sondages, qui servent souvent plus à convaincre qu'à refléter les volontés populaires. Bien que les sondages soient variés dans leur fabrication, leur contexte, leur administration et leur interprétation, seul un petit nombre représentent – vaguement – l'humeur populaire. La majorité peut être assimilée à des « outils de gestion publique » qu'utilisent les élites – et dans une moindre mesure les acteurs sociaux moins importants – grâce à l'aide de leurs stratèges et de leurs faiseurs d'image. Les analyses technique et langagière des sondages feront voir combien les chiffres et les mots influencent les réponses, et l'analyse politique remettra en cause le sens même des sondages. Enfin, tout le débat sur la publication des sondages sera examiné à l'aune du droit à la liberté d'expression.

Le dernier chapitre concerne les technologies médiatiques (protocole IP, Internet et les réseaux électroniques, multimédia, etc.). Le foisonnement d'informations non contrôlées et l'absence de propriétaires laissent penser que, contrairement aux médias traditionnels, ils peuvent constituer une « sphère publique électronique ». Pour analyser la question, nous examinerons d'abord le contexte politique et économique d'Internet, en faisant valoir tant les aspects matériels (financement, projets politiques) que symboliques (espoirs et craintes liés à la mise en place des technologies médiatiques). Les multiples régulations de ces technologies seront étudiées, ce qui permettra d'évaluer le poids respectif des régulations d'ordre marchand, étatique, associatif et communautaire. Enfin, pour comprendre l'impact politique des technologies médiatiques, on fera état des expériences passées de militantisme et d'organisation sociale sur Internet. Un court bilan des usages démocratiques des technologies médiatiques sera aussi effectué, bilan qui prend pour fils directeurs deux des plus importantes caractéristiques de ces technologies : l'accès à l'information et l'interactivité. Ce sera l'occasion de discuter brièvement de l'impact politique d'un outil fort interactif : les blogues.

Par ailleurs, si journalistes et organisations médiatiques exercent un rôle politique, cela ne fait pas d'eux des acteurs politiques au sens plein du terme. Deux précisions s'imposent donc. D'abord, les médias ne sont pas le « quatrième pouvoir », les trois premiers étant l'exécutif, le législatif et le judiciaire[4]. L'expression « quatrième pouvoir » renvoie à l'idée d'un contre-pouvoir à l'État, la séparation des pouvoirs voulant que chacun soit spécialisé et indépendant. La combinaison de ces deux règles étant censée produire un équilibre, le quatrième pouvoir consisterait en une opposition aux trois autres pouvoirs, donc à l'État. Cette conception de contre-pouvoir que constitueraient les médias est largement répandue et suppose une étanchéité parfaite entre les médias et les élites politiques, ce qu'un regard même fort sommaire suffit à nier.

Cette conception de contre-pouvoir des médias est aussi entretenue par les hommes et les femmes politiques exaspérés de voir leur image ou leurs politiques « déformées » par les médias, c'est-à-dire non reprises intégralement ainsi que les transmettent leurs conseillers en relations publiques. Quelques journalistes se présentent eux-mêmes comme des contre-pouvoirs lorsqu'ils viennent en aide à des personnes en butte aux blocages administratifs de l'État ou encore aux malversations de certaines entreprises privées. Les médias joueraient ainsi le rôle de second protecteur des citoyens et des citoyennes.

Journalistes et organisations médiatiques ne sont pas des acteurs politiques au sens plein du terme ; une deuxième précision s'impose. Les médias sont en quelque sorte instrumentalisés, c'est-à-dire utilisés plus ou moins à leur corps défendant par les pouvoirs politiques et économiques ainsi que par l'ensemble des acteurs sociaux. Cette situation s'explique, d'une part, par les liens entre les médias et les pouvoirs politiques et économiques ; les médias dépendent des pouvoirs politiques pour leur « matière première » et ils sont utilisés pour faire des profits. La même situation s'explique, d'autre part, par

---

4. Les médias sont considérés comme le « cinquième pouvoir » par certains auteurs qui perçoivent la bureaucratie comme le quatrième pouvoir, donc un contre-pouvoir aux trois premiers.

l'usage grandissant de la scène médiatique comme lieu de production du capital symbolique. Tous les acteurs sociaux se servent des médias pour légitimer leurs projets et leurs idées, et les pouvoirs institutionnalisés ne sont pas en reste. En rapportant l'information telle qu'ils la «trouvent», généralement sans mise en contexte minimale, les médias reproduisent la structure des rapports de pouvoir plus qu'ils n'agissent comme réels acteurs politiques.

Cela dit, il serait inutile de traiter les médias comme un bloc homogène et de tous les situer au même endroit sur le continuum sphère publique – appareil idéologique, modèle qui sera traité dans le premier chapitre. Autant une analyse globalisante peut aider à saisir la cohérence du monde médiatique et à comprendre les effets de système, autant un jugement sur le rôle politique des médias doit aussi prendre en considération chaque cas, chaque journaliste, chaque contenu. Les dépendances mutuelles entre médias et pouvoirs politiques et économiques, qui peuvent être tracées de manière générale, n'expliquent pas tout; elles fournissent un contexte, elles éclairent une situation. C'est cet éclairage que nous produirons ici, en plus de fournir des indications permettant aux lecteurs et aux lectrices de situer eux-mêmes les émissions et les textes journalistiques sur le continuum sphère publique – appareil idéologique. On comprendra ainsi qu'on ne définisse pas, une fois pour toutes, le rôle politique des médias, mais que la question se présente plus justement sous l'angle de variantes ou d'intensités différentes.

CHAPITRE

1

La sphère publique comme idéal démocratique

Dans ce chapitre, l'association entre médias et démocratie sera faite à l'aide de deux concepts : la liberté d'expression et la sphère publique. La liberté d'expression, qui comprend la liberté de presse, est la valeur cardinale des systèmes médiatiques en Occident, et la sphère publique, qui renvoie à un lieu de débat public, en constitue le concept clé et l'idéal. La législation et la réglementation sur les médias sont d'ailleurs en bonne partie imprégnées de l'idée d'une sphère publique, concept appartenant à un univers normatif certain.

Mais, au-delà de la théorie et de l'idéal, les médias sont-ils vraiment des lieux de débat public ? Permettent-ils à la société civile de prendre connaissance des enjeux de société et de s'exprimer ? Peuvent-ils nous aider à participer à la vie politique ? Il n'existe pas de réponse simple à ces questions. Y répondre de manière positive nous entraîne vers les concepts de « sphère publique », lieu matériel ou immatériel de débat public grâce auquel la collectivité peut s'autogouverner, et de liberté d'expression. Y répondre par la négative signifie plutôt qu'on assimile les médias à des « appareils idéologiques », donc à des outils des pouvoirs en place.

Dans un cas comme dans l'autre, c'est le rapport des médias à la démocratie qui est en cause. La sphère publique, comme concept cristallisant les rapports entre la population, les médias et l'État, signifie que les médias font partie des mécanismes favorisant la démocratie. Dans cette perspective, les médias constitueraient un rouage essentiel de la socialisation politique, créeraient du « lien social[1] » et permettraient à la société civile de s'exprimer ; les élus en tiendraient compte, ce qui leur donnerait en tout temps l'heure juste quant à l'opinion de leurs concitoyens. Ce concept se rapproche de l'idéal utopique du « gouvernement du peuple par le peuple », pour autant que nous ayons des élites sensibles aux besoins du peuple. Quant au concept de l'appareil idéologique, il renvoie à l'idée de médias comme outils dont se servent les élites politiques et économiques pour établir ou maintenir leur domination sur la société. Cela ne se ferait ni simplement ni directement ; au cœur de l'exercice de domination se trouveraient la promotion de la vision hiérarchique de la société que chacun entretient plus ou moins consciemment et la croyance en la légitimité de l'ordre des choses. C'est en faisant voir le système politique et économique actuel comme normal, en bloquant l'imagination vers un monde meilleur que les médias peuvent être conçus comme des appareils idéologiques.

Ce chapitre consiste en l'examen de ces deux concepts, de même que de leurs fondements. Chaque concept renvoie à une vision de la société, harmonieuse ou conflictuelle, ainsi qu'à une perspective théorique, libérale ou critique. Par ailleurs, ces concepts sont des idéaux types, de telle sorte qu'il serait sans doute plus juste de penser les médias, voire les produits journalistiques ou les journalistes eux-mêmes, comme n'appartenant totalement ni à un concept ni à un autre, mais comme étant situés à un lieu déterminé du continuum sphère publique – appareil idéologique. Nous décrirons tout d'abord le concept de la sphère publique, qui appartient à la théorie libérale, en débutant par son origine, puis en examinant ses fondements (l'accessibilité, la transparence et la rationalité) et en terminant par l'étude de la valeur cardinale qui la caractérise aujourd'hui, la liberté d'expression. Mais la sphère publique est en crise, ce qui nous conduira en seconde partie à examiner le concept d'appareil idéologique, appartenant à la théorie critique. Ses fondements théoriques feront l'objet d'une brève présentation, et des précisions sur notre modèle seront apportées. Tout le livre donnera par la suite des indications sur les éléments à prendre en considération pour situer textes et émissions en tout genre sur le continuum sphère publique – appareil idéologique, notre modèle d'analyse.

---

1. D. Wolton, *Penser la communication*, Paris, Flammarion, 1997, p. 95 et suiv.

1.1. Le concept de la sphère publique : l'héritage de Habermas

Le concept de «sphère publique» a été popularisé par les travaux du philosophe Jürgen Habermas. Bien que sa thèse fasse l'objet de nombreuses critiques historiques et politiques tout à fait fondées[2], le concept de sphère publique qu'il explicite et sa dégradation due à la publicité ont acquis une dimension paradigmatique dans certains milieux intellectuels. Cela est dû au fait que, malgré les erreurs de nature historique, le concept de sphère publique élaboré par Habermas correspond en tout point à l'idéal des Lumières : valorisation de la rationalité, infinie confiance en l'être humain, croyance en la capacité des sociétés de s'autogouverner. De plus, la dégradation de la sphère publique que Habermas décrit rejoint tout à fait la critique des médias privilégiée par la gauche : cette sphère a été instrumentalisée par l'État et les pouvoirs économiques et ne sert plus au débat public. C'est donc plus en raison de la correspondance de sa construction intellectuelle à des idéaux types que de sa fidélité à l'histoire que nous examinons cette thèse.

Le concept de sphère publique élaboré par Habermas comporte des jugements de valeur tout à fait conformes à l'idéal libéral selon lequel la sphère publique est «le terrain d'exercice d'un raisonnement public». Ce concept souffre de simplification, écrit Érik Neveu, pour qui l'ouvrage «décrit avec une nostalgie parfois naïve l'espace public bourgeois d'antan, peuplé de citoyens rationnels et politisés, plus conformes aux idéaux des Lumières qu'aux agents sociaux que peut étudier l'historien[3]».

Mais le concept de sphère publique cristallise tout à fait la conception occidentale des médias. On croit d'abord, conformément à l'idéologie de la communication, que les échanges de vues mènent naturellement à la compréhension entre individus et à la diminution des conflits. La sphère publique est perçue comme le lieu de délibération par excellence permettant au peuple de s'autogouverner ; celui-ci prendrait connaissance des enjeux importants de sa société par le biais des médias et il s'exprimerait ensuite en toute connaissance de cause.

---

2. Voir à ce sujet L. Quéré, *Des miroirs équivoques. Aux origines de la communication moderne*, Paris, Aubier Montaigne, 1982, p. 63-82. Voir aussi I. Paillart, *L'espace public et l'emprise de la communication*, Grenoble, Ellug, 1995.
3. É. Neveu, *Une société de communication ?*, Paris, Éditions Montchrestien, 1994, p. 24.

Comme ce lieu serait un des liens privilégiés entre la population – source ultime de légitimité politique – et l'État, il apparaît essentiel en démocratie.

Dans *L'espace public. Archéologie de la publicité comme dimension constitutive de la société bourgeoise*, Habermas décrit la naissance de la sphère publique bourgeoise dans l'Angleterre du XVIIe siècle. La presse qui y naît, de même qu'en France ou en Allemagne, constitue un instrument du pouvoir politique qui transmet décrets, informations sur la police, sur les cours des places boursières, les prix des produits de toutes sortes. Même si les informations sont destinées à l'ensemble de la société, les « couches cultivées » ainsi que les commerçants constituent la base véritable du public lecteur. Comme l'État intervient de plus en plus dans le domaine de la vie économique, le groupe des éditeurs, manufacturiers et fabricants commence à dépendre de manière croissante des mesures prises par l'administration. Une société bourgeoise se consolide face à l'État, et elle s'affirme pour discuter avec lui des termes de l'échange, comme les taxes sur les prix et les impôts. L'économie devient politique ; il s'agit d'un sujet susceptible d'être débattu dans la sphère publique, qui se pose en intermédiaire entre l'État et la société civile. La sphère publique est réglementée par l'autorité, mais utilisée par des « personnes privées rassemblées en un public » « directement contre le pouvoir lui-même » pour « discuter avec lui des règles générales de l'échange, sur le terrain de l'échange des marchandises et du travail social – domaine qui reste essentiellement privé, mais dont l'importance revêt désormais un caractère public ; selon Habermas, « l'usage public du raisonnement » rend possible l'opposition de la sphère publique à l'État[4]. La sphère publique sépare donc, d'une part, l'État, le pouvoir public, la cour et, d'autre part, le domaine privé, le domaine de l'échange des marchandises et du travail social, de la famille ; il s'agit d'une sphère intermédiaire entre le privé et le public.

La sphère publique devient, pour Habermas, l'outil par lequel les sociétés peuvent s'autogouverner ; des conflits se régleraient grâce à une participation du public. Cet aspect du concept de la sphère publique constitue probablement un des éléments les plus utopiques de la thèse élaborée par le philosophe. Mais comme cet élément renvoie à un des fondements démocratiques les plus précieux – le gouvernement du peuple par le peuple –, il connaît forcément une belle popularité, encore aujourd'hui. L'idée que le peuple décide des politiques publiques et de l'orientation générale de la gestion politique est fermement ancrée dans

---

4. J. Habermas, *L'espace public. Archéologie de la publicité comme dimension constitutive de la société bourgeoise*, Paris, Payot, 1978, p. 38.

La sphère publique comme idéal démocratique

le système politique occidental. Ainsi, la Constitution américaine débute par ces mots: «*We, the people*...» Malgré une pléiade de théories sur la démocratie qui en précisent les formes concrètes et qui indiquent que le peuple ne gouverne pas, l'illusion est sans cesse entretenue. Alain Etchegoyen écrit à ce sujet:

> *Certes, on dira: chacun le sait, le peuple le sait, il ne gouverne pas, c'est une manière de parler, par différence, pour s'opposer à l'aristocratie, à la tyrannie, à la monarchie ou à toutes les oligarchies.*
>
> *Mais on répète au peuple le contraire: la société de communication est société de transparence; on promeut le «parler vrai»; on organise des élections ou des référendums pour que le peuple décide; on l'invite à s'exprimer dans les isoloirs ou sur les écrans cathodiques [...]. Non seulement la démocratie n'échappe pas aux leurres, mais elle les produit dans un monde qui s'y fait de plus en plus réceptif*[5].

Dans le concept de la sphère publique de Habermas, le peuple gouverne au moyen de la délibération publique. Quand des acteurs sociaux veulent infléchir les décisions du gouvernement, ils utilisent la légitimité populaire; leurs vues, leurs projets doivent être avalisés par la collectivité: «Certaines forces sociales qui veulent être en mesure d'influencer les décisions du pouvoir font appel à un public qui fait usage de sa raison, afin de légitimer devant ce nouveau forum (la sphère publique) certaines de leurs exigences[6].» La sphère publique contribue donc à une «répartition des pouvoirs», l'opinion publique étant «une instance de contrôle des excès du gouvernement[7]».

Si, dans le concept de Habermas, les sujets de discussion qui ont suscité la critique des décisions de l'administration appartiennent au monde de l'économie, l'habitude de débattre rationnellement au sein du public se serait prise d'abord dans le domaine culturel. La critique d'art, la critique littéraire, théâtrale et musicale se seraient développées avec leurs propres institutions et plates-formes de discussion. La critique de l'État aurait par la suite atteint le domaine administratif (économique) au sein de la sphère publique représentée par la presse, les salons, les cafés et les sociétés de lecture.

---

5. A. Etchegoyen, *La démocratie malade du mensonge*, Paris, François Bourin, 1993, p. 33.
6. J. Habermas, *op. cit.*, p. 67.
7. *Ibid.*, p. 144.

Durant les dernières années du XVIIIe siècle, toujours selon la thèse de Habermas, les revues se mirent à fleurir – même les revues politiques –, et c'est directement autour d'elles que la vie sociale des personnes privées se serait cristallisée. Les journaux eux-mêmes ne seraient pas les seuls à témoigner de cette « soif de lecture », même de cette « rage de lire » qui se serait emparée de l'époque des Lumières, car, selon Habermas, dès les années 1770, des sociétés de lecture, privées ou à but commercial, se seraient répandues dans toutes les villes et même dans les petites bourgades, de sorte que ces établissements auraient partout déclenché une discussion sur leur utilité. Dans l'Allemagne de la fin du XVIIIe siècle, on aurait recensé plus de 270 sociétés de lecture[8].

Le concept de l'espace public de Habermas a été retouché par l'auteur trente ans après sa publication dans un article de la revue *Quaderni*. Les modifications qu'il apporte au concept ont trait à l'existence d'une pluralité de sphères publiques, au pouvoir régulateur de l'activité communicationnelle et à sa vision du public qui se trouvent nuancés. Cependant, il maintient toujours sa vision optimiste quant à la capacité de la communication de servir de « gouvernement par le peuple ». Il écrit : « La souveraineté liquéfiée communicationnellement se fait valoir dans le pouvoir des discussions publiques qui découvrent des thèmes pertinents pour l'ensemble de la société, interprètent des valeurs, contribuent à la résolution des problèmes, produisent de bonnes raisons et en écartent de mauvaises[9]. »

L'espace public de Habermas comporte des caractéristiques qui, encore aujourd'hui, sont perçues comme étant essentielles à l'espace public des médias : la rationalité, l'accessibilité et la transparence.

1.1.1. La rationalité

L'exigence de rationalité s'inscrit comme un fondement majeur de la sphère publique. « Le médium de cette opposition entre la sphère publique et le pouvoir est original et sans précédent dans l'histoire : c'est l'usage public du raisonnement[10]. » Toutefois, les explications de Habermas concernant la source et surtout la prégnance de la rationalité dans la sphère publique laissent perplexes : ce seraient les expériences d'ordre privé, c'est-à-dire dans la vie économique et dans la famille,

---

8. J. Habermas, *op. cit.*, p. 82.
9. Jürgen Habermas, « L'espace public trente ans après », dans *Quaderni*, n° 18, p. 184.
10. J. Habermas, *L'espace public. Archéologie de la publicité comme dimension constitutive de la société bourgeoise*, Paris, Payot, 1978, p. 38.

qui permettraient une subjectivité créée dans une «intériorité libre et épanouie[11]», c'est-à-dire rationnelle. Habermas indique que, dès l'instant où la sphère publique culturelle se forme, les «arbitres des arts» «ne reconnaissent aucune autorité hormis celle des arguments» et se sentent «solidaires de tous ceux que ces arguments pouvaient convaincre[12]». L'usage public du raisonnement semblerait normal.

Cette même normalité imprègne la vision d'une sphère publique dans les sociétés occidentales; on considère en principe que la force de la raison et la richesse des arguments détermineront l'idée qui l'emportera. Les personnes détenant les fonctions les plus prestigieuses ou possédant davantage de biens ne devraient pas influencer la prise de décision, pense-t-on. Des considérations liées au statut, à l'âge, aux hiérarchisations de toutes sortes ne devraient pas influencer le débat, prétend-on.

Or, non seulement le statut, la richesse et l'expertise influencent-ils largement, mais l'image physique et la réputation de l'orateur ou de l'oratrice modifient également l'attitude des individus envers les messages reçus. À l'ère télévisuelle et avec la vague de popularité des faiseurs d'image, cet aspect de la communication politique a certainement pris un essor considérable.

Prétendre que la rationalité constitue la marque de la sphère publique et que l'irrationalité n'y a pas sa place, c'est adopter une posture intellectuelle fort dogmatique. De nombreux auteurs ont fait remarquer à quel point le rationalisme était impuissant à rendre compte de la vie politique. Pour Platon, tout être humain est essentiellement un être de désirs, toute cité est une «cité des besoins» «gonflée d'humeurs», et la structure des systèmes passionnels reflète la structure sociale inégalitaire[13]. Pour Machiavel, les passions ont un caractère d'universalité et de normalité. Dans la vie politique, les sentiments et les passions constituent des forces et des contre-forces qu'on doit savoir gouverner. Le Prince doit veiller à faire naître des sentiments positifs à son égard; «la meilleure des citadelles qui soit, c'est de n'être point haï du peuple[14]». Jean-Jacques Rousseau lie la compréhension aux passions: «nous ne cherchons à connaître que parce que nous désirons jouir, et il n'est pas possible de concevoir que celui qui n'aurait ni

---

11. *Ibidem.*
12. *Ibid.*, p. 52.
13. P. Ansart, *Les cliniciens des passions politiques*, Paris, Seuil, 1997, p. 52, 53 et 56.
14. *Ibid.*, p. 99 et 106.

désirs ni craintes se donnerait la peine de raisonner[15]». Enfin, Alexis de Tocqueville prend en considération les sentiments des Américains pour expliquer le système et les mœurs politiques des États-Unis. En démocratie, conflits et passions vont de pair, écrit-il; l'amour du bien-être et des biens matériels détourne du service public, mais engendre aussi les conditions de la tranquillité publique; quant à la passion de l'égalité, elle s'oppose à celle de la liberté. Pour Tocqueville, les conflits relatifs à ces passions vont déterminer le sort de la démocratie[16].

Dans *L'émotion en politique*, Philippe Braud explique que «toute interaction sociale est émotionnellement colorée». Trois éléments expliquent pour lui la présence des affects dans la vie politique: l'exercice du pouvoir suppose la mise en place d'un contrôle social destiné à prévenir la violence; la satisfaction ou le mécontentement structurent les réponses des citoyens et des citoyennes aux normes édictées; et l'univers politique est dominé par des langages de séduction[17]. La vie politique regorge de sentiments, de passions et de rituels, de marques de socialité présentes tant chez les acteurs politiques que dans la population.

Du côté du pouvoir politique, avouons que l'idée de manipuler, séduire et plaire imprègne l'exercice politicien; après tout, dans les systèmes politiques occidentaux, le consentement du peuple est essentiel à la prise du pouvoir et à son maintien. La majorité des hommes et femmes politiques s'appuient fortement sur l'expertise en relations publiques et en sondages, étant convaincus que le maintien de leur bonne image participe à leur succès politique. Dans les cabinets politiques, la place et le rôle du personnel politique expert en communication croissent depuis trois décennies.

Du côté de l'électorat, nul ne peut prétendre que l'attachement à son territoire, à sa langue ou à sa religion ne soit en partie fondé sur des sentiments. Les émotions servent souvent de puissants ressorts de l'activité politique: la douleur liée à la tuerie de quatorze jeunes femmes à la Polytechnique en 1989 à Montréal a donné lieu à une campagne politique visant à limiter l'accès aux armes à feu; le Front national de Jean-Marie Le Pen en France s'appuie sur la crainte, voire la haine des immigrés; et la volonté de puissance des Américains permet à leurs

---

15. J.-J. Rousseau, *Discours sur l'origine et les fondements de l'inégalité parmi les hommes*, Poitiers, Fernand Nathan, 1981, p. 42, 54-55.
16. A. de Tocqueville, *De la démocratie en Amérique*, Paris, Union générale d'éditions, 1963.
17. P. Braud, *L'émotion en politique*, Paris, Presses de sciences politiques, 1996, p. 8-10.

présidents d'exploiter les crises internationales pour faire remonter leur cote de popularité dans l'opinion ou pour distraire d'un quelconque scandale.

L'importance de tenir compte de l'irrationnel dans la sphère publique vient de ce que « ce sont les sentiments les plus "profonds", les émotions les plus "intérieures" qui sont les plus porteuses de sens pour chaque être humain[18] ». On se doit donc d'intégrer les émotions à la politique, non comme se rajoutant à la conscience ou à la raison ou en y étant plaquées; les émotions doivent plutôt être traquées dans les logiques sociales, enchevêtrées qu'elles sont dans les aspects plus rationnels des comportements politiques. Ainsi, pour saisir la part de l'émotion en sciences sociales, il ne suffit pas de considérer l'aspect psychologique du comportement des acteurs, mais plutôt d'étudier comment les « régulations culturelles », les contraintes structurelles et conjoncturelles sollicitent certaines émotions et pas d'autres. Autrement dit, l'« univers des émotions [...] est socialement et culturellement travaillé[19] », et les situations politiques et économiques servent de catalyseurs d'émotions. Il en résulte que certains sentiments se retrouvent plus fréquemment dans certaines sociétés et à des époques données. L'exploitation de l'antisémitisme dans l'Allemagne des années 1930 offre un exemple fort probant. Alors que la haine des Juifs existait partout en Occident depuis des siècles, l'exacerbation de ce sentiment n'a produit les horreurs de la « solution finale » que dans le Troisième Reich.

1.1.2. L'accessibilité

L'accessibilité constitue un autre fondement de la sphère publique telle que décrite par Habermas. Il s'agit d'une de ses conditions d'existence. « Une sphère publique dont seraient exclus ipso facto certains groupes qui représenteraient une avant-garde ne serait pas seulement en quelque sorte incomplète, elle n'aurait plus rien, au contraire, d'une sphère publique[20]. » Il existe plusieurs manières d'appréhender l'accessibilité ; on peut la penser en termes d'individus ou de groupes ou encore en termes d'idées.

Dans le concept habermassien de la sphère publique, on fait d'abord état de l'accessibilité des individus. Cela suppose une certaine égalité des personnes, un roturier pouvant discuter avec un bourgeois

---

18. Braud, *op. cit.*, p. 49.
19. *Ibid.*, p. 48.
20. Habermas, *op. cit.*, p. 95.

ou un professeur. La valeur de l'individu doit s'imposer contre les hiérarchies et les dépendances économiques, tout comme les lois du marché doivent être suspendues. L'usage public du raisonnement «s'effectuait en principe en faisant abstraction de toute représentation sociale ou politique des hiérarchies, et d'après des règles universelles [...] objectives[21]». L'égalité se retrouve dans la Déclaration universelle des droits de l'homme et du citoyen, la Constitution américaine, la Charte canadienne des droits, la Charte des droits et libertés du Québec, etc. Mais l'égalité reste évidemment un idéal difficile à atteindre, à cause de contingences économiques, sociales et culturelles.

L'accessibilité des groupes constitue aussi un préalable de la sphère publique, et elle renvoie quelquefois aussi à «l'accessibilité des idées». En Occident, les médias se veulent accessibles, et cela s'est manifesté dès les années 1920 dans le domaine de la radiodiffusion. Les gouvernements ont attribué, et non «donné» des fréquences, de telle sorte que les entreprises de radiodiffusion ne sont que des fidéicommissaires devant s'en tenir au mandat de la politique de radiodiffusion, c'est-à-dire «offrir au public l'occasion de prendre connaissance d'opinions divergentes sur des sujets qui l'intéressent». Les alinéas a) et b) du paragraphe 3(1) de la Loi sur la radiodiffusion stipulent que le système canadien de radiodiffusion doit être la propriété des Canadiens et sous leur contrôle, et que les fréquences relèvent du domaine public. Ce n'est donc pas pour leur bénéfice personnel que les propriétaires de stations de radio ou de télévision exploitent leur entreprise, en principe.

L'accessibilité, en plus de référer à l'égalité des personnes, renvoie donc aussi au pluralisme, c'est-à-dire à la possibilité pour toutes les perspectives de se faire valoir. La Loi canadienne sur la radiodiffusion de 1991, la politique de programme et d'information de la Société Radio-Canada et tous les codes d'éthique sur les médias insistent sur le lien entre pluralisme et démocratie. Une «information complète, exacte et pluraliste est une des garanties les plus importantes de la liberté et de la démocratie», peut-on lire dans le *Guide de déontologie* de la Fédération professionnelle des journalistes du Québec. Ainsi, l'accessibilité de tous et de toutes dans la sphère publique ne suffit pas ; le principe implique aussi la représentativité de toutes les opinions. Cet objectif reste malgré tout fort ambitieux.

Tant nos propres recherches que d'autres écrits suggèrent qu'un nombre fort restreint d'acteurs sociaux ont accès aux médias et que la presse, non contente de sélectionner, cadre de manière spécifique

---

21. *Ibid.*, p. 64.

certaines questions et en ignore systématiquement d'autres. Certaines idées n'accèdent pas aux médias... Rarement traite-on du Canada comme grand commerçant d'armes à travers le monde; on ne nous informe pas de la manière dont chacune des grandes entreprises canadiennes contrevient au traité de Kyoto en augmentant ses gaz à effets de serre; on ne lit presque jamais de textes sur l'impact concret des réductions de services publics sur l'environnement[22], les droits de la personne, la santé ou la consommation, etc.

Le pluralisme dans les médias a fait l'objet de travaux de plusieurs équipes, dont celles de Project Censored USA[23] et Project Censored Canada, ce dernier s'étant transformé en NewsWatch Canada[24] au milieu des années 1990. Les principaux chercheurs du groupe, Robert A. Hackett et Richard Gruneau[25], de l'Université Simon Fraser, ont démontré qu'il existe non seulement des omissions (blind spots) et des filtres dans la presse, mais qu'une structure bien particulière d'omissions est visible; certains thèmes sont systématiquement occultés et d'autres constamment traités de la même manière. Dans la même veine, Lise Chartier, la directrice du Laboratoire d'analyse de presse en relations publiques à l'UQAM, se désole de l'étroitesse actuelle des points de vue dans la presse québécoise. Dans une entrevue accordée au magazine *Trente*, elle affirme: «Quand j'ai ouvert ma boîte [dans les années 1970], il y avait beaucoup plus de médias qui avaient tous des créneaux spécifiques. Maintenant, il n'y a que Radio-Canada et deux ou trois concurrents qui couvrent les mêmes sujets, de la même façon et qui invitent, par manque de temps ou par paresse, constamment les mêmes analystes-vedettes. Et ça finit par influencer les perceptions du public[26].»

Notre recherche auprès des journalistes québécois[27] laisse aussi voir plusieurs types de barrières à l'accessibilité; l'organisation du travail dans les médias et la culture journalistique mènent à l'utilisation

---

22. Seules des crises comme celle de Walkerton, en Ontario, laissent voir les dangers réels de services publics atrophiés et mal gérés.
23. <www.projectcensored.org>.
24. <www.sfu.ca/cmns/research/newswatch/intro.html>.
25. R.A. Hackett et R. Gruneau, *The Missing News. Filters and Blind Spots in Canada's Press*, Ottawa, Canadian Centre for Policy Alternatives, 2000.
26. R. Laplante, «Big Sister», *Trente*, vol. 29, n° 10, novembre 2005, p. 16-18 et communication personnelle avec l'auteure.
27. A.-M. Gingras, «Les médias comme espace public: enquête auprès des journalistes québécois», *Communication*, vol. 16, n° 2, 1995, p. 20-28 (collaboration: Jean-Pierre Carrier).

des mêmes sources, souvent institutionnelles, qui sont capables de réagir rapidement, qui savent se vendre, qui ont un style adapté à celui des médias. De plus, certaines idées, certaines valeurs passent mal la rampe ; il s'agit de celles des groupes ou des individus sans influences culturelles ou politiques, sans capital symbolique. Les informations trouvées dans les médias proviennent des acteurs sociaux dominants, et cela correspond au jeu normal du pouvoir en société. « L'inégalité d'accès aux médias résulte, pour une dizaine de journalistes, de luttes de pouvoir inévitables, de compétition entre acteurs sociaux ; il ne s'agit surtout pas de complot. » Cette inégalité « ne relève pas du hasard » et « la prééminence dans les médias de certaines idées, de certaines valeurs correspond à la primauté de certains acteurs sociaux[28] ».

1.1.3. La transparence

Pour que la délibération soit possible dans la sphère publique, on exige aussi la transparence. La sphère publique de Habermas s'est constituée à l'encontre du secret du gouvernement ; « ce sont précisément les secrets d'État – *arcana imperii*, ce catalogue de toutes les pratiques secrètes dressé par Machiavel – qui ont pour tâche d'assurer la conservation de la domination face à un peuple que l'on considère comme mineur[29] ». Face au secret du monarque s'impose le principe de publicité ; la gouverne doit se faire à l'aide de lois promulguées et connues de la population et non au moyen de décrets improvisés.

La transparence constitue un fondement essentiel de la sphère publique en Occident. Les législations concernant l'accès à l'information, qu'on retrouve dans une quarantaine de pays, ont justement pour objectif « d'ouvrir » l'appareil d'État aux citoyens et aux citoyennes désireux de connaître et de comprendre les raisons des décisions gouvernementales. Dans son dernier rapport quinquennal (2002), la Commission d'accès à l'information du Québec écrit :

> *La démocratie va bien au-delà de l'exercice du droit de vote. Entre deux périodes électorales, les citoyens veulent connaître les faits et gestes de ceux qui les gouvernent. D'où un besoin de grande transparence de l'État. Outre qu'elle favorise une meilleure reddition de compte, la*

---

28. A.-M. Gingras, *op. cit.*, p. 27-28.
29. Habermas, *op. cit.*, p. 62.

transparence de l'administration publique engendre aussi l'adoption de meilleures politiques qui prennent en compte les besoins et opinions de la population[30].

Au Canada, tant le gouvernement fédéral que les provinces ont promulgué des lois favorisant la transparence. La *Loi sur l'accès aux documents publics et sur la protection des renseignements personnels* du Québec a été adoptée en 1982 et, au palier fédéral, la *Loi sur l'accès à l'information* l'a été en 1983. En vertu de ces législations, toute personne désirant obtenir des renseignements relevant des ministères et organismes publics doit en faire la demande directement à l'organisation visée. En cas de refus ou de délai indu, la Commission d'accès à l'information intervient au Québec et le Commissaire à l'information fait de même au palier fédéral.

Le droit d'accès à l'information ne s'exerce pas dans l'absolu ; des exceptions précises le limitent et assurent l'équilibre entre, d'une part, l'accès à l'information et, d'autre part, la vie privée, le secret commercial, la sécurité nationale et les « communications franches » nécessaires à l'élaboration des politiques[31]. Bien que ces lois fassent partie du paysage politique depuis le début des années 1980, la pratique du secret et le mépris du principe de la loi d'accès à l'information perdurent ; dans son rapport annuel 1997-1998, le Commissaire fédéral à l'information de l'époque, John W. Grace, notait qu'il n'était pas rare que des fonctionnaires détruisent des notes de service embarrassantes, mènent la recherche la plus rudimentaire qui soit dans les dossiers, gonflent les droits à acquitter pour décourager un demandeur ou tardent à répondre pour que l'information perde tout intérêt ou ne puisse plus causer de dommages[32].

John W. Grace liait éthique et transparence :

> *Toute société qui se veut libre, juste et civile doit faire appel à un large éventail de méthodes pour la dénonciation et la sanction des manquements à l'éthique et en favoriser le maintien. D'où la nécessité d'une presse libre et sceptique, irritante, voire irresponsable ;*

---

30. Commission d'accès à l'information, *Une réforme de l'accès à l'information : le choix de la transparence*, novembre 2002, p. 11.
31. Commissaire à l'information du Canada, *Rapport annuel du Commissaire à l'information*, 1997-1998, Ottawa, ministre des Travaux publics et Services gouvernementaux Canada, 1998, p. 1.
32. Commissaire à l'information du Canada, *op. cit.*, p. 6.

d'où la nécessité d'un système judiciaire farouchement indépendant ; d'une Fonction publique professionnelle et d'un public informé et engagé[33].

Bien que la transparence soit une vertu affichée des démocraties occidentales, il s'agit d'une vertu peu appliquée. En 1998, le Commissaire à l'information jugeait que la «manie du secret [continuait] de fleurir dans beaucoup trop de hautes sphères» et que le blâme pour les difficultés d'application de la loi revenait aux gouvernements et aux fonctionnaires qui se plaignaient de la rigueur de la loi et refusaient de collaborer: «Cette insulte n'a d'égale que l'arrogance intellectuelle de toute la situation. L'engagement, dans les mots et dans les faits, envers le principe de la reddition des comptes au moyen de la transparence a trop souvent été chancelant et faible[34].» Plusieurs scandales, comme celui de la mission des casques bleus en Somalie ou l'affaire du sang contaminé, durant lesquels des documents ont été détruits, ont démontré les difficultés d'application de la *Loi sur l'accès à l'information* durant les années 1990.

Quand le mandat de John W. Grace comme commissaire à l'information a pris fin, John M. Reid l'a remplacé. À son arrivée, il a fait quelques constats troublants[35]: la stratégie du retard était largement répandue dans la bureaucratie et visait à refuser l'accès à l'information que possède le gouvernement et à en exercer le contrôle ; en 1998, 55 % des plaintes adressées au commissaire concernaient l'incapacité de respecter le délai de réponse prévu par la Loi ; l'infrastructure de gestion des dossiers de l'État ne pouvait permettre d'assurer les droits à l'information (accès et protection des renseignements personnels), la prise de décisions éclairées, la vérification complète et la préservation de l'histoire de la gestion des affaires publiques ; la forte persistance de la culture du secret au gouvernement du Canada avait beaucoup à voir avec le faible leadership des chefs politiques et des dirigeants de l'État et de l'administration publique, sans oublier les membres du Parlement. En 1998 – 15 ans après l'adoption de la *Loi sur l'accès à l'information* – les membres du comité parlementaire chargé d'examiner les rapports annuels du Commissariat ne s'étaient jamais réunis à cette fin.

---

33. *Ibid.*, p. 3.
34. *Ibid.*, p. 3.
35. <www.infocom.gc.ca/reports/section_display-f.asp?intSectionId= 433>, consulté le 24 février 2006.

Au terme de son mandat de sept ans, et dans le rapport annuel 2004-2005 visant à dresser le portrait global de la situation des dernières années, que dit le commissaire Reid de l'état de santé de l'accès à l'information ? À son avis, les constats du début de son mandat restent d'actualité. Deux problèmes majeurs subsistent, qui nuisent à son travail : la méfiance envers l'idée de rendre publics les documents administratifs, qu'on retrouve tant chez les politiques que dans l'administration publique, et le manque de ressources qui ralentissent le travail de ses enquêteurs et minent le droit réel à un accès rapide à l'information, contredisant ainsi les objectifs mêmes de la Loi. Les organisations fautives se retrouvent au plus haut échelon de la hiérarchie politique et administrative ; pour la période du 1er avril au 30 novembre 2004, le Bureau du Conseil privé, c'est-à-dire le ministère du premier ministre, est l'un des deux pires organismes en matière d'accès à l'information. John M. Reid précise que depuis l'entrée en vigueur de la Loi en 1983, gouvernements et législatures ont promulgué 50 lois imposant le secret à l'égard de renseignements, en plus des exceptions déjà prévues dans la *Loi sur l'accès à l'information*. Au total, le commissaire à l'information explique qu'on continue de se méfier de la *Loi sur l'accès à l'information* à tous les échelons de l'administration fédérale et au Parlement. « Il s'ensuit que, à chaque fois que des gouvernements proposent des lois s'appliquant à l'information de nature délicate, une réaction instinctive semble souvent porter les intéressés à ajouter de nouvelles exceptions à la Loi, à soustraire des documents du champ d'application de la Loi ou à affaiblir le pouvoir du commissaire (et des tribunaux) en matière de surveillance des décisions visant à garder des documents secrets[36]. »

Au Québec, les tendances sont les mêmes. Bien que la *Loi sur l'accès aux documents publics et sur la protection des renseignements personnels* doive être révisée tous les cinq ans pour qu'on fasse le point sur sa mise en œuvre et sur l'opportunité de la maintenir ou de la modifier, la méfiance existe aussi. Les « Dossiers noirs de l'information » publiés par la Fédération professionnelle des journalistes du Québec (FPJQ) en décembre 2004 et 2005 présentent quantité d'exemples illustrant le manque de volonté politique et administrative de transmettre aux journalistes des informations d'intérêt public[37].

---

36. <www.infocom.gc.ca/reports/section_display-f.asp?intSectionId= 440>, consulté le 26 février 2006.
37. <www.fpjq.org/index.php?id=single&tx_ttnews[pS]= 1135278053&tx_ttnews[tt_news]=2371&tx_ttnews[backPid]=42&cHash=21e03184f6> et <www.fpjq.org/index.php?id = single&tx_ttnews[pS]= 1135278053&tx_ttnews[pointer] = 1&tx_ttnews[tt_news] =411&tx_ttnews[backPid]=42&cHash=fde3d4e5e8>, consulté le 15 décembre 2005.

En juin 2006, une nouvelle *Loi sur l'accès aux documents des organismes publics et sur la protection des renseignements personnels* a été promulguée mais le règlement n'a été publié dans la *Gazette* de l'Assemblée nationale qu'à l'automne 2007. Cette loi entre en vigueur progressivement jusqu'en 2009. Elle est venue élargir le nombre d'organismes assujettis à l'accès à l'information en incluant, entre autres, les régies intermunicipales, les sociétés de transport en commun, tout organisme dont le conseil d'administration est formé majoritairement de membres du conseil d'une municipalité et tout organisme dont le conseil d'administration est formé d'au moins un élu municipal siégeant à ce titre et dont une municipalité ou une communauté métropolitaine adopte ou approuve le budget ou contribue à plus de la moitié du financement. La divulgation automatique des documents est incluse dans la loi, mais les demandeurs de documents n'ont accès ni à une liste de documents produits par les organismes publics ni à un moteur de recherche sur les sites de ces organismes. L'information demandée doit obligatoirement se trouver dans un document et non dans des bases de données, ce qui explique qu'une part des informations détenues par les organismes publics ne sera pas accessible au public[38].

Au Canada, le principe de transparence a été battu en brèche aux plus hauts niveaux de la hiérarchie politique. Deux exemples suffiront à prouver cette assertion. Premièrement, le code de déontologie auquel doivent se soumettre les membres du Conseil des ministres a longtemps appartenu au secret; l'ancien premier ministre Jean Chrétien jugeait qu'il était seul responsable du sens moral de ses ministres. Le précédent Commissaire à l'information estimait « que le fait de ne pas divulguer la teneur de ce code de déontologie constitue un choix malsain dans une démocratie, voire une mauvaise décision au plan politique[39] ». Ce n'est qu'en 2004 qu'un Bureau du commissaire à l'éthique qui se rapporte à la Chambre des communes (et non au Bureau du premier ministre) a été instauré. Le commissaire est chargé de faire appliquer le *Code régissant les conflits d'intérêt des députés* et le *Code régissant la conduite de titulaires de charge publique en ce qui concerne les conflits d'intérêt et l'après-mandat*. Les quelques cas traités par la nouvelle commissaire à l'éthique Mary Dawson (Thibault, Flaherty et Soudas) ne permettent pas encore de tester les limites de la fonction. Retenons cependant que cette commissaire n'a pas juridiction sur les dépenses des députés dans

---

38. <www2.publicationsduquebec.gouv.qc.ca/dynamicSearch/telecharge.php?type=2&file=/A_2_1/A2_1.html>, consulté le 27 avril 2009.

39. Commission d'accès à l'information, *Une réforme de l'accès à l'information: le choix de la transparence*, novembre 2002, p. 5.

le cadre de leurs fonctions parlementaires, dépenses qui relèvent du Bureau de régie interne de la Chambre des communes et ne sont pas dévoilées même s'il s'agit, évidemment, de fonds publics.

Deuxièmement, la transparence a été lourdement bafouée par le biais du Programme des commandites, mis au jour par la commission Gomery. Entre 1994 et 2003, un écheveau complexe de transactions financières entre Travaux publics et services gouvernementaux Canada, des sociétés d'État et des agences de communications, comprenant des pots-de-vin et des contributions illégales au Parti libéral du Canada, a été planifié à partir du Bureau du premier ministre. Le programme des commandites, qui visait officiellement à faire la promotion de l'unité nationale, a plutôt servi à mousser la visibilité fédérale grâce à des décisions court-circuitant les politiques établies (procédures des marchés, ingérence politique, non respect des hiérarchies administratives, etc.). Des actions délibérées ont été faites dans le but de contourner, voire de violer les lois et les politiques fédérales, notamment la *Loi électorale du Canada*, la *Loi sur l'enregistrement des lobbyistes*, la *Loi sur l'accès à l'information*, la *Loi sur la gestion des finances publiques*, la politique fédérale sur les marchés et la politique du Conseil du Trésor sur les paiements de transferts. Monument de non-transparence, le Programme des commandites illustre bien que les intérêts et les objectifs partisans peuvent servir de soi-disant caution morale aux plus hauts responsables politiques du pays pour transgresser les lois qu'ils ont votées et les politiques qu'ils ont établies[40].

L'idée de transparence apparaît assez utopique lorsqu'on examine les paroles des personnages publics. Il y a dans la vie publique une certaine part de demi-vérités, de silences, de mensonges, de manipulation et de tentatives de séduction. De tout temps, les dirigeants politiques ont voulu orienter, voire dicter ou fabriquer «l'opinion publique». Les conseils de Machiavel à son prince servent, encore aujourd'hui, parce qu'ils font de la gouverne, entre autres, une affaire d'apparence (et de communication). Il n'est pas nécessaire, écrit Nicolas Machiavel, d'avoir toutes les qualités d'un prince (ou d'un homme d'État) pour gouverner, mais «il est bien nécessaire de paraître les avoir[41]». Un prince

> [...] *ne peut être tenu d'observer toutes ces choses pour lesquelles les hommes sont tenus pour bons, étant souvent contraint, pour maintenir l'État, d'agir contre la foi, contre la charité, contre l'humanité, contre*

---

40. John H. Gomery et Commission d'enquête sur le programme des commandites et les activités publicitaires, *Qui est responsable? Rapport factuel*, Ottawa, Travaux publics et services gouvernementaux Canada, 2005.
41. N. Machiavel, *Le Prince*, Paris, Flammarion, 1980, p. 160.

> *la religion. Aussi faut-il qu'il ait un esprit disposé à tourner selon que les vents de la fortune et les variations des choses le lui commandent, et [...] ne pas s'écarter du bien, s'il le peut, mais savoir entrer dans le mal, s'il le faut*[42].

Même s'il faut se garder de susciter du cynisme, reconnaissons tout de même qu'il y a dans la vie politique une certaine part de mensonges et de vérités partielles et aménagées. Le système des partis politiques, indique l'ex-politicien Claude Morin, interdit aux individus et aux partis de se torpiller eux-mêmes en rendant publiques des informations qui leur nuisent; le jeu des partis politiques, toujours en opposition, et la complexité des dossiers rendraient nécessaire un travail de mise en scène de l'information qui inclut les omissions et les demi-vérités[43].

Dans *La démocratie malade du mensonge*, Alain Etchegoyen relève un certain nombre de mensonges en politique: d'abord l'adhérence au pouvoir dans l'oubli du mandat, ensuite tout ce qui relève du jeu politique, c'est-à-dire l'apparence, l'image, la routine, la flatterie, l'agrément et la persuasion, et, enfin, le monde politique qui «se ment à lui-même en se prenant pour le monde même», alors qu'en réalité il s'agit d'un microcosme non représentatif de la population, opaque et narcissique[44].

Dans *Le syndrome de Pinocchio*, le journaliste André Pratte affirme que les politiciens ne mentent pas sans arrêt, mais que, placés devant une situation délicate qui risque de leur nuire, ils préfèrent mentir et perdre des votes plutôt que de dire la vérité. «De leur point de vue, la vérité et le mensonge sont moralement équivalents. Tout ce qui compte, c'est l'efficacité stratégique: lequel, du mensonge ou de la vérité, sera politiquement plus rentable[45]?»

Si le monde politique ne semble pas très transparent, qu'en est-il des médias eux-mêmes? Dresser le bilan de la transparence médiatique constitue une entreprise périlleuse, mais nous pouvons toutefois souligner que des rumeurs et des informations non fondées sont régulièrement mises en onde ou imprimées; la course aux cotes

---

42. *Ibid.*, p. 160-161.
43. C. Morin, «Les autorités politiques et l'information», *Éthique de la communication publique et de l'information, Cahiers de recherche éthique*, 17, p. 115-116.
44. A. Etchegoyen, *op. cit.*, p. 120, 128, 147-149.
45. A. Pratte, *Le syndrome de Pinocchio. Essai sur le mensonge en politique*, Montréal, Boréal, 1997, p. 109.

d'écoute, de même que le recours fréquent aux sources anonymes[46], expliquent cette tendance. Les exemples de faussetés abondent, parmi lesquels nous en avons choisi quelques célèbres. Au début des années 1980, la journaliste Janet Cooke, du *Washington Post*, avouait avoir inventé ses sources anonymes pour un reportage qui lui avait valu le prix Pulitzer. Une dizaine d'années plus tard, le Français Patrick Poivre d'Arvor menait avec Fidel Castro une «fausse entrevue exclusive»; au montage, il avait intercalé ses questions dans une conférence de presse que le chef d'État cubain donnait en présence de plusieurs journalistes, laissant faussement entendre que Castro lui répondait personnellement. En mai 1998, le *Washington Post* et les magazines *New Republic*, *George* et *Harper* ont reconnu avoir publié des reportages inventés de toutes pièces par Stephen Glass. En juin 1998, la chaîne CNN et le magazine *Time* affirmaient qu'un commando des services secrets américains avait répandu du gaz sarin au Laos en 1970 pour éliminer des déserteurs américains, ce qui s'est révélé faux par la suite. Peu après, une éditorialiste du *Boston Globe*, Patricia Smith, démissionnait parce qu'elle avait inventé des citations pour des articles qui lui avaient valu l'un des plus prestigieux prix de journalisme américain. En 2003, le journaliste du *New York Times* Jason Blair avouait avoir inventé des reportages de toutes pièces; une enquête a permis de découvrir qu'il avait falsifié, plagié ou inventé trente-six de ses soixante-treize derniers reportages. «[Ce] scandale allait susciter une réflexion angoissée sur l'éthique journalistique non seulement au Times mais également dans les autres salles de rédaction et les écoles de journalisme aux États-Unis[47].» En 2004, durant la campagne électorale américaine, le journaliste Dan Rather rendait publics des documents prouvant que George W. Bush s'était soustrait sans raison valable à l'enrôlement durant la guerre du Vietnam; or, il s'agissait de faux. Toute la couverture du *New York Times* précédant le déclenchement de la guerre en Irak en mars 2003 et l'année qui a suivi a été marquée par le manque de transparence causé par le patriotisme exacerbé, l'obsession des primeurs (*scoops*) et le manque de rigueur. Le *New York Times* a en effet rapporté quantité de propos anonymes sur l'existence des soi-disant armes de destruction massive (ADM) détenus ou sur le point d'être achetés par Saddam Hussein et sur les

---

46. M.-F. Bernier, *Quelques aspects du recours aux sources anonymes dans les comptes rendus de courriéristes parlementaires de la presse écrite francophone à l'Assemblée nationale du Québec*. Thèse de doctorat présentée à l'Université Laval, avril 1998, p. 21-27.
47. Richard Hétu, «Le *New York Times* à l'heure de la transparence», dans Les enjeux éthiques de la gestion de l'information, dans *Éthique publique. Revue internationale d'éthique sociétale et gouvernementale*, vol. 6, n° 2, automne 2004, p. 115-117.

liens entre l'organisation terroriste Al-Qaida et l'Irak. Ces reportages, dont bon nombre ont été écrits par la journaliste Judith Miller, étaient fondés sur la divulgation d'informations par des sources à qui on avait accordé l'anonymat; on les a souvent retrouvés en manchette et ils ont fait l'objet d'une couverture tapageuse. Dans un bilan fort critique de cette couverture pré-guerre, l'ombudsman du *New York Times*, Daniel Okrent, a jugé que les points de vue du Pentagone ont été répercutés si agressivement dans le journal qu'on pouvait presque voir des épaulettes surgir des épaules des directeurs du journal. Les journalistes ayant émis des doutes sur l'existence des ADM ont été réduits au silence ou ont vu leurs reportages reproduits loin des manchettes. « Problème institutionnel », « journalisme *hit-and-run* », « licence accordée aux menteurs », « système dysfonctionnel » conclut l'ombudsman du *New York Times* un an après que l'existence des ADM ait été sérieusement mis en cause par la presse internationale (voir annexe I).

Plus près de nous, les supputations des médias québécois reliées aux tueries de l'Ordre du temple solaire en octobre 1994 (trafic d'armes, entre autres) ne se sont jamais avérées. Les médias ont aussi transformé le chef du Bloc québécois Lucien Bouchard en manchot lors de son accident en décembre 1994. Les tractations ayant conduit Jean Charest sur la scène provinciale n'ont pu être éclaircies que par un journaliste ayant brisé l'entente de confidentialité avec l'ex-premier ministre Brian Mulroney, qui racontait une chose en public et le contraire en privé; parce qu'il tenait plus à la vérité qu'au respect des règles journalistiques permettant le mensonge, le journaliste a été vilipendé par ses collègues[48]. Ces affaires peuvent être publicisées parce qu'on les a documentées ou qu'on a fait par la suite une rétractation. Mais de nombreuses autres affaires du genre passent tout à fait inaperçues ou ne sont révélées que des années plus tard.

Si les exemples de faussetés abondent, nous soulignons par ailleurs que le problème ne tient pas seulement à leur nombre, mais aussi à l'attitude nonchalante de la majorité des patrons de presse à l'égard de l'exactitude de l'information. Les *mea culpa* des reporters fautifs n'entraînent généralement aucune réprimande pour eux et elles personnellement, ni aucun changement dans les pratiques pour l'ensemble de la profession.

L'attitude des médias à l'égard de la transparence se caractérise par son flou. L'ambiguïté de la majorité des journalistes à ce sujet est fort bien illustrée par le recours aux sources à qui on accorde l'ano-

---

48. A. Pratte, « Chronique d'un dérapage contrôlé », *Trente*, juillet-août 1998, p. 6.

nymat. Bien qu'il s'agisse d'une question fort complexe – sur laquelle nous reviendrons au chapitre 2 –, soulignons que les règles pour accorder l'anonymat qu'on retrouve dans le Code de déontologie de la Fédération professionnelle des journalistes du Québec sont rarement appliquées. Ce code prévoit qu'un journaliste peut accorder l'anonymat pour obtenir des informations importantes dans certaines situations (impossibilité d'obtenir autrement l'information, qui doit être d'intérêt public, et préjudice certain pour la source en cas de divulgation de son identité), à la condition de décrire avec suffisamment de précisions cette source pour que le public soit en mesure d'apprécier sa compétence, ses intérêts et sa crédibilité. Cela ne se fait presque jamais… En fait, les pratiques journalistiques à cet égard varient beaucoup; on retrouve du très bon comme du pire journalisme. Cependant, quand des carrières journalistiques entières sont faites sur la divulgation de renseignements obtenus de manière confidentielle, il y a lieu de s'interroger sur la rigueur du journaliste, sa paresse, ou encore sa capacité d'utiliser toutes les méthodes à la disposition des journalistes… On peut aussi s'interroger sur la course à la primeur, même fausse, qui guide les patrons de ce journaliste.

À cause de l'intérêt d'une nouvelle provenant d'une source confidentielle, certains travailleurs de l'information cherchent ouvertement à accorder l'anonymat pour donner à leur texte une sorte de «plus-value» et ainsi mousser leur carrière. Lorsqu'une information provenant d'une source à qui on a accordé l'anonymat constitue un scoop, si celui-ci s'avère, c'est la gloire[49]. Quand, par ailleurs, l'informateur a menti, le scoop est presque invariablement accueilli dans l'indifférence générale plutôt que d'être dénoncé comme une mauvaise pratique journalistique. Ici, il faut toutefois souligner une célèbre exception: on a dénoncé les articles de Judith Miller, journaliste au *New York Times*, qui étaient fondés sur les propos d'un interlocuteur confidentiel, en réalité le chef de cabinet du vice-président américain, parce que ces articles ont répercuté fortement les mensonges de l'administration américaine et ont participé à la propagande de guerre de George W. Bush. L'impact de ces articles, c'est-à-dire la persuasion en faveur du déclenchement de la guerre, l'attitude de la journaliste qui a fait 85 jours de prison pour protéger sa source anonyme, et le travail de l'ombudsman du moment du *New York Times*, Byron Calame, ont contribué à publiciser l'affaire[50].

---

49. *Spécial Scoops, Trente*, vol. 19, n° 7.
50. <www.nytimes.com/2005/10/23/opinion/23publiceditor.html?ex=1135746000&en=e345fb3b741310fe&ei=5070>, consulté le 26 décembre 2005.

1.1.4. La liberté d'expression

La liberté d'expression constitue l'autre concept fondamental dans l'association médias et démocratie. La liberté d'expression inclut la liberté de la presse et c'est à partir du XVIIe siècle, dès la création de la presse, qu'on en a fait la promotion. Il faut cependant réaliser que les fondements de la liberté d'expression de cette période divergent de manière importante des fondements actuels.

Parmi les documents qui servent généralement à établir l'association médias et démocratie, notons le pamphlet de John Milton, *Areopagitica. For the Liberty of Unlicensed Printing* (1644), le premier amendement américain (1791) « *Congress shall make no law* [...] *abridging the freedom of the press* » et les articles 10 et 11 de la Déclaration des droits de l'homme et du citoyen (1789) résultant de la Révolution française.

> *Article 10 : « Nul ne doit être inquiété pour ses opinions* [...]. »
>
> *Article 11 : « La libre communication de ses pensées et de ses opinions est un des droits les plus précieux de l'homme* [sic] *; tout citoyen peut donc parler, écrire, imprimer librement, sauf à répondre de l'abus de cette liberté dans les cas déterminés par la loi ».*

Les analyses contemporaines sur la naissance de la liberté d'expression et sur les liens entre médias et démocratie s'appuient sur la logique suivante : la souveraineté populaire, par opposition aux lois divines, fonde l'État moderne. La source de légitimité de l'État réside dans la volonté populaire qui s'exprime dans la discussion publique et, de façon ultime, dans le processus électoral. Cette discussion publique permet à la population de prendre connaissance des divers points de vue sur des sujets d'intérêt public et un jugement éclairé en résulte forcément, puisque dans cet échange d'idées la rationalité prévaut sur les statuts, les traditions et les hiérarchisations. La presse devient le terrain d'exercice d'un raisonnement public dans un « espace public » ou une « sphère publique » permettant l'expression de la société civile qu'on nommera « opinion publique ». Francis Balle écrit : « Le Siècle des Lumières change l'attitude des citoyens vis-à-vis de l'information publique en même temps que s'aiguise leur curiosité pour les affaires publiques. Et la Révolution de 1789 favorise l'expansion de la presse [...][51]. »

---

51. Voir F. Balle, *Médias et Société*, Paris, Éditions Montchrestien, 1980, p. 88.

Une presse libre sert donc d'outil essentiel dans une société démocratique, et l'asservissement de la presse dans les pays ayant des systèmes autoritaires de gouvernement sert d'exemple *a contrario* des liens entre médias et démocratie.

Cette perspective contemporaine du lien entre médias et démocratie n'est pas issue des XVIIe et XVIIIe siècles, mais constitue plutôt l'aboutissement du travail de la société sur elle-même au XXe siècle. Auparavant, la liberté d'expression et la liberté de la presse avaient un tout autre sens. Dans une étude fondamentale de ces libertés dans le monde anglo-saxon aux XVIIe et XVIIIe siècles, *Emergence of a Free Press*[52], Leonard W. Levy démontre que notre conception contemporaine des liens entre médias et démocratie n'a rien à voir avec celle qui prévalait à cette époque. Levy adopte une perspective politique et juridique en se fondant sur des écrits de cette période; à l'aide de documents légaux, de discours, de pamphlets, de journaux et de la correspondance entre plusieurs *Framers* – les pères fondateurs américains –, Levy explique le flou qui a historiquement entouré la notion de liberté d'expression. Il souligne à plusieurs reprises l'indifférence manifeste des politiciens américains à l'égard de la liberté de la presse (trois seulement se seraient prononcés) et surtout les nombreuses limites du concept. Benjamin Franklin, par exemple, s'en est pris aux excès de la presse; même s'il favorisait la discussion publique sur des questions de politiques publiques et d'opinions, il recommandait toutefois un traitement dur pour quiconque osait «calomnier» le gouvernement ou mettre en doute sa réputation[53].

Il y avait alors une multiplicité de sens accordés à la liberté d'expression; ses restrictions, nombreuses, nous interdisent de prétendre que la liberté de presse a été associée à la démocratie depuis le XVIIe ou le XVIIIe siècle. Durant la deuxième moitié de ce dernier siècle, la majorité des tracts sur la liberté de la presse passaient sous silence cette association: ainsi, on ignorait l'importance de la liberté d'expression pour la constitution d'une opinion éclairée, pour l'acquisition des connaissances, pour le gouvernement responsable et pour le bien-être général[54]. En fait, l'association médias et démocratie était ténue, évoquée seulement chez de rares auteurs et aucunement articulée.

---

52. New York, University of Oxford Press, 1985.
53. Levy, *op. cit.*, p. 248.
54. *Ibid.*, p. 155.

Retenons de la liberté d'expression de l'époque qu'elle était limitée par des balises qui nous apparaissent contredire le sens même qu'on accorde à la notion aujourd'hui. La liberté de la presse se résumait en bien des circonstances à l'absence de censure et à la publication de «l'information vraie», notion fort discutée par ailleurs. De plus, la liberté d'expression ne pouvait être défendue que si on ne causait de torts ni aux institutions, ni aux individus. Une autre de ses limites concernait le libelle séditieux; des paroles contestant le bien-fondé des politiques publiques ne pouvaient être prononcées en vertu de la liberté d'expression, car elles étaient perçues comme portant irrémédiablement atteinte à l'État. On cherchait donc à éliminer toute contestation des gouvernements. En résumé, au moment où le premier amendement américain a été adopté, la liberté d'expression recouvrait des significations fort étrangères à celle de notre vision contemporaine.

L'étude de Levy démontre brillamment que la déclaration des droits des États-Unis a été adoptée comme toute autre loi, c'est-à-dire après des tractations politiciennes, qu'elle était tributaire de la philosophie de son époque et n'a rien modifié, et enfin que le premier amendement du *Bill of Rights* portait en soi une ambiguïté certaine. Pour Levy, l'interprétation contemporaine de l'adoption du premier amendement voulant que les *Framers* aient eu une conscience claire liant liberté de la presse et démocratie relève de la fiction; on s'appuie sur l'idée que les droits qui doivent exister ont toujours existé; on concocte alors une argumentation pour donner au passé l'apparence de la réalité et de la légalité de l'époque contemporaine.

Aujourd'hui, en Occident, la liberté d'expression est inscrite à l'intérieur de la majorité des constitutions ou des chartes des droits et libertés de la personne. L'article 2 b) de la Charte canadienne des droits et libertés et l'article 3 de la Charte des droits et libertés de la personne (Québec) protègent les libertés d'opinion et d'expression, la charte fédérale précisant «y compris la liberté de la presse et des autres moyens de communication». Ces libertés font partie des droits fondamentaux de chacune des deux chartes, et jouissent donc de la plus haute autorité possible, une autorité constitutionnelle. Cela signifie qu'une restriction à ces droits doit pouvoir, pour être jugée légale, subir les tests prévus aux articles 1 de la charte canadienne et 9.1 de la charte québécoise, c'est-à-dire subir le critère de la «société démocratique» ou des «principes démocratiques». La charte québécoise comprend de plus parmi les droits sociaux et économiques un droit à l'information (article 44) qui n'a pas une autorité supralégislative comme la liberté d'expression mais qui sert néanmoins de principe d'interprétation des lois.

Dans un article sur le droit du public à l'information politique, le constitutionnaliste Henri Brun situe ce droit par rapport à d'autres droits (la liberté d'expression et le droit de vote) et à des principes de nature constitutionnelle (le «principe démocratique» qui est lié à la représentativité et la responsabilité des institutions gouvernementales et le principe du «gouvernement responsable[55]»). Brun explique que la liberté d'expression comprend un droit du public à l'information politique. Dans l'arrêt Edmonton Journal c. Alberta (P.G.) [1989] 2 R.S.C. 132 (par. 1339), on peut lire :

> [...] *le public a le droit d'être informé de ce qui se rapporte aux institutions publiques [...]. La presse joue ici un rôle fondamental.*
>
> *La raison d'être des garanties de l'al. 2b est de permettre des discussions complètes et impartiales sur les institutions publiques, condition vitale à toute démocratie. Le débat au sein du public suppose que ce dernier est informé, situation qui à son tour dépend de l'existence d'une presse libre et vigoureuse*[56].

Dans certains arrêts de la Cour suprême, une information du public mieux équilibrée est favorisée aux dépens d'une liberté d'expression tous azimuts. Dans les arrêts Libman (1997) et Harper (2004), le plafonnement des dépenses électorales est jugé constitutionnel même s'il brime la liberté d'expression, parce qu'il empêche les plus fortunés de dominer le débat public et qu'il empêche d'étouffer certaines voix[57].

Le droit du public à l'information politique serait essentiel, selon Brun, pour exercer pleinement sa liberté d'expression, et pour permettre aux individus de voter en toute connaissance de cause. En ce qui concerne les deux principes constitutionnels identifiés, soit le principe démocratique qui inclut la responsabilité gouvernementale et le gouvernement responsable, ils ne prennent tout leur sens que si l'électorat peut accéder à l'information politique pour porter un jugement éclairé sur l'activité gouvernementale[58]. L'analyse de la jurisprudence permet à Brun d'écrire que le droit du public à l'information politique

---

55. Henri Brun, «Le droit du public à l'information politique : un droit constitutionnel aux ancrages multiples» dans *Développements récents en droit d'accès à l'information*, volume 233, Cowansville, Les Éditions Yvon Blais, 2005, p. 89-113.
56. *Ibid.*, p. 99.
57. *Ibid.*, p. 100.
58. *Ibid.*, p. 104-108.

est de nature constitutionnelle, ce qui signifie que des restrictions imposées à ce droit devraient être justifiées par une règle de droit raisonnable et justifiable dans une société démocratique[59].

La liberté d'expression a constamment besoin d'être interprétée ; elle n'existe pas par elle-même, dans l'infini ou le vide. La liberté de l'un se termine là où elle limite celle de l'autre ; aussi la liberté d'expression est-elle restreinte par un ensemble d'autres droits qui protègent les minorités, les enfants, la vie privée, la dignité de la personne, la sécurité nationale, la réputation, la dignité, le droit à un procès juste et équitable, le critère de haute qualité en radiodiffusion, etc. Le Code criminel canadien limite la liberté d'expression en interdisant la pornographie infantile, la propagande haineuse, le libelle diffamatoire et la divulgation d'informations relatives à la sécurité. Chaque cas de restriction en matière de liberté d'expression est scruté à la loupe et les tribunaux tentent d'établir un équilibre entre ce droit et d'autres droits. Les jugements de cour ne font souvent pas l'unanimité parmi les membres du tribunal comme dans la population.

Le sens accordé à la liberté d'expression évolue sans cesse. Depuis quelques années, la Cour suprême a restreint la liberté d'expression de différentes manières, en jugeant par exemple que le droit de ne pas voir son image publiée sans son consentement faisait partie du droit à la vie privée et pouvait avoir préséance sur le droit à la liberté d'expression. Le plus haut tribunal du pays a aussi confirmé la validité de certaines restrictions à cette liberté ; ainsi, plusieurs types de communication ne sont pas protégés en vertu de l'article 2 b) de la charte ; il en est ainsi lorsqu'on sollicite des faveurs sexuelles d'une personne qui se livre à la prostitution, lorsqu'on expose une personne ou un groupe à la haine ou au mépris fondé sur la race ou la religion, ou encore lorsque la publicité des débats judiciaires est interdite par un juge pour protéger les présumées victimes et sauvegarder leur droit à la vie privée. La Cour suprême a jugé constitutionnelles les dispositions de la *Loi électorale du Canada* et la *Loi sur les consultations populaires* (Québec) qui limitent les dépenses électorales des tiers lors des campagnes électorales ou référendaires et, par ricochet, leur liberté d'expression.

À l'opposé, la jurisprudence des dernières années a aussi étendu la liberté d'expression en décrétant inconstitutionnelles les dispositions de la *Loi électorale du Canada* qui interdisaient la publication des

---

59. *Ibid.*, p. 112-113.

sondages 72 heures avant le vote. La Cour suprême a aussi décidé que la propagande politique devait être protégée dans les endroits publics comme les aérogares.

Des affaires récentes sont venues préciser quelques-unes des balises à la liberté d'expression dans les médias : l'affaire Néron (2004) et les poursuites judiciaires entourant la station CHOI-FM dans la ville de Québec (voir l'analyse sur CHOI-FM en annexe II).

Dans l'affaire Néron, une décision partagée de la Cour suprême est venue confirmer un jugement d'une cour inférieure qui condamnait la Société Radio-Canada (SRC) à payer plus de 600 000 $ de dommages-intérêts à Gilles Néron, un relationniste, et à sa société, parce que la Cour a jugé que la SRC l'avait intentionnellement diffamé et n'avait pas respecté les normes professionnelles du « journaliste raisonnable ». La Cour assimile ici le travail des journalistes à celui de professionnels assujettis à un code de déontologie. Voici l'essentiel de l'affaire inspiré du résumé qu'en fait la Cour suprême[60]. La SRC diffuse, dans le cadre de son émission *Le Point*, un reportage au sujet des délais de traitement des plaintes disciplinaires portées contre des notaires et des demandes d'indemnisation adressées au Fonds d'indemnisation de la Chambre des notaires du Québec (CNQ). La CNQ entreprend de contrer les effets négatifs de ce reportage et Gilles Néron, qui remplit la fonction de consultant en communication auprès d'elle, tente de communiquer avec la réalisatrice par téléphone, sans succès. Il envoie alors une lettre dans laquelle il souligne des inexactitudes ; la journaliste affectée au dossier lui répond et rétorque que sa propre lettre contient aussi des inexactitudes, ce qu'il promet de vérifier rapidement. Sans laisser à Gilles Néron le temps prévu pour la vérification (3 jours), *Le Point* diffuse un second reportage, ne laissant voir de sa lettre que les éléments inexacts, et sans préciser l'objectif de la lettre. Des cours antérieures ont établi que la source des inexactitudes était la CNQ. Dans cette affaire, les journalistes ont placé l'intérêt du public et ce qu'ils croyaient être la vérité au-dessus du droit à la réputation, comme s'ils n'avaient pas à se préoccuper de ce dernier droit. Or, tout citoyen se doit de respecter le droit à la réputation d'autrui. Les journalistes ont été surpris de s'entendre dire que la teneur du reportage, sa méthodologie et son contexte devaient être considérés dans une affaire de diffamation, alors que c'est la norme en droit.

---

60. <www.iijcan.org/ca/jug/csc/2004/2004csc53.html>, consulté le 19 décembre 2005.

La décision a provoqué une onde de choc dans le milieu journalistique. Comment un relationniste peut-il avoir raison contre des journalistes d'enquête de la SRC? Dans un communiqué dénonciateur, la FPJQ écrit que la décision de la Cour suprême vient de «donner aux juges un rôle inacceptable dans la liberté éditoriale des médias québécois». Elle souligne que deux jugements de cour à ce sujet sont partagés, écrit que les reportages incriminés constituent du «journalisme à son meilleur» et explique que le public a grandement bénéficié de ces reportages; trois dirigeants de la Chambre ont en effet démissionné, et l'organisme a été obligé de revoir ses méthodes pour mieux traiter les plaignants. Au sujet de la teneur du reportage, de sa méthodologie et de son contexte, la FPJQ écrit:

> *C'est là qu'ils* [les juges] *attendent les médias pour imposer leur propre vision de ce que devraient faire et dire les journalistes. À leur avis, «d'après son ton et son allure», le reportage était un règlement de comptes contre le relationniste Néron. La Cour suprême a donc voulu montrer qui est réellement le maître en accordant aux juges une autorité qu'ils ne doivent pas avoir sur les choix éditoriaux en information. La liberté de faire des choix éditoriaux est l'essence même de la liberté de presse. C'est la liberté de traiter de tel sujet et pas de tel autre, de publier telle information et pas telle autre*[61].

D'autres commentateurs de la scène médiatique évaluent différemment la décision. Marc-François Bernier, qui a été l'expert en pratiques journalistiques de Néron, et Yves Boisvert, témoin au procès, affirment que le jugement n'imposera pas de nouvelles normes dans la pratique journalistique. Le premier écrit que la Cour a sanctionné l'abus de pouvoir, le manque d'équité et la sélection biaisée d'informations véridiques nuisant à la réputation de Néron de la part de journalistes qui ont «profité des ondes pour régler des comptes[62]». Le second croit pour sa part que cette affaire n'influera pas sur les pratiques journalistiques car elle est complètement hors normes, par l'effet combiné de la mauvaise foi de la Chambre des notaires et des journalistes et par l'impact que le reportage a eu sur le relationniste, ici une perte d'emploi et de revenus[63].

---

61. <www.fpjq.org/index.php?id=single&tx_ttnews[pS]=1135608530&tx_ttnews[pointer]=2&tx_ttnews[tt_news]=403&tx_ttnews[backPid]=42&cHash=a6bf2adc18>, consulté le 26 décembre 2005.
62. Marc-François Bernier, «La Cour suprême n'invente aucune nouvelle contrainte aux journalistes», *Le Devoir*, 31 juillet 2004, p. B5.
63. Yves Boisvert, «Le jugement Néron. Un désastre? Pas nécessairement...», *Journal du Congrès FPJQ-Métro*, 3-5 décembre 2004, p. 3.

L'avocat Jean-Claude Hébert écrit pour sa part :

L'activité journalistique suppose une liberté d'expression dynamisée et pérenne. Le pouvoir judiciaire a vocation de protéger cette valeur démocratique contre l'arbitraire étatique. Cette convergence d'intérêts ne confère pas à la classe journalistique le contrôle absolu de l'exercice de la profession.

Les juges doivent également protéger tous les citoyens contre les abus ou les dérives que l'exercice de la liberté de presse peut générer. Pour exercer judicieusement sa fonction d'arbitre, le pouvoir judiciaire doit forcément s'en remettre à des normes ou standards[64].

Hébert déplore aussi que les journalistes soient si prompts à dénoncer le manque de rigueur des Ordres professionnels et refusent de s'organiser en corporation professionnelle[65]. Or, par leur refus de mettre en œuvre la proposition de la FPJQ d'un encadrement juridique de la profession, les journalistes s'excluent de l'autoréglementation et, ce faisant, croient faire prévaloir la liberté au-dessus des contraintes, ce qui montre que la majorité a une vision fort romantique, assez peu réaliste, du métier. Hébert écrit : « Il est utopique de discourir sur la liberté de presse et d'ignorer les responsabilités qui la sous-tendent. Puisque les tribunaux sont appelés à sévir contre les abus de la liberté de presse, le monde médiatique n'a d'autre choix que de connaître et respecter les normes professionnelles guidant l'action judiciaire[66]. »

Chaque société possède son seuil de tolérance au sujet de la liberté d'expression ; en conséquence, l'équilibre entre la liberté d'expression et les interdictions en tout genre varie d'un pays à l'autre et d'une époque à l'autre. Il n'est pas rare que les décisions de tribunaux à ce sujet suscitent des controverses.

Il faut noter que la liberté d'expression commerciale est protégée par les chartes canadienne et québécoise, ce qui, pour certains, s'apparente à une évolution problématique, une sorte de déviation des buts premiers de la charte. Historiquement, la liberté d'expression a d'abord servi à défendre les libertés de religion et d'opinion. Il s'agissait là d'une protection visant à défendre, voire à promouvoir le pluralisme dans une société démocratique, dans la perspective qu'un éventail d'idées permet des échanges vigoureux et des prises de positions

---

64. Jean-C. Hébert, « Le double standard journalistique », *La Presse*, 8 décembre 2004.
65. *Ibidem*.
66. *Ibidem*.

éclairées. Une hiérarchie des droits prévalait, qui accordait préséance aux libertés de religion et d'opinion. Aujourd'hui, par contre, les entreprises privées se servent de la liberté d'expression pour protéger leur publicité[67], amalgamant activités commerciales et droits fondamentaux. La nature commerciale de la liberté d'expression a acquis droit de cité, se distinguant peu, dans l'acception populaire, de la liberté de religion ou d'opinion.

Chantal Sauriol écrit qu'en protégeant la liberté d'expression commerciale, on accorde forcément une grande confiance aux entreprises. Elle cite A. Wayne MacKay :

> *This reasoning raises question about the real purposes of the charter. It is a classic illustration of the free market place of ideas approach of freedom of expression. An important question is whether we can really trust companies or media to fairly inform customers. To raise the question is to answer it [...] The charter, as a remedial document, should be aimed at protecting those who are not well served by the political process. Large businesses do not fall into this category*[68].

1.2. La crise de la sphère publique et le concept de l'appareil idéologique

Dans le concept de la sphère publique, les médias constituent un lieu de délibération des enjeux de société marqué par la rationalité, l'accessibilité et la transparence. Une opinion éclairée se forme au contact d'un vaste éventail de points de vue sur les politiques publiques et plus globalement sur l'orientation du gouvernement. Dans la perspective de la sphère publique, l'opinion éclairée naît grâce à la diversité des points de vue rendue possible par la liberté d'expression. La vision contemporaine de la sphère publique nuance la rationalité des individus; on reconnaît qu'il s'agit d'une faculté relative et, en conséquence, on assigne une mission de responsabilité sociale aux médias. Ces derniers, perçus comme un des maillons du système démocratique, doivent offrir à l'électorat toutes les informations pour qu'il s'autogouverne.

---

67. Un des cas les plus intéressants est celui d'Irwin Toys, qui a contesté, jusqu'en Cour suprême, le droit du gouvernement québécois de limiter la publicité pour les jouets.
68. A. Wayne MacKay, « Freedom of Expression : Is it just Talk ? », (1989) 68. R. du B. can. 741, cité dans Chantal Sauriol, *Les abus de la liberté d'expression : l'encadrement juridique du rôle de critique*, Cowansville, Les Éditions Yvon Blais, 1993, p. 28-29.

Le concept de la sphère publique s'appuie sur l'idéologie libérale qui offre une vision plus consensuelle que conflictuelle de la société ; le système politique permettant l'alternance suffirait à régler les conflits qui surgissent, et l'établissement de consensus démontrerait que la richesse de l'argumentation permet de convaincre. La sphère publique jouerait donc un rôle central dans la gestion politique d'une société, mais, pour ce faire, elle devrait accomplir son travail comme une mission de service public, autrement dit exercer une responsabilité sociale.

En 1947, la célèbre commission américaine sur la liberté de la presse, aussi appelée commission Hutchins, a défini cette responsabilité sociale des médias. Les travaux de la commission ont été effectués il y a plus d'un demi-siècle, mais ils correspondent à la version idéalisée du journalisme, tel que le veulent, encore aujourd'hui, les défenseurs de la profession. On assigne cinq responsabilités aux médias qui doivent :

- présenter un compte rendu des événements véridique, complet et intelligible dans un contexte qui leur donne un sens ;
- être un forum d'échange ;
- projeter une image représentative des groupes constitutifs de la société ;
- présenter et clarifier les buts et les valeurs de la société ; et
- fournir un accès total aux informations du jour[69].

Dans la sphère publique idéale, le droit du public à l'information se traduit par une obligation pour les médias d'offrir des informations qui aident les citoyens et les citoyennes à se former une opinion éclairée. Cela signifie qu'il n'existe pas de tabou sur les sujets politiques et économiques.

Or, non seulement les questions abordées dans les médias sont-elles restreintes, mais elles ne permettent que peu la formation d'une opinion éclairée, et ce, pour de multiples raisons abordées dans ce livre : dépendance envers les pouvoirs politiques et économiques et fabrication partielle de l'opinion publique par les sondages. Le concept de la sphère publique, qui sert d'idéal, est profondément en crise. Évidemment, un idéal ne correspond qu'imparfaitement à la réalité. Mais ici, la distance entre le concept et la réalité est fort marquée ; le concept relève presque

---

69. T. Peterson, « The Social Responsibility Theory », dans Fred S. Siebert, Theodore Peterson et Wilbur Schramm, *Four Theories of the Press*, Chicago, University of Illinois Press, 1956, p. 87-91.

de la fiction. Le rôle véritable des médias est fort distant du rôle officiel qu'on leur attribue et qu'ils s'attribuent eux-mêmes. Voilà ce que ce livre a pour but de documenter.

Au Canada et au Québec, quelques voix s'élèvent, dans le milieu journalistique, pour dénoncer le mauvais fonctionnement de la sphère publique. À l'heure de la mondialisation et des compressions budgétaires dans tous les secteurs du travail, les questionnements sur la qualité de l'information, la concentration de la presse, l'éthique ou l'influence des annonceurs sur les contenus sont le fait d'une minorité de journalistes et de citoyens.

Historiquement, le problème de la concentration de la propriété de la presse est sans doute celui qui a le plus suscité de réactions, parmi lesquelles il faut noter la naissance de la FPJQ en 1969. La commission royale sur les quotidiens dirigée par Tom Kent (1981) avait aussi posé le problème en s'inquiétant de la qualité de l'information. Les propriétaires de journaux exercent du pouvoir, avait conclu la commission malgré les dénégations des principaux intéressés, un pouvoir qui n'a de comptes à rendre à personne, un pouvoir concentré dans trop peu de mains, et un pouvoir qui se justifie en invoquant le principe de la liberté de presse, ce qui «est choquant pour la probité intellectuelle». Jugeant la situation du début des années 1980 «tout à fait inacceptable dans une société démocratique», Tom Kent et ses collègues prédisaient: «Si les lois et la politique actuelles ne sont pas modifiées, le processus de concentration ne cessera de gagner du terrain[70].»

Le dilemme entre le rôle des intérêts privés en information et la mission officielle de service public a d'ailleurs fait l'objet de nombreuses réflexions depuis les débuts de la radiodiffusion. Le rapport Aird en faisait déjà écho en 1929, et la question a surgi dans le rapport de la commission Massey en 1951 et dans celui de la commission Sauvageau-Caplan en 1986, entre autres. En 1996, le rapport du comité d'examen des mandats SRC, ONF, Téléfilm, présidé par Pierre Juneau, soulignait un aspect du fonctionnement de la SRC relevant de ce dilemme et pouvant être associé à la crise de la sphère publique: la prévalence des considérations commerciales dans les choix de programmation de la SRC aux dépens de sa mission de service public.

En 1998, durant le congrès de la FPJQ, des ateliers «off» congrès ont eu lieu. Le manifeste du groupe de journalistes à l'origine de cette initiative précisait:

---

70. Canada, *Commission royale sur les quotidiens*, ministre des Approvisionnements et Services Canada, 1981, p. 239, 242.

La sphère publique comme idéal démocratique

> Le journalisme tel qu'il est pratiqué à l'heure actuelle dans les médias de masse québécois est plus souvent qu'autrement morose et monotone. À la concentration économique de la presse s'est superposée une concentration idéologique malsaine. Les journalistes s'alignent les uns près des autres pour accoucher d'une histoire à angle commun, que ce soit à la radio, dans les journaux ou à la télévision [...] Nous présentons une vision homogène de la réalité, qui ne devrait en rien être confondue à une forme de rigueur professionnelle. Le syndrome de la réalité unique traduit l'existence d'une pensée unique. Est-ce le résultat des contraintes qu'impose le journalisme de marché ou le fruit de notre paresse intellectuelle ? Ou les deux ? [...]
>
> En raison du manque de temps, de moyens et de volonté, le contrôle des priorités de l'information nous échappe. Nous sommes passés du rang de contrepoids aux faiseurs d'image, aux beaux parleurs et aux menteurs à celui de courroie de transmission. Au nom de quelle éthique osons-nous citer dans nos reportages des professionnels de la relation publique, dont le rôle principal consiste à nous berner dans leurs propres intérêts ? Incapables d'assumer la subjectivité qui est la nôtre, incapables de reprendre le contrôle de ces priorités, nous en sommes réduits à exprimer une vision du monde édulcorée. Une vision qui ne nous appartient plus[71].

Plus près de nous dans le temps, le chroniqueur du *Devoir* et chargé de cours en journalisme à l'Université de Montréal, Jean-Claude Leclerc, dresse un constat fort troublant de l'état du journalisme. Dans un article intitulé « Pourquoi vos enfants sont ignares ? Parce qu'ils sont informés par des journalistes mal formés[72] », il écrit :

> Depuis 20 ans, l'évolution du journalisme aura été marquée par les phénomènes suivants : le recours abusif aux faits divers, information de faible coût et de moindre valeur ; l'omniprésence de la propagande, surtout économique ; la perte de contrôle des journalistes sur les contenus d'information ; le contrôle feutré des médias par des intérêts politiques ; l'incapacité des journalistes à résister aux détournements de l'information ; la marginalisation des rédactions au sein des conglomérats ; la fragilisation des titres indépendants et de la presse alternative ; la captation des revenus publicitaires par des publications parasitaires ; l'impotence de l'État comme régulateur du marché médiatique.

---

71. « Le congrès nouveau est arrivé », *Trente*, octobre 1998, p. 19.
72. *Trente*, vol. 29, n° 8, septembre 2005, p. 30-31.

Trente, le magazine du journalisme québécois, rapporte bon an mal an des dizaines de problèmes liés à la qualité du journalisme, l'éthique et la transparence, les difficultés d'accès à l'information, les problèmes de relations de travail dans les médias, l'*infotainment*, les trop fréquents contacts avec les relationnistes, les contraintes administratives, politiques ou judiciaires à la liberté de presse, etc.

Dans le milieu journalistique, un courant – minoritaire et généralement regroupé autour de la FPJQ – cherche à améliorer la qualité du travail des journalistes et par ricochet, le fonctionnement de la sphère publique. L'ex-président de la FPJQ, Alain Gravel, affirmait à son entrée en fonction vouloir travailler à « lever les obstacles à la pratique du métier [...] reprendre la réflexion sur le statut du journaliste au Québec, [militer pour] une loi qui interdise la propriété privée » et se battre contre « la judiciarisation croissante du métier, les perquisitions abusives, les barrières de plus en plus hautes à la collecte d'information...[73]. » La FPJQ participe à de nombreuses consultations publiques à Québec et Ottawa sur des sujets comme l'accès à l'information et la concentration de la presse. Ses interventions auprès des pouvoirs publics (hôtels de ville, palais de justice, services policiers, coroners, Directeur général des élections, etc.) visent à faire lever les barrières à l'information et améliorer le travail journalistique.

Si le projet de la FPJQ de faire enchâsser dans une loi le statut du journaliste a échoué auprès de ses membres en 2002, l'organisme avait par ailleurs fait adopter un guide de déontologie en 1996, ayant convaincu une majorité de ses membres de la nécessité de déterminer des balises à la pratique journalistique.

Aux États-Unis, le Committee of Concerned Journalists (CCJ), créé en 1997, affirme que la mission des journalistes est négativement affectée par une série de faits et de phénomènes : la taille des entreprises, l'étroitesse d'esprit, le divertissement, la recherche des sensations fortes et de la rumeur, les exigences du marché et la course à l'auditoire sans cesse plus fragmenté. On a oublié la mission essentielle du journalisme, un service public en démocratie. La crise qui sévit dans le journalisme, croit le CCJ, est une crise de conviction et la responsabilité primordiale consiste à fournir aux citoyens et aux citoyennes les informations nécessaires pour « naviguer » en société. Pour le CCJ, cela signifie qu'on doive s'engager à privilégier des informations complètes, des reportages sur les institutions démocratiques et des mises en contexte, de sorte que les gens puissent utiliser l'information comme une carte routière.

---

73. Philippe Gauthier, « 66 secondes avec... Alain Gravel », dans *Trente*, vol. 29, n° 2, février 2005, p. 6.

Les expériences de « journalisme civique » aux États-Unis s'inscrivent aussi dans le courant de remise en question des pratiques actuelles de journalisme et de l'organisation communautaire[74]. Quoique non défini de manière stricte, le journalisme civique vise à redonner aux gens les outils pour en faire des citoyens et des citoyennes responsables. Concrètement, cela se fait en arrimant le travail journalistique aux préoccupations de la société civile qu'on interpelle pour qu'elle se prenne en main et exige de l'aide des autorités. Au *Charlotte Observer* (Caroline du Nord) par exemple, une journaliste a mené une enquête sur la criminalité dans un quartier noir de la ville en se penchant sur la vie quotidienne d'une famille avec laquelle elle a habité. L'action conjuguée des pouvoirs publics et des résidents et des résidentes a fait fuir prostituées et vendeurs de drogue et la revitalisation du quartier s'est appuyée tant sur les projets des autorités que sur les interventions quotidiennes des propriétaires et des locataires.

Même si leur voix est peu entendue, il y a des organismes ou des groupes qui visent l'amélioration de la qualité du travail journalistique et, par ricochet, l'amélioration de la sphère publique. En mars 2005, un groupe d'universitaires québécois protestait contre les réductions de budget à la SRC et sa tendance marquée vers l'information spectacle[75],

---

74. Carmen Sirianni et Lewis Friedland, *Civic innovation in America: community empowerment, public policy and the movement for civic renewal*, Berkeley, University of California Press, 2001.

75. La Déclaration d'intention spécifiait : Trois catégories d'acteurs ont des responsabilités fondamentales dans l'évolution des télévisions et des radios publiques : les gouvernements, les administrateurs de ces médias et les journalistes.

 Les gouvernements ont accordé relativement peu d'importance aux médias publics au fil des ans, refusant souvent d'assurer un financement pluriannuel, ce qui laisse les médias publics en situation fort précaire […]. Les hommes et les femmes politiques ont le devoir de réaffirmer la mission de service public de Radio-Canada et de Télé-Québec, de ne pas évaluer le travail de ces médias en fonction des seuls critères du marché et de la rentabilité. Censés être des leaders dans la construction de l'identité nationale et de la souveraineté culturelle, les politiques doivent comprendre qu'un pays ou une province se construit aussi grâce à son imaginaire sociopolitique et culturel.

 Les administrateurs des médias publics ont évidemment un rôle crucial dans l'évolution des télévisions et des radios publiques, puisque ce sont eux qui établissent la part respective de divers genres d'émissions et allouent les ressources. À la télévision de Radio-Canada, ce sont eux qui ont fait prédominer le divertissement sur tout le reste, accordant de minuscules moyens à l'information et un extravagant budget au divertissement de type « *star system* ». Ce sont eux qui allouent un minimum de ressources à l'information internationale. Ce sont eux qui réduisent ou éliminent les émissions culturelles ou littéraires dignes de ce nom. Ce sont eux qui achètent des téléromans

et à l'automne de la même année, un autre groupe se formait, exigeant une réforme en profondeur des politiques de financement des télévisions publiques francophones dans le but d'obtenir un soutien étatique stable et adéquat pour la réalisation de leurs missions et mandats[76]. Au Canada anglais, des revendications pour une meilleure sphère publique se font aussi entendre; notons en particulier *The Campaign for Press and Broadcasting Freedom*[77] et *NewsWatch Canada*[78]. Pour la France, notons l'Observatoire des médias publics[79], ACRIMED[80] et l'Association pour la qualité de l'information[81] et pour les États-Unis, *Fairness and Accuracy in Reporting*[82], *Media Matters*[83] et *Reclaim the Media*[84], entre autres.

Les nombreuses remises en question du fonctionnement de la presse écrite et audiovisuelle illustrent bien que les médias ne constituent pas souvent une sphère publique. Nous prétendons plutôt qu'ils se situent sur un continuum dont les deux extrémités sont la sphère publique et l'appareil idéologique. Notre concept de l'appareil idéologique s'inspire de la tradition des études critiques, néo-marxistes. Mais il s'éloigne fort de l'orthodoxie marxiste, qui insiste sur la prévalence des

---

américains insipides qui jouent aux heures de grande écoute. Ce sont eux qui ont modifié la programmation de la chaîne culturelle et lui ont enlevé sa profondeur.

Quant aux journalistes, ils ont aussi la responsabilité de veiller à la qualité de l'information, même s'ils sont soumis aux exigences de leurs patrons, même s'ils doivent travailler dans l'urgence et vivre avec la rivalité professionnelle. Ils ont le devoir de se perfectionner et de suggérer des thèmes socialement significatifs comme sujets d'émissions, d'enquête ou de nouvelle. Ils doivent se servir de leur syndicat pour établir un nécessaire rapport de force avec leurs patrons. Ils doivent refuser de participer aux cirques médiatiques qui donnent lieu au voyeurisme, à la violation de la vie privée et de la dignité et de tous les droits contenus dans les chartes canadienne et québécoise sur les droits de la personne. La liberté d'expression, précieuse en démocratie, n'est pas un prétexte pour nuire aux individus ou aux groupes.

Texte rédigé par Anne-Marie Gingras et François Charbonneau.

76. <www.telepublique.org/le%20manifeste.htm>, consulté le 26 décembre 2005.
77. <www.presscampaign.org>, consulté le 26 décembre 2005.
78. <www.sfu.ca/cmns/research/newswatch/intro.html>, consulté le 26 décembre 2005.
79. <www.observatoire-medias.info>, consulté le 26 décembre 2005.
80. <www.acrimed.org>, consulté le 26 décembre 2005.
81. <aqit.chez-alice.fr/index.htm>, consulté le 30 décembre 2005.
82. <www.fair.org/index.php>, consulté le 26 décembre 2005.
83. <mediamatters.org>, consulté le 26 décembre 2005.
84. <www.reclaimthemedia.org/index.php>, consulté le 26 décembre 2005.

facteurs économiques dans l'évolution des rapports de force en société. Nous croyons au contraire que les considérations d'ordre économique ne suffisent pas à expliquer les rapports de pouvoir en société, et qu'il faut penser les mécanismes de domination comme étant à la fois de nature économique et idéologique, d'ordre matériel et symbolique. De plus, alors que l'orthodoxie marxiste nie toute autonomie aux acteurs, nous récusons un modèle de média qui s'appuie sur un auditoire apathique et manipulé à souhait.

Le concept de l'appareil idéologique se fonde sur plusieurs idées : le rôle d'outil au service des pouvoirs politiques et économiques que jouent les médias n'est pas tant le produit d'un complot que le résultat de la situation juridique et économique dans laquelle se trouvent les entreprises de presse ; l'organisation du travail dans les médias (temps réduit, ressources limitées, formation continue rare, rapports hiérarchiques, etc.) limite la marge de liberté des journalistes ; la culture journalistique et la concurrence homogénéisent le travail des journalistes ; la dépendance vis-à-vis des sources politiques institutionnalisées force la révérence et nuit à l'esprit critique.

Avant de préciser davantage notre concept d'appareil idéologique, nous présentons cinq références théoriques qui ont marqué les études critiques et ont contribué à raffiner le rapport entre médias et pouvoirs. Il s'agit d'un survol très rapide de concepts et de théories par ailleurs fort complexes. La première référence concerne l'École de Francfort, dont nous ne retiendrons ici que quelques idées. Ses principaux chefs de file, Theodore Adorno et Max Horkheimer, se sont éloignés du marxisme orthodoxe dès les années 1930 en contestant que ce soit des facteurs d'ordre économique qui permettent à la classe des travailleurs et des travailleuses de s'insurger contre le système capitaliste ; pour les membres de l'École de Francfort, des considérations idéologiques devaient tout autant être prises en considération. Adorno et Horkheimer étaient des Allemands juifs qui ont dû immigrer aux États-Unis dans les années 1930. Ils y ont été témoins de la montée des communications de masse et de la société de consommation et ont compris le rôle des intérêts économiques dans la production et la circulation des biens culturels. Leur concept d'« industrie culturelle » permet de comprendre que ce n'est pas la liberté qui est valorisée en système capitaliste, mais plutôt l'homogénéité des goûts ; on vise les plus hautes cotes d'écoute et les best-sellers. Le succès commercial en matière culturelle s'appuie non sur la liberté, la créativité ou l'originalité, mais sur les attitudes moutonnières et les réflexes de « groupie ». Pour Adorno et Horkheimer, les médias font partie d'une industrie culturelle qui joue un rôle déterminant dans la cohésion et le maintien du système

capitaliste. La culture de masse assure la pérennité du statu quo : « le bonheur est associé à l'acquisition des biens de consommation, les loisirs n'existent que sous forme d'évasion, les œuvres d'art sont purgées de toute signification philosophique ou politique, et toute réflexion sur ses conditions de vie semble exclue[85] ». Des travaux d'Adorno et de Horkheimer retenons que les médias doivent être étudiés dans leur entièreté et qu'il est vain de vouloir isoler le journal télévisé et les affaires publiques pour saisir le rôle politique des médias.

Antonio Gramsci constitue notre deuxième référence théorique. Cet Italien, militant socialiste, est mort dans sa prison romaine en 1937 après avoir rédigé des lettres de prison. En rassemblant ces lettres, on a pu constituer sa théorie, qui contestait les interprétations mécanistes du marxisme. Dans la pensée gramscienne, la domination est le résultat d'un travail sur les idées; le système idéologique, qui comprend l'univers scolaire, l'Église, la justice, la culture, les loisirs, les syndicats, est comparé à une prison « aux mille fenêtres » dont les barreaux sont d'autant plus efficaces qu'ils sont invisibles[86]. Gramsci a élaboré le concept d'hégémonie pour décrire la forme de domination consentie, intériorisée qui existe en Occident. L'hégémonie est un processus par lequel un groupe social dominant économiquement peut transformer cette domination en leadership culturel, social et politique et en autorité légitime dans la société civile et l'État[87]. Mais l'hégémonie ne renvoie pas à une domination stable, fixe. C'est un état en continuelle mouvance, un terrain de lutte idéologique. La domination s'exerce donc par la promotion de certaines valeurs du système politique libéral ainsi que du capitalisme. Aux facteurs de nature économique qui expliquent la domination s'ajoutent donc des facteurs de nature idéologique. L'hégémonie suppose donc que l'ordre politique et économique est accepté, que la place de chacun et chacune dans cette hiérarchie est perçue comme normale. Retenons de la pensée gramscienne l'idée que la domination nécessite le consentement et que le pouvoir se maintient en normalisant les inégalités de tout ordre.

---

85. Anne-Marie Gingras, « Les théories en communication politique », dans A.M. Gingras, *La communication politique. État des savoirs, enjeux et perspectives*, Québec, Presses de l'Université du Québec, 2003, p. 34-36.
86. M.A. Macciocchi, *Pour Gramsci*, Paris, Éditions du Seuil, 1974, p. 165.
87. S. Hall, « Cultural Studies and the Centre : some Problematics and Some Problems », S. Hall, D. Hobson, A. Lowe et P. Willis, *Culture, Media, Language*, Londres, Hutchison et Centre for Contemporary Cultural Studies, p. 36.

La troisième référence concerne Louis Althusser, un philosophe français qui a élaboré le concept d'appareil idéologique d'État. Les médias, l'école, les syndicats, les églises constituent des appareils idéologiques alors que la police, l'armée et le système judiciaire sont des appareils d'État répressifs. L'appareil idéologique d'État sert à transmettre l'idéologie dominante. La domination dans le système capitaliste s'instaure autant par la persuasion que par la coercition ; il y a une discipline, une logique, une culture et des contraintes que les individus sont appelés à trouver normales. Les appareils idéologiques d'État n'appartiennent pas forcément au domaine public ; ils peuvent être privés, mais on les appelle ainsi parce qu'ils fonctionnent comme s'ils étaient sous la gouverne directe de l'État, en transmettant l'idéologie de la classe qui s'incarne dans l'État[88]. Il y a donc assimilation entre l'État et les classes dirigeantes, ces dernières ayant investi, en quelque sorte, l'appareil gouvernemental. D'Althusser retenons que les médias font la promotion d'un État, c'est-à-dire d'un système politique et économique, et cette défense n'exclut nullement que des individus au pouvoir, ou des politiques précises, soient prises à partie par la presse.

La quatrième référence est la théorie hégémonique de Douglas Kellner, professeur à l'Université Texas-Austin, qui porte sur la télévision. Il s'agit d'une théorie non déterministe qui lie l'économie des organisations médiatiques à leur rôle politique. L'idéologie véhiculée par les médias se comprend en fonction du contrôle corporatif sur les contenus, affirme-t-il ; la production audiovisuelle dans son ensemble préconise la consommation et la présente comme un moyen d'atteindre le bonheur ou de régler des conflits. Il y a ainsi contradiction entre les intérêts mercantiles des entreprises de presse et leur responsabilité publique d'être des « chiens de garde » contre les abus des gouvernements. Mais Kellner considère que la télévision, tout comme le cinéma, constitue à la fois un outil permettant le maintien du système et un terrain de lutte idéologique. Dans un examen des émissions américaines des décennies 1960, 1970 et 1980, il distingue des périodes de plus grand conservatisme et d'autres durant lesquelles les images de conflits et d'agitation politique ont pu servir à modifier l'équilibre dans les rapports de force en société[89]. De la pensée de Kellner retenons que, bien qu'il y ait des tendances lourdes dans l'évaluation du rôle politique des médias, il est utile d'examiner en détail les productions médiatiques ; on peut y trouver des messages qui s'opposent à l'ordre dominant.

---

88. L. Althusser, « Les appareils idéologiques d'État », *Positions*, Paris, Éditions sociales, p. 67-125.
89. D. Kellner, *Television and the Crisis of Democracy*, Boulder, Westview Press, p. 71-129.

Enfin, la dernière référence concerne Stuart Hall, le fondateur du Centre for Contemporary Cultural Studies, berceau des *Cultural Studies* en Grande-Bretagne. Sa théorie de l'encodage et du décodage met l'accent sur la réception des messages et non sur le média lui-même. Hall soutient que l'encodage, c'est-à-dire la production des messages, se fait dans les structures institutionnelles de radiodiffusion et correspond donc, en conséquence, à l'ordre culturel dominant. Mais le décodage, qui consiste en la réception du message par l'auditoire, autrement dit sa « lecture », peut se faire à l'aide de grilles différentes ; il n'y a pas d'équivalence parfaite entre les structures de signification de la production et de la lecture. Malgré une lecture dominante, majoritaire, d'autres lectures existent aussi. La lecture négociée est celle qui accepte quelques éléments du message et en récuse d'autres ; on peut par exemple accepter les valeurs et les objectifs d'un acteur social, mais être en désaccord avec son comportement dans un contexte spécifique. Quant à la lecture d'opposition, elle procède en décodant le message de façon contradictoire[90]. Cette approche restitue une certaine autonomie au sujet que les études néo-marxistes et critiques ont longtemps niée. Des travaux de Hall il faut retenir que, bien que la lecture hégémonique soit dominante, tous et toutes ne lisent pas de manière identique les productions médiatiques ; aussi une résistance est-elle possible dans ce contexte.

Ces références théoriques constituent les bases de notre concept d'appareil idéologique ; celui-ci constitue un maillon dans l'ensemble des moyens dont disposent les élites pour maintenir leur domination sur la société. Les médias, comme appareils idéologiques, présentent l'ordre des choses comme le meilleur qui puisse exister de manière réaliste et visent à générer du consentement à son égard. Par ailleurs, le concept de l'appareil idéologique n'est pas conçu pour expliquer la réalité complète sur les médias ; ces derniers peuvent, dans quelques rares circonstances, constituer un terrain de lutte sur lequel s'affrontent les acteurs sociaux qui y ont accès. L'indétermination, ou la détermination partielle, s'exprime dans le continuum sphère publique – appareil idéologique ; il est possible de tracer les contours généraux du paysage médiatique, qui renvoient au concept de l'appareil idéologique, tout en gardant à l'esprit qu'il s'agit d'un rôle à intensité variable. Un appareil idéologique, comme son nom l'indique, est un lieu où des idées sont débattues, mais il s'agit aussi d'un lieu où se condensent des intérêts de nature idéologique et économique.

---

90. S. Hall, « Encoding/Decoding », dans Stuart Hall *et al.*, *op. cit.*, p. 128-138.

Pour saisir l'enchevêtrement de ces intérêts dans l'appareil idéologique, il faut étudier les interdépendances entre les médias, d'une part, et les pouvoirs politiques et économiques, d'autre part. Un examen minutieux doit s'attacher à l'aspect aussi bien organisationnel (celui des entreprises) qu'individuel (celui des journalistes). Nous examinerons le rapport des journalistes à leurs sources, les limites à la liberté du travail dans les médias, les logiques économiques qui expliquent l'organisation des médias, la fabrication de l'opinion publique. Ces éléments serviront également à expliquer les messages des médias : politique, culture, économie ou publicité. Ainsi, qu'un média appartenant à une entreprise privée fasse la promotion de la consommation ne saurait surprendre outre mesure. De même, que les courriéristes parlementaires avalisent parfois les vues des hommes et des femmes politiques dont ils rapportent les propos peut aisément s'expliquer par le contexte de proximité, voire de complicité dans lequel ils se trouvent.

Conclusion

Ce chapitre pose les jalons théoriques des deux idéaux-types qui constituent les extrémités d'un continuum expliquant le rôle politique des médias, ce continuum constituant notre modèle d'analyse. Le concept de la sphère publique correspond à l'idéal démocratique de l'agora qui permet aux citoyens et aux citoyennes de se faire une opinion éclairée et de procéder ensuite à des choix politiques avisés. Nous avons démontré la fiction de ce concept ; on ne trouve dans les médias que peu de rationalité, et l'accessibilité et la transparence laissent à désirer. La sphère publique constitue par ailleurs un horizon, une sorte d'utopie qui sert à alimenter l'action civique, d'où son usage fort répandu[91]. Le concept de l'appareil idéologique renvoie pour sa part à l'usage que font les élites politiques et économiques des médias comme instruments producteurs de consentement. La gestion de la société doit alors être pensée en fonction de processus impliquant des dominations économiques et idéologiques, c'est-à-dire en fonction de l'hégémonie, mouvante et non fixe. Les luttes idéologiques constituent dans cette perspective un trait permanent de la société.

Notre étude du rôle politique des médias se fonde sur des conditions matérielles – pratiques, législation et réglementation, économie politique – ainsi que sur des aspects symboliques associés aux médias et à la communication politique. Ces conditions matérielles déterminent

---

91. Peter Dahlgren, « Introduction », dans Peter Dahlgren et Colin Sparks (dir.), *Communication and Citizenship*, Londres, Routledge, 1991, p. 8-9.

des pratiques dans les milieux journalistique, politique et économique ; ces pratiques ne sont donc ni inventées au jour le jour, ni originales ou imprévisibles. Parmi les éléments sur lesquels s'appuie notre analyse se trouvent la nécessaire routine de la collecte de l'information, les contraintes de temps et de ressources, l'établissement de styles politico-médiatiques, la marchandisation de l'information, la volonté de pouvoir, la recherche de profits, la concentration de la presse. Les gestes faits par les acteurs s'inscrivent donc dans des contextes qui transcendent les volontés individuelles.

Cela dit, malgré cette insistance sur la nature structurelle du rôle politique des médias, deux nuances s'imposent. D'abord, comme nous l'avons précisé plus haut, les travailleurs et les travailleuses de l'information peuvent, en utilisant leur marge de manœuvre, modifier le rôle politique des médias. Bien qu'ils soient placés dans un contexte contraignant, les journalistes peuvent s'éloigner des obligations et des habitudes de la profession. C'est ce qui explique qu'un reportage puisse laisser entrevoir autre chose que ce qu'en disent les élites, par exemple en fournissant des mises en contexte fouillées et pertinentes ou en situant les gestes des acteurs dans un contexte plus large, prenant en considération les phénomènes sociaux. Ensuite, l'existence d'un appareil idéologique ne signifie pas qu'il y ait « contrôle total sur les esprits » ; autrement dit, le concept ne suppose pas que la persuasion soit parfaitement réussie auprès de la totalité de ceux et celles qui lisent, écoutent et regardent les médias. En effet, les déterminations ne peuvent être absolues. Si les êtres humains sont effectivement conditionnés en bonne partie par leur entourage et par les logiques sociales des organisations dans lesquelles ils se trouvent, ils ont le choix d'exercer une autonomie relative qui peut minimiser les contraintes structurelles sur eux.

CHAPITRE 2

Les médias et les pouvoirs politiques

Les médias exercent un rôle politique, c'est-à-dire que leur action influence l'évolution des rapports de force en société. On peut situer les médias, et davantage encore les textes, les émissions et les journalistes, sur le continuum sphère publique – appareil idéologique. On y arrive en évaluant leur capacité à offrir une agora où sont présentes la rationalité, la transparence, l'accessibilité et la liberté d'expression ou au contraire leur assimilation à des outils producteurs de consentement, au service des élites. Comme nous l'avons déjà précisé, les concepts de la sphère publique et de l'appareil idéologique constituent des idéaux-types. Cela explique l'idée d'un continuum plutôt que celle d'un modèle aux paramètres fixes, d'une construction théorique figée. Comme le concept de la sphère publique est en crise, nous tentons de vérifier jusqu'à quel point le concept de l'appareil idéologique s'applique. Pour ce faire, nous définirons les interdépendances entre, d'une part, les médias et, d'autre part, les pouvoirs politiques et économiques. Plus les médias dépendent des autres pouvoirs, plus ils peuvent être considérés comme des appareils idéologiques. Dans un média situé près du pôle appareil idéologique sur le continuum, quelques rares journalistes peuvent cependant minimiser l'impact de ces dépendances. Leur habileté à produire des mises en contexte fouillées, leur sens critique ainsi que des conditions de travail privilégiées leur permettent d'atténuer les contraintes structurelles qui s'exercent sur eux.

Ce chapitre porte sur les rapports qu'entretiennent, d'une part, les élites politiques et, d'autre part, les médias et les journalistes. Pour comprendre le faisceau des interdépendances entre ces deux groupes, nous nous penchons sur le processus de fabrication de l'information politique; ce processus met en valeur les interactions entre les élites et les journalistes. Étudier le fonctionnement des milieux médiatique et politique nous aide à comprendre de quoi sont faites les relations entre les uns et les autres ; on y trouve à la fois de la collaboration et des tensions. Nous croyons que les pratiques politiques et journalistiques illustrent mieux le genre de liens qui s'instaurent entre les deux milieux que les objectifs officiels des uns et des autres. Quels sont ces objectifs officiels? Les médias se sont donné la mission d'informer et de distraire. Le premier objectif vise la constitution d'une opinion éclairée, conformément au concept de la sphère publique. Les élites politiques ont une prétention connexe : gouverner en ayant en tête les préoccupations des citoyens et des citoyennes ; ils font la promotion de la transparence, de la rationalité et de la liberté d'expression. Mais le processus de fabrication des nouvelles se trouve bien éloigné de ces objectifs officiels.

La première section portera sur les pratiques journalistiques, c'est-à-dire sur les conditions matérielles dans lesquelles travaillent les journalistes. L'examen des règles de collecte de l'information politique fera ressortir la dépendance des journalistes à l'égard de leurs sources et l'étude de leurs conditions de travail mettra en lumière les limites à la liberté de presse. Notre exposé sera enrichi par des entrevues de journalistes effectuées il y a quelques années à Montréal, Québec et Ottawa[1], entre autres. Dans les autres sections, nous nous attardons aux aspects symboliques de la communication politique. Dans la deuxième section, nous étudierons les styles politico-médiatiques à

---

1. Il s'agissait d'une enquête sur l'opinion publique, les contraintes organisationnelles du travail de journaliste et les rapports entre journalistes et personnages publics. Elle a été menée auprès des journalistes de la presse écrite et audiovisuelle québécoise, à laquelle on doit ajouter *The Globe and Mail*. Les entretiens ont été réalisés par Jean-Pierre Carrier, alors étudiant de maîtrise, entre le 19 janvier et le 11 mars 1994. Des reporters politiques, des courriéristes parlementaires de la Chambre des communes et de l'Assemblée nationale, des éditorialistes, des animateurs et des animatrices d'émissions d'affaires publiques et de tribunes libres radiophoniques ont été interrogés. Les données présentées ici ne reflètent que très partiellement la recherche. Pour d'autres informations sur cette enquête, voir « Les médias comme espace

l'origine de la politique spectacle, c'est-à-dire les styles utilisés à la fois par les journalistes et par les personnages publics : la personnalisation, la dramatisation, la fragmentation, la normalisation et le contact. Dans la troisième section, nous analysons le code de communication des personnages politiques. De tout temps, une certaine part de la gestion d'une société a consisté à persuader, à se présenter sous son meilleur jour, à ruser avec l'adversaire et avec le public. Les personnages publics conquièrent les cœurs et les esprits grâce à des astuces verbales peu visibles aux yeux des journalistes, d'où l'intérêt d'étudier la rhétorique politique. En conclusion, nous préciserons ce qui relève du personnel et ce qui relève de l'organisationnel dans les interdépendances entre journalistes et pouvoirs politiques.

2.1. Les pratiques journalistiques

Comment fabrique-t-on les nouvelles? Comment les choisit-on et les traite-t-on? Quelle est cette mystérieuse «chimie sociale» qui projette au-devant de la scène publique certaines informations en les amplifiant, et en occulte d'autres, souvent plus importantes d'un point de vue sociologique ou politique? Pourquoi les médias se penchent-ils durant des semaines sur des catastrophes naturelles et minimisent-ils les conflits armés, les enjeux politiques, les décisions juridiques majeures? Pourquoi l'image de Fidel Castro tombant et se brisant un bras trouve-t-elle sa place dans tous les bulletins télévisés? Pourquoi la constitution d'un important bloc de pays à gauche en Amérique latine (Brésil, Venezuela, Chili, Bolivie) en 2005-2006 a-t-elle fait l'objet de si peu d'attention? Pourquoi les chefs politiques font-ils les manchettes avec des déclarations anodines?

La fabrication des nouvelles constitue une entreprise de construction à laquelle participent les journalistes, leur média et leurs sources. Les journalistes ne trouvent pas «dans la nature» des nouvelles qu'ils rapporteraient fidèlement. L'idée du «journaliste témoin» des événements est une vue de l'esprit. Pour déconstruire cette image, quelques précisions s'imposent. D'abord, il faut insister sur l'idée qu'il y a une «manière journalistique» de rapporter les événements: forme pyramidale, «lead» accrocheur, écriture simple, sans vocabulaire recherché, insistance sur certains aspects de la nouvelle, etc. L'apprentissage du métier de journaliste consiste justement à s'ajuster au moule

---

public: enquête auprès de journalistes québécois», *Communication*, vol. 16, n° 2, 1995, p. 15-36 et «Public opinion: construction and persuasion», *Canadian Journal of Communication*, vol. 21, n° 4, p. 445-460.

en quelque sorte, ce qu'on fait en fréquentant des professeurs qui ont été eux-mêmes journalistes ou en socialisant avec ses collègues. La socialisation joue un rôle majeur dans l'apprentissage du métier. De plus, comme les nouvelles transitent par le bureau d'un chef de pupitre, d'un directeur de l'information ou d'une autre autorité, le processus assure une certaine uniformité. Les journalistes intériorisent une manière de travailler qui devient une seconde nature. La longueur, le style, les angles à privilégier, par exemple, composent le cadre soi-disant naturel à l'intérieur duquel on traite l'information.

Ensuite, il faut préciser que les informations politiques transmises par un média seront lues par les sources proches du pouvoir à l'origine de ces informations. La réaction des sources à la nouvelle, c'est-à-dire soit la satisfaction ou le mécontentement, déterminera la poursuite des relations entre les sources et la ou le journaliste concerné. Autrement dit, la liberté du journaliste est limitée par la susceptibilité des sources, du moins celles qui sont haut placées[2]. Notons que les journalistes s'adaptent à cette exigence de bienséance officielle naturellement, en évaluant leur marge de manœuvre ; ils savent ainsi jusqu'où faire porter leurs rares critiques à l'égard des personnages publics. En fait, les relations entre les sources et les journalistes relèvent plus de la collaboration que de l'adversité, tout simplement parce qu'en situation d'adversité les journalistes pourraient se voir coupés des informations nécessaires au travail qu'ils accomplissent.

Parce que la fabrication des nouvelles est une entreprise commune, il importe d'étudier le travail journalistique par rapport aux sources ainsi qu'à la structure des médias. La prochaine section sur la collecte de l'information met en évidence la forte dépendance des journalistes à l'égard des sources haut placées, que celles-ci soient des individus ou des organisations. Les documents ou les paroles qui constituent des éléments utiles à la fabrication de l'information proviennent en grande majorité des « définisseurs primaires[3] » ; le concept fait référence à ceux et celles qui fournissent l'interprétation première donnée à un événement ou à une situation. Ces individus appartiennent généralement aux élites politiques et économiques et plus largement aux institutions. Cette interprétation première sert ensuite de cadre de référence principal, voire de seul cadre de référence, à la compréhension

---

2. Les sources exigent même parfois de lire le texte avant la publication pour le vérifier ; certains journalistes acquiescent à leur demande, geste qui les place véritablement en situation de dépendance à l'égard de leur source.

3. S. Hall, *Policing the Crisis. Mugging, The State, and Law and Order*, Londres, Macmillan Press, 1978, p. 58-59.

d'un problème. Un bon exemple de ce type de cadre de référence est celui des questions relatives aux autochtones, souvent présentées sous l'angle exclusif de la recherche d'autonomie économique de la part des « communautés » concernées ; ce cadre en occulte un autre, celui d'un conflit ayant ses origines aux siècles précédents qui mettrait en scène des « nations » ayant des cultures politiques différentes. Pour insister sur une interprétation différente de celle des définisseurs primaires, n'importe quel acteur social doit obligatoirement situer son propos en fonction de l'interprétation première pour légitimer sa prise de parole, et ce n'est que dans un deuxième temps qu'il peut tenter de présenter la question sous un angle différent.

Dans la section portant sur les conditions de travail, nous examinerons les contraintes du travail journalistique qui se traduisent par un certain contrôle de la part des patrons de presse. Plusieurs éléments dénotent les limites de la liberté des journalistes : l'affectation des ressources, le rapport au temps, le cas particulier des sondages commandités par l'entreprise.

2.1.1. La collecte de l'information

Dans les rédactions d'un quotidien ou d'une station de radio ou de télévision, la journée débute par l'attribution d'un ou de plusieurs sujets à chacun. Ce qui détermine la grande majorité des activités des journalistes et leurs sujets de reportage, ce sont d'une part le fil de presse Canadian Newswire (en français : CNW Telbec)[4] qui signale les activités prévues dans les institutions comme les parlements, les tribunaux, les partis politiques, les syndicats, la bourse, les organisations locales, régionales, internationales, et d'autre part les informations provenant des agences de presse (Canadian Press, AFP, etc.). Une routine s'installe ; on ratisse de manière récurrente les lieux nommés ci-haut, jugés pertinents pour la collecte de l'information. Des individus sont aussi considérés comme des sources privilégiées : les personnages politiques, leur bras droit, les administrateurs de services publics, les leaders syndicaux, les chefs d'entreprise, les policiers. On a également recours, quoique dans

---

4. <www.cnw.ca/fr/info/about.cgi> : L'organisation se décrit ainsi : « CNW Telbec est la première ressource au pays en matière d'information et de renseignements à délai de livraison critique provenant de plus de 10 000 sources, du pays et du monde entier. Sociétés ouvertes, associations, syndicats, organismes sans but lucratif, gouvernements fédéral, provinciaux et municipaux utilisent tous les services et les réseaux de communication multimédias uniques de CNW Telbec afin d'acheminer efficacement leurs messages vers les salles de rédaction, le milieu des affaires et le public. »

une moindre mesure, aux représentants de communautés culturelles, aux leaders de groupes communautaires et aux universitaires. La vie en société est découpée en « beats », c'est-à-dire en secteurs de nouvelles ; général, politique, économie, affaires sociales, international, éducation, culture, sports, etc. L'organisation de la routine journalistique se fonde sur l'idée que certains lieux, presque seulement ceux-là, sont d'intérêt public ; on ne juge donc pas les informations pour leur substance, mais en fonction de leur lieu de provenance[5]. C'est ce qui explique qu'une déclaration anodine du premier ministre ou une rumeur provenant des officines du pouvoir fasse les manchettes.

Pour préparer nouvelles et affaires publiques, les journalistes suivent les règles non écrites de la profession, c'est-à-dire qu'ils exercent bien souvent des « choix déterminés à l'avance ». Première règle : les activités et les paroles des personnages publics et de certains acteurs sociaux constituent les sujets d'intérêt les plus valables. Seuls les éditorialistes et les chroniqueurs peuvent se distancer de ces activités ou encore se permettre de réagir plus tard, en produisant une analyse. Mais pour la majorité des journalistes, ce qui alimente le travail est un discours de chef de parti, des récriminations de simples députés, une déclaration de grève, les activités d'une commission parlementaire, par exemple. Les informations émanant des institutions politiques sont incontournables, parce qu'on assimile ces dernières aux lieux par excellence du pouvoir.

Un examen à court terme des rapports entre les journalistes et leurs sources politiques haut placées laisse voir qu'ils « s'affrontent », par exemple lors de questions difficiles posées au cours d'entrevues ou de conférences de presse ou dans les rares analyses critiques que les journalistes produisent. Ils revendiquent tous deux une légitimité propre, celle de la représentation électorale et celle de la responsabilité sociale associée aux médias. Cet « affrontement » est vécu comme une promotion sociale par les journalistes, qui ne contestent pas la légitimité des hommes et des femmes publics, mais veulent « les approcher en situation d'apparente égalité », ce qui permet aux plus connus des reporters « de se poser en intervenant dans le débat public[6] ». La notoriété constitue, pour certains journalistes, une « retombée positive » de leur travail ; la possibilité de donner des conseils au chef du gouvernement dans un éditorial ou dans une analyse les place, croient certains, en position dominante.

---

5. Ou de leur caractère spectaculaire, comme on le verra.
6. A. Mercier, *Le journal télévisé*, Paris, Presses de la Fondation nationale des sciences politiques, 1996, p. 84.

Mais dans cette relation faite de tensions et de complicités, qui, du journaliste ou de la source politique, dépend davantage de l'autre et qui exerce de l'influence sur l'autre? Impossible de répondre à cette question sans faire état des situations fort variées dans lesquelles les acteurs se trouvent : journalistes vedettes et pigistes ne commandent pas le même respect, tout comme varie l'intérêt lié aux déclarations de puissants ministres ou d'obscurs députés. De plus, le gain visible et à court terme n'est souvent que symbolique ; il n'a pas toujours d'impact sur la suite des choses. Par exemple, le personnage politique qui voit sa perspective avalisée en éditorial, ou le chroniqueur dont les critiques ébranlent les décideurs publics, croit sortir gagnant du rapport journaliste-source ; mais il ne s'agit souvent que d'un feu de paille sans lendemain.

Il faut rappeler ici la distinction entre l'influence symbolique et le pouvoir réel. La représentation positive dans les médias ne se traduit pas nécessairement par un impact concret. Et l'inverse se vérifie aussi : la mauvaise image publique peut n'être pas du tout dommageable, comme l'exemple de Pierre Bourque, maire de Montréal, l'a démontré. Vilipendé par l'ensemble de la presse durant les campagnes électorales de 1994 et 1998, il s'est imposé à l'électorat malgré son inexpérience politique, dans le premier cas, et malgré les accusations de fraudes électorales de son parti, sa gestion autoritaire et les difficultés économiques de la Ville de Montréal, dans le deuxième cas. En 2005, Andrée Boucher a fait une campagne électorale sans communication, et elle a remporté la mairie de Québec.

Cela dit, dans la vie quotidienne, quelques règles s'appliquent : plus un personnage public est en situation d'autorité et plus il semble avoir la confiance de la population, moins il dépend des journalistes, et encore moins d'un seul. Dans le rapport journaliste-source, le premier est défavorisé par la nécessité de trouver sa pitance quotidienne et l'obligation de rapporter la même information que celle de ses concurrents. L'homme ou la femme politique dépend pour sa part des journalistes pour maintenir une bonne image et faire passer son message. Mais les personnages politiques et surtout leurs experts en communication connaissent très bien le fonctionnement des médias et la routine des journalistes ; cette connaissance, leur situation d'émetteur de discours, leur maîtrise des styles politico-médiatiques et leur usage des procédés rhétoriques nous convainquent qu'ils sont, à terme, en situation de force par rapport aux journalistes. Cela n'exclut pas qu'hommes et femmes politiques soient mécontents de leur couverture de presse, comme l'illustre le documentaire *À hauteur d'homme* de Jean-Claude Labrecque, qui portait sur la campagne électorale du chef du Parti québécois en avril 2003. Les effets de ce documentaire ont été fort positifs pour le chef du PQ, Bernard Landry, qu'on a vu soi-disant harcelé par des journalistes soucieux de rapporter autre chose que le message officiel.

 Certaines des activités des personnages publics, couvertes par les journalistes, font partie de la vie quotidienne pour ces acteurs, comme les travaux parlementaires ou judiciaires ou encore des négociations entre le patronat et le syndicat dans une entreprise. On trouve par ailleurs de nombreuses activités spécialement planifiées pour attirer l'attention des journalistes et «faire» le journal télévisé. Dans ces circonstances, on ne médiatise pas un événement qui aurait lieu de toute façon; on crée plutôt l'événement. La visite d'un personnage public dans les quartiers défavorisés d'une grande ville en période préélectorale constitue le prototype de ce genre d'événement artificiel, généralement sans grande suite, et qui a pour but de mettre en valeur l'aspect humain du candidat. Sans présence des journalistes et publicité, ce type d'événement ne se produirait pas. En acceptant de couvrir les événements spécialement mis en scène pour eux, les journalistes se placent en situation de grande dépendance envers les hommes et les femmes politiques et les autres acteurs sociaux; ils couvrent les élites, et non les affaires publiques.

 Une autre règle non écrite de collecte de l'information consiste à se baser sur des rapports gouvernementaux, souvent techniques, complexes et longs, et sur des communiqués de presse. À cause de l'austérité des premiers, on se fie souvent aux seconds. Mais les rapports gouvernementaux, y compris les rapports de comités et commissions parlementaires, peuvent être habilement exploités, à la condition expresse de dépasser la rhétorique officielle. Toute la différence entre le travail de porte-voix auquel se livrent la majorité des journalistes en reproduisant les communiqués et en répercutant les échanges des personnages politiques et l'enquête productive qui mène à de vraies trouvailles réside dans le regard qu'on porte sur les documents gouvernementaux. Par exemple, l'enquête sur la gestion des produits sanguins de Johanne McDuff démontre qu'elle s'est servie d'une piste provenant d'une audience parlementaire du Comité de la santé de la Chambre des communes; on y avait suggéré l'idée d'une enquête sur le sang contaminé. Se fondant sur des documents internes, elle a pu découvrir les incohérences et les contradictions des décideurs. Elle a abondamment mis à profit son droit d'accès à l'information, une méthode de collecte de l'information trop peu utilisée. Enfin, elle a pris pour cible l'autorité ultime en cette matière, le ministère de la Santé, recherchant les responsabilités là où elles se trouvaient véritablement.

Ce travail d'enquête paraît exceptionnel et les écueils que doivent affronter ceux et celles qui s'y livrent abondent: scepticisme de la part des collègues, manque de temps et barrières à l'information dressées par les autorités. Ainsi, ce ne sont pas les enquêtes qui fournissent l'essentiel des informations différentes de la rhétorique officielle, mais des sources confidentielles qui poursuivent de multiples objectifs: embarrasser un adversaire, miner une tactique jugée suicidaire, préparer le terrain pour la venue d'un personnage politique. Les rumeurs et les informations anonymes se retrouvent en effet dans les médias de manière récurrente.

L'impression de détenir des informations secrètes et de pouvoir faire un coup fumant déclenche chez certains journalistes une bonne dose d'adrénaline. Mais dans la recherche d'informations confidentielles, il faut distinguer le sérieux du trivial. Ainsi, vouloir trouver des informations gardées secrètes est fort louable si ces informations constituent des nouvelles d'intérêt public, si par exemple elles dévoilent une facette voilée d'un événement lié à des personnes en autorité. On peut classer dans cette catégorie le questionnement sur le rôle du premier ministre Chrétien dans la répression de la manifestation contre le dictateur Suharto à Vancouver, à l'occasion de la réunion des chefs de gouvernement de l'APEC (Asia Pacific Economic Cooperation) en novembre 1997.

D'autres nouvelles fondées sur des informations confidentielles, peu importantes politiquement, répondent à deux visées: d'abord, se distinguer parmi ses collègues, puis faire savoir qu'on est «branché» en haut lieu, que les puissants nous accordent leur confiance. La divulgation des noms des membres du cabinet ministériel une journée ou une semaine avant leur assermentation fait partie de ces informations jugées prestigieuses dans le milieu et pourtant parfaitement inutiles. Mais faire partie d'un cercle d'initiés, celui des gens du pouvoir, flatte l'ego.

---

7. M. Cornellier, «Johanne McDuff, lauréate du prix Judith-Jasmin. L'envers de la prétention», *Trente*, vol. 19, n° 2, février 1995, p. 14-16.

Dans les rédactions, il arrive fréquemment qu'une aura de mystère fasse d'une nouvelle un produit plus alléchant. On ne juge alors pas les informations en fonction de leur intérêt réel; une part importante de l'appréciation qu'on leur porte est liée à la source à qui on a accordé l'anonymat.

De la part des personnages publics et de leur entourage, divulguer des informations sous le sceau de l'anonymat offre des avantages indéniables, comme celui de contrôler l'information. En effet, en fournissant une information sans divulguer son identité, la source fait mine de transmettre un précieux trésor; elle instaure un prétendu lien de confiance avec le journaliste qui rapportera l'information telle quelle, souvent sans la vérifier ni même la corroborer, et sans toujours trop se préoccuper de l'intérêt de cette source. Il peut s'instaurer des liens de complicité entre la source à qui on a accordé l'anonymat et un journaliste, l'une et l'autre retirant un avantage certain de cette relation. C'est un défi, un échange stratégique et surtout un jeu; le plaisir est alors de dénicher ou de donner pour contrôler. Mais les informations obtenues de sources à qui on accorde l'anonymat ne méritent pas toujours le prestige spontanément attribué par les rédactions.

Dans le cas d'une information « off the record », c'est-à-dire qui ne doit pas être publiée, l'objectif consiste à expliquer le contexte d'une situation; le journaliste s'imaginera connaître la situation véritable, alors qu'il s'agit de la version privilégiant le point de vue de la source; et ce point de vue servira ultérieurement de toile de fond de la compréhension du journaliste, sans qu'il y paraisse. Il y a ainsi des *spin doctors*, fort actifs sur les lieux de l'activité politique officielle, qui transmettent des nouvelles à des journalistes avides de scoops ou qui font des mises en contexte dont le seul objectif est de contrôler l'information pour le bénéfice de leurs patrons. Durant les années de pouvoir de Robert Bourassa, Jean-Claude Rivest, son bras droit, a été l'une des principales sources anonymes de la colline parlementaire. Il savait quand et comment influencer les journalistes. Il était « toujours disponible et affable », déployait un « humour caustique », étant même capable « de se moquer de son propre patron sans cependant dépasser la juste mesure », et il « avait ce don d'apparaître, comme par coïncidence (!), au moment où sa présence pouvait justement avoir une influence sur l'interprétation des choses[8] ».

---

8. P.-P. Noreau, « Honorable Spin Doctor! Ou la quintessence de l'influence », *Trente*, juillet-août 1995, p. 25-26.

D'autres méthodes de collecte de l'information sont la conférence de presse et la grande entrevue. Quand la conférence de presse est justifiée par les événements – pensons à la panne d'électricité de janvier 1998 au Québec –, peu de journalistes peuvent y échapper. Quant à la grande entrevue, elle est accordée par les personnages publics en certaines situations : si le journaliste leur voue une sympathie minimale ou si l'homme ou la femme politique manque de «publicité». Dans le cas de la conférence de presse comme dans celui de la grande entrevue, le sens critique des journalistes, leur paresse, ou au contraire leur dynamisme, ainsi que leurs connaissances (historiques, juridiques, politiques, etc.) font la différence entre ceux et celles qui peuvent livrer une information contextualisée et significative et, au contraire, ceux et celles qui reproduiront tout simplement le message officiel.

La conférence de presse est associée, pour bon nombre de journalistes, au contrôle de l'information. Parmi ceux et celles qui ont participé à notre enquête, plusieurs croient que ces conférences entraînent une certaine paresse de la part des journalistes. Une éditorialiste et une courriériste parlementaire ont également utilisé l'expression «une paresse de la part du système lui-même». Aller au-delà de la rhétorique gouvernementale exige selon elles «de l'énergie et du goût» et le système ne favorise pas le dynamisme; le système des conférences de presse décourage les initiatives personnelles, paralyse les journalistes, qui ont l'impression de perdre le contrôle sur leur travail.

Il faut redire ici que dans les rédactions on n'associe pas la valeur des nouvelles à leur importance politique, sociologique ou juridique. De plus, contrairement à ce qu'on claironne dans les médias, la nouveauté, le conflit ou la pertinence ne déterminent pas totalement cette valeur. Deux critères principaux nous semblent plus pertinents pour établir la valeur des nouvelles: leur caractère spectaculaire et leur provenance d'une source crédible. Les médias constituent le théâtre moderne dont l'éclairage est assuré pour tous les événements hauts en couleur, surprenants, scabreux, qui titillent ou qui font rire. Une catastrophe naturelle, un scandale financier, un événement insolite, une découverte bizarre trouveront leur place dans les médias. L'appréciation des médias pour l'insolite explique, par exemple, qu'un sondage sur la préférence entre le sexe et le chocolat soit diffusé dans les quotidiens les plus sérieux, ou qu'un saut de bungee soit montré au journal télévisé.

Le second critère est associé aux sources; la crédibilité et la notoriété de ces dernières assurent leur publicité. Cela explique l'insistance à traiter des personnalités publiques qui détiennent un poste de responsabilité, même si l'information à leur sujet appartient au registre du banal. L'accent sur la célébrité des sources restreint forcément le nombre de personnes jugées intéressantes « médiatiquement ». D'ailleurs, les travaux en sociologie du journalisme soulignent que la fabrication d'un journal, écrit, radiodiffusé ou télévisé, ne nécessite qu'une cinquantaine de sources pour toute l'année, et ce tant à Washington qu'à Ottawa ou à Québec[9]. Ces sources ne sont pas choisies au hasard. D'abord, elles « sont » du pouvoir ou y ont un accès privilégié ; les institutions politiques et économiques figurent en bonne place dans le palmarès des sources des médias. Les autorités politiques ont un « accès quasi automatique aux principaux organes de presse » et peuvent « affecter quotidiennement l'ordre du jour des médias [...][10] ».

Parmi les autres critères déterminant la valeur d'une nouvelle, notons la capacité de transmettre des informations dans un format approprié, écrit ou audiovisuel. Cela permet aux sources de s'imposer dans le paysage médiatique parce qu'elles font à leur place le travail des journalistes. Ainsi, de nombreux communiqués de presse se retrouvent intégralement dans les médias, et la production d'images par les partis politiques permet de leur assurer une bonne visibilité. Le documentaire *Dawn of the Eye*, de CBC, est explicite à ce sujet. On y démontre comment la promotion des images par les équipes de Ronald Reagan et Brian Mulroney a permis de contrôler la presse durant leurs campagnes respectives de 1984 et 1988. Michael Deaver, le bras droit du chef d'État américain, s'était alors transformé en réalisateur : « Si je faisais de la bonne télévision, ils (les journalistes) adoraient ! Si je leur donnais des images distrayantes, attirantes, amusantes et dramatiques... ah ah ! Je faisais les nouvelles tous les soirs ! Je faisais le travail pour eux ! » La journaliste Lesley Stahl, du réseau CBS, approuve, contrite : « Michael Deaver a raison ! On voulait vraiment ces images, et quand elles étaient bonnes, on le félicitait. Il a raison : on collaborait sans le savoir, et je voudrais ajouter : innocemment et sottement ! » Aujourd'hui, nul n'est à l'abri de la tentation d'utiliser ces images flamboyantes et divertissantes déjà produites, toutes prêtes à être diffusées.

Parmi les autres critères déterminant la valeur d'une nouvelle, notons aussi la proximité au sens large. Sur le plan personnel, les journalistes ont plus d'affinités avec les cols blancs qu'avec les cols bleus. Un même langage rapproche (pensons à la France et au Québec), tout comme le fait une culture voisine (pensons aux Espagnols et aux Mexicains). La proximité géographique influence également ;

---

9. H.J. Gans, *Deciding What's News*, New York, Pantheon, p. 12 et A.-M. Gingras, « Les médias comme espace public : enquête auprès de journalistes québécois », *Communication*, vol. 16, n° 2, p. 19.

10. J. Charron, *La production de l'actualité*, Boucherville, Boréal, 1994, p. 82.

l'éloignement ou le rapprochement peut expliquer en partie l'indifférence ou la politisation des citoyens ou des citoyennes à l'égard des événements se produisant à l'étranger.

Ces indications sur la valeur des nouvelles permettent de comprendre l'exaltation qui a entouré l'affaire Clinton-Lewinsky à l'été de 1998. Tout y était: l'aspect scabreux et titillant de la relation entre les deux personnages, le prestige du principal intéressé, les retombées judiciaires et politiques de l'affaire.

2.1.2. Les conditions de travail des journalistes

Cette section a pour objectif de mettre en évidence les limites à la liberté des journalistes. L'autonomie relative de ces derniers s'exerce dans des contextes précis, dans des conditions qui méritent un examen détaillé. Nous étudierons l'affectation des ressources, le rapport au temps et le cas particulier des sondages commandités par l'entreprise. Quant à l'influence éditoriale en périodes de fébrilité politique ou économique et au poids des annonceurs sur les contenus, qui limitent également la liberté des journalistes, ils seront examinés au chapitre 3, qui porte sur les médias et les pouvoirs économiques.

Examinons dans un premier temps l'affectation des ressources. L'organisation du travail dans un média relève du propriétaire, dont le pouvoir peut se faire sentir sur plusieurs plans: stratégie financière, contrôle sur les budgets et salle de rédaction. L'affectation des ressources dans la rédaction s'effectue soit par les cadres du journal, soit par le propriétaire lui-même. Il faut souligner que le propriétaire choisit des cadres qui partagent sa vision du monde et que cela évite des interventions trop fréquentes. Ainsi peut exister l'idée d'une réelle autonomie du journal vis-à-vis du contrôle financier.

La division du monde en secteurs de surveillance, en *beats*, est instaurée dans chaque média en fonction de ses particularités et du public qu'il cible. La direction décide de consacrer telle ou telle quantité de ressources humaines et matérielles à des secteurs précis, à des questions spécifiques. Il y a ainsi (en proportion) davantage de politique au *Devoir*, plus de sports dans *Le Journal de Québec*, et on met un accent plus grand sur la vie des communautés ethnoculturelles dans la *Gazette* de Montréal.

L'affectation des ressources révèle la vision du monde des patrons de presse; elle est non seulement colorée par leurs préférences, mais elle donne surtout des indications sur ce qu'ils jugent important. Par exemple, *Le Journal de Québec* et *Le Journal de Montréal* affectent une proportion plus importante de journalistes à la couverture des sports que *Le Devoir*. Les ressources sont affectées à moyen terme et il n'y a pas de décision quotidienne à prendre sur les priorités du journal, à moins d'imprévu majeur. Parfois, des changements dénotent la nouveauté d'une orientation ; ainsi, il y a quelques années, le poste de *labour reporter* au *Globe and Mail* a été remplacé par celui de *workplace reporter*, minimisant de manière marquée les relations de travail.

Bien que des distinctions puissent être faites entre différents médias, l'affectation des ressources dans le paysage médiatique canadien et québécois comporte des caractéristiques générales qui s'expliquent par deux éléments : premièrement, les médias sont en majorité des entreprises privées à but lucratif et deuxièmement, la conception dominante de la chose publique est axée sur les stratégies et les personnes. Quelles sont ces caractéristiques générales ? On constate d'abord un recours fréquent aux agences de presse, qui s'explique par le faible coût de la ressource. Un grand nombre d'événements, non seulement internationaux, mais nationaux, voire locaux, sont rapportés par la Presse canadienne. L'usage fréquent du recours aux agences de presse homogénéise l'information ; le pluralisme, vertu très proclamée en démocratie, ne se porte pas très bien. Le cas de la radio francophone au Québec, où les « serveurs » d'information sont de moins en moins nombreux, illustre bien le problème. Comme le CRTC a approuvé la production de nouvelles sans journalistes, les stations utilisent l'agence Nouvelles Télévision Radio (NTR) en sous-traitance, en quelque sorte. Le 690AM et la Société Radio-Canada sont les deux autres « fabricants » d'informations radiophoniques au Québec[11].

Une autre caractéristique de l'affectation des ressources concerne l'insistance sur la couverture des institutions, autrement dit sur la nouvelle officielle. Il s'agit d'informations faciles à obtenir, de sources crédibles parce qu'en situation d'autorité. On retrouve peu d'enquêtes en profondeur, de recherches exploratoires qui mèneraient vers des pistes différentes. Effectuer des demandes d'accès à l'information, fouiller des rapports volumineux ou contacter des secteurs de l'administration rarement couverts dépendent avant tout de l'intérêt du journaliste, de son zèle et de son dynamisme ; son organisation ne le lui demande pas, sauf exception. Au contraire, comme on mesure souvent la performance des journalistes à l'aune du travail des compétiteurs, il est rarement possible de laisser momentanément tomber l'actualité, fût-elle banale, pour privilégier une recherche de longue haleine. On affecte peu de

---

11. Cela exclut cependant les radios communautaires.

journalistes à des recherches à moyen terme. Au lieu d'enquêter eux-mêmes, les journalistes s'appuient plutôt sur un responsable politique ou administratif pour traiter de problèmes socioéconomiques[12].

Parce qu'ils veulent être objectifs, les journalistes vont transmettre le plus fidèlement possible les déclarations et les décisions des personnages publics. Les mises en contexte se font rares, ou encore elles sont minimales; manque de temps, pudeur à critiquer, incapacité culturelle des journalistes? Quoi qu'il en soit, en reproduisant le message officiel sans «interférer», c'est-à-dire sans commenter, le journaliste se transforme en haut-parleur de l'autorité. Le réflexe consiste donc à se tourner vers l'opposition, qui fournira une critique au message officiel. En présentant les deux positions, le journaliste croit démontrer son indépendance; mais il reproduit le jeu politicien en n'éclairant en rien les aspects que les diverses instances politiques ne tiennent pas à rendre publics.

En utilisant la scène politique comme une cour de justice, c'est-à-dire en se fiant aux «avocats» des deux parties, le journaliste s'interdit de juger de la valeur de l'information et de la traiter en fonction de sa réelle importance. Il laisse les sources déterminer l'ampleur de la nouvelle; la méthode de communication de la source, le contexte choisi, le porte-parole (le premier ministre fait souvent les manchettes) et l'image que la source donne d'elle-même influent sur la manière dont la nouvelle sera traitée dans les médias. On tient pour acquis que la quintessence d'un problème sera exposée par le parti au pouvoir et l'opposition, que les conflits sociaux se résument à l'affrontement partisan et que le système des partis politiques condense en son sein toutes les nuances et l'éventail des positions de la société civile.

Le rapport au temps constitue le second élément qui explique la marge de liberté réduite des journalistes. Ce sujet a suscité de nombreux commentaires de la part des journalistes qui ont participé à notre enquête sur l'opinion publique et les contraintes du métier. À la question «Avez-vous le temps et les moyens d'aller au-delà de la rhétorique gouvernementale?», leurs réponses laissent voir que la question du temps recoupe celle concernant leurs conditions générales de travail. La majorité perçoit le dépassement de la rhétorique gouvernementale comme un objectif à atteindre et souvent comme une impossibilité. On établit les conditions dans lesquelles le travail journalistique peut aller au-delà de la rhétorique gouvernementale: non pas sur-le-champ mais avec le recul que permet le temps, dans la presse écrite plus qu'à la

---

12. A. Mercier, *op. cit.*, p. 79.

télévision et quand on dispose de plusieurs équipes de tournage. Mais, en règle générale[13], on s'accorde à dire que l'organisation du travail de la majorité des journalistes – production quotidienne, fonctionnement par affectation – ne leur permet pas d'accomplir un travail qui irait au-delà de la rhétorique gouvernementale.

La question du temps recouvre aussi celle du contrôle de la quantité d'information et celle du décodage obligatoire auquel doivent se livrer les journalistes. Dans leur travail quotidien, il y a impossibilité matérielle de vérifier des faits, de prendre contact avec des gens, de lire, de penser, nous a-t-on dit. « La rhétorique gouvernementale, il en passe beaucoup », « c'est une course contre la montre », « c'est une lutte quotidienne ». L'éditorialiste André Pratte expliquait, alors qu'il était journaliste : « Les journalistes n'ont ni le temps, ni les moyens, ni la volonté de vérifier » les dires des personnages publics[14].

L'ampleur des documents gouvernementaux décourage souvent la simple lecture. Aussi fournit-on des résumés dont se servent les journalistes, résumés qui mettent en valeur certains aspects des projets et en omettent d'autres, plus délicats. « Le pouvoir politique cherche à équilibrer les choses en donnant suffisamment de temps au journaliste [...] pour faire sortir ce qu'il veut qui soit sorti et pas le reste... » Un chroniqueur souligne que pour la privatisation de l'entreprise Québécair, le ministre Marc-Yvan Côté avait fourni aux journalistes « trois pieds de documents ». La sur-information ne constitue pas un hasard, pour plusieurs ; elle est délibérément planifiée, à leur avis, et a pour objectif de contrôler le travail des journalistes : « Essaie donc de faire un travail décent avec cela, s'exclame un chroniqueur politique... c'est prémédité, c'est sûr ! » Le cas du budget, volumineux et fort complexe, est ainsi décrit par un reporter : « Dans l'écrit, nous avons davantage de possibilités... Je peux nuancer, détailler... À la télé, il faut "rentrer" le budget en 90 secondes. Il faut le rendre vivant et intégrer des images, c'est assez fou... »

Le manque de temps fait partie des règles du jeu avec les pouvoirs politiques qui utilisent cette contrainte à leur avantage ; dévoiler une politique ou un projet juste avant l'heure de tombée vise à limiter la curiosité des journalistes. Ceux-ci se fieront aux communiqués qui ne mettent en valeur que les aspects positifs de l'initiative ; selon nos interviewés, il y aurait des communiqués trompeurs quant au contenu

---

13. Parmi ceux et celles qui affirment avoir le temps et les moyens de dépasser la rhétorique gouvernementale (7 sur 26), plusieurs disent ne pas le faire, ou ne pas y arriver constamment.
14. A. Pratte, *op. cit.*, p. 24.

des documents qu'ils accompagnent. La nécessité de lire entre les lignes, de détecter des omissions significatives s'impose ; « les gens ne se rendent pas compte à quel point les bons journalistes décodent, nous dit une reporter, ils font jouer leurs intuitions, leurs sentiments, des éléments qu'on ne devrait pas utiliser en principe ». Ce décodage peut constituer un exercice difficile, surtout pour de petites équipes qui comptent assez peu de journalistes affectés à la couverture de la vie politique. Un courriériste parlementaire nous a dit :

> [...] *dans un quotidien, c'est infernal... on imagine un budget qui entraîne des dépenses de 160 milliards, et moi, on me donne cinq, six heures pour le décortiquer. Il faut que j'aie l'air de le comprendre pour l'expliquer aux gens... des fois on a des rapports assez complexes, – je pense à celui sur les pêches de l'Atlantique, toutes sortes de trucs... – il faut digérer ça à une vitesse folle [...] Je pense qu'on n'a pas assez de temps, en toute honnêteté.*

Plusieurs journalistes ont expliqué que leur situation privilégiée, et uniquement elle, leur permettait de ne pas être à la remorque de l'information gouvernementale : ne pas avoir à faire des reportages quotidiens et être chroniqueur et non reporter. En plus du temps, une courriériste parlementaire nous a aussi souligné qu'aller au-delà de la rhétorique gouvernementale exige « de l'énergie et du goût », une attitude aux antipodes de la paresse qu'elle constate chez certains de ses collègues. « Le système ne favorise pas le dynamisme », conclut-elle.

Le manque de temps explique que les journalistes aient continuellement recours aux mêmes sources, experts ou acteurs sociaux. Ils utilisent le même carnet d'adresses des années durant, rappelant le même professeur à la retraite à chaque crise constitutionnelle, le même analyste financier à chaque soubresaut de la bourse, le même médecin pour commenter les découvertes sur la maladie du siècle.

Le troisième élément permettant de comprendre la restriction de la liberté des journalistes concerne le reportage sur le sondage commandité par le média. Il s'agit là d'un des moyens privilégiés par les directions des entreprises de presse pour « faire les nouvelles », pour influer sur le cours des choses, pour influencer[15]. Les patrons de presse font faire des sondages sur des sujets qui leur apparaissent importants ; comme pour n'importe quel commanditaire, leurs points de vue sont pris en considération par les sondeurs, qui utiliseront les mots appropriés, certains choix de réponse et parfois aussi un ordre de questions spécifique. On peut ainsi faire dire des choses fort étonnantes

---

15. Cet aspect sera abordé plus en détail dans le chapitre 4.

à « l'opinion publique », changeante à souhait. Le journaliste qui traite les résultats d'un sondage commandité par son patron a une marge de liberté fort restreinte. Les questions sont-elles ouvertement tendancieuses ? Pourquoi avoir posé une question avec un tel mot repoussoir ? Les choix de réponses portent-ils à confusion ? Comment a-t-on pu interpréter le mot « partenariat » ? Les résultats sont-ils si étonnants qu'on songerait à l'intervalle de confiance, le « 19 fois sur 20 », ce sondage étant le vingtième ? Les marges d'erreur pour les sous-groupes étant plus grandes, la signification de certains résultats doit-elle être remise en question ? Peut-on vraiment inférer une telle conclusion d'écarts si faibles entre les partis ? Le journaliste qui s'interrogerait ainsi perdrait certainement son temps. Celui ou celle qui oserait produire un article trop critique sur la fabrication du sondage commandité par ses patrons verrait son texte rejeté.

En périodes électorales et référendaires, on recourt fréquemment aux sondages. Ceux-ci sont commandités non seulement par les partis politiques, mais aussi par les médias qui les utilisent pour faire les manchettes. On insiste de la sorte sur la compétition, sur la « course de chevaux », sur les stratégies et les tactiques, sur les coups fumants, en minimisant ou oubliant la substance des programmes, c'est-à-dire les propositions, les idées des partis et des candidats. Le leader populiste peut apparaître tout aussi compétent que les autres, malgré une plate-forme faite de préjugés et de craintes de la population. Le pouvoir, entendu dans le sens de rapports de force entre groupes ou entre classes, est expulsé aux dépens de la compétition qui occupe tout le champ de l'interprétation.

2.2. Les styles politico-médiatiques

En plus d'être en bonne partie dépendants de leurs sources et de travailler dans des conditions qui restreignent leur liberté, les journalistes fonctionnent de manière semblable à celle de l'élite politique, c'est-à-dire qu'ils obéissent à des styles, et ce, de manière non intentionnelle et non réfléchie. La presque totalité d'entre eux et d'entre elles considèrent que ces styles s'inscrivent dans l'ordre normal des choses. Cinq styles caractérisent le travail des médias et des personnages publics : la personnalisation, la dramatisation, la fragmentation, la normalisation[16] et le contact. W. Lance Bennett associe les quatre premiers styles aux médias ; nous croyons néanmoins qu'ils ont de tout temps existé en politique et que leur usage fréquent correspond à la nécessité pour les

---

16. W.L. Bennett, *News. The Politics of Illusion*, White Plains, Longman, p. 37-72.

personnages publics de transmettre facilement leur message. Ainsi, des informations politiques personnalisées, dramatisées, fragmentées et normalisées «font le jeu», en quelque sorte, des médias. Mais cette prétendue subordination au mode de fonctionnement des médias permet aux personnages politiques de parler le même langage que celui des journalistes, ce qui facilite la «transmission fidèle» de l'information et peut certainement être conçue comme une manière habile de traiter avec les médias. Les cinq styles politico-médiatiques décrits sont maintenant ancrés dans les mœurs journalistiques et politiques, et le comportement des uns influence et exacerbe celui des autres.

La personnalisation et la dramatisation contribuent à la politique-spectacle, une expression qui correspond au mélange des genres entre la politique et les loisirs de toutes sortes : les sports, le théâtre, le cinéma, les jeux. En personnalisant et dramatisant, on exploite l'amusement et la performance, croyant ainsi pouvoir attirer l'attention de l'auditoire. Or, si la politique-spectacle attire bel et bien l'attention des membres de l'électorat, elle ne met personne en position de comprendre, de réfléchir et d'analyser.

La personnalisation constitue l'insistance sur les individus dans les explications des réalités politiques et économiques; on présente les enjeux comme des conflits entre personnages publics, expurgés de leur contexte sociologique ou historique. On minimise les causes structurelles aux dépens d'une compréhension plus facile et plus limitée des choses, fondée sur les personnalités. Par exemple, la question du Québec a historiquement été pensée comme un conflit entre Pierre Elliott Trudeau et René Lévesque. De plus, à cause de la personnalisation, le côté humain de l'homme ou de la femme politique est valorisé aux dépens de son passé, de ses idées ou de sa cohérence.

En l'absence de données politiques, l'image influence; d'ailleurs, pour les membres de l'électorat qui n'ont pas le goût, l'intérêt ou le bagage culturel nécessaire pour se former une opinion éclairée, une bonne image peut susciter la confiance. Celle-ci s'appuie sur les attitudes et les comportements que le personnage public manifeste; son habileté à détecter les cordes sensibles de son auditoire et la volonté d'être fidèle à son image contribuent à sa réussite.

La personnalisation constitue jusqu'à un certain point un phénomène normal en politique. Les causes s'incarnent dans des individus, et les personnages politiques symbolisent des luttes collectives. On n'a qu'à penser à Nelson Mandela et à la lutte contre l'apartheid en Afrique du Sud, au général de Gaulle et à la résistance en France durant la Seconde Guerre mondiale, à Martin Luther King et à la lutte pour les droits civiques aux États-Unis. Aussi faut-il prendre la juste mesure du phénomène de la personnalisation ; les individus sont des symboles, c'est un fait, mais s'y limiter dans la présentation des phénomènes sociaux restreint la compréhension des réalités politiques.

Une seconde façon de personnaliser, moins fréquente, existe. Elle consiste à encourager les membres de l'auditoire à appréhender les problèmes politiques en fonction de leur personne et non à réfléchir de manière proprement politique à une question. Or, penser à une question publique en fonction de leurs intérêts personnels, c'est ce que font spontanément les gens. Mais insister sur cet aspect des choses les invite à exclure de leurs réflexions des préoccupations de nature plus collective. L'exemple suivant illustre le problème : lors du référendum québécois de 1995, un chroniqueur politique a d'abord décrit la campagne référendaire comme « un enfer de menaces, d'insultes et de haine » ; il a ensuite fait état des émotions et des stratégies dans les deux camps puis décrété qu'en cas d'indépendance il n'y aurait pas d'union politique. Enfin, il s'est livré à une forme particulière de personnalisation :

> *Il y a autre chose : l'instinct. Avant de faire votre croix, fermez les yeux. Imaginez comment vous vous sentirez, mardi matin, si le OUI passe. Imaginez comment vous vous sentirez, mardi matin, si le NON passe. [...]*
>
> *L'un des deux résultats vous laissera plus serein, plus heureux, moins triste ou moins inquiet.*
>
> *Oubliez les grands mots. Oubliez les clichés des politiciens. Vous votez pour vous, seulement pour vous. Vous ne votez même pas pour vos enfants. Ils sont assez grands pour faire leur choix tout seuls s'ils ont le droit de vote. S'ils sont encore trop jeunes pour voter, ils affronteront de toute façon, dans vingt ans, des défis dont vous n'avez même pas idée. Votez pour vous seul(e). Le vote est un acte solitaire, un geste d'homme libre, de femme libre, et les deux options sont également honorables.*

Cette grille d'analyse qui renvoie ainsi à l'individu exclut l'idée que chacun et chacune non seulement appartient à une collectivité, mais en est aussi responsable. L'acte solitaire décrit dans la chronique ne devrait-il pas d'abord être un acte solidaire ? Il ne s'agit pas ici de nier l'importance d'une compréhension des enjeux politiques en fonction de la vie personnelle des citoyens et des citoyennes ; il s'agit plutôt de faire ressortir, dans cette position d'un journaliste rompu aux affaires politiques, une certaine forme de naïveté politique qui s'approche de la mesquinerie.

La dramatisation constitue un autre style politico-médiatique fort utilisé. Il s'agit de recourir au sensationnalisme, de stimuler les émotions. On cherche à produire une vive impression, à intéresser par la crise, le jeu et les symboles. La crise tient une place de choix dans le traitement dramatisé des événements; ce ne sont pas les crises réelles, et médiatisées telles quelles, qui sont ici en cause. Il s'agit plutôt d'élever certains petits conflits à des proportions hors de l'ordinaire; pensons à des récriminations de simples députés ou à des conflits entre membres d'un parti d'opposition. Il s'agit aussi de privilégier l'angle de crise dans le traitement de problèmes en tous genres, qu'on tait en temps normal et qui apparaissent insolubles lorsqu'ils occupent le devant de la scène. Le racisme constitue un de ces problèmes qu'on ne sait pas traiter au jour le jour, comme si la discrimination quotidienne était trop « ordinaire » pour faire l'objet de reportages.

Le documentaire *Une faim dévorante*, de Tamouz Productions Inc. et de Channel Four (Grande-Bretagne), illustre ce phénomène de manière explicite; en 1983, lorsque couvait la famine naissante en Éthiopie, on a cherché à intéresser les médias occidentaux pour susciter une aide internationale qui puisse éviter le pire. Les démarches effectuées auprès des médias n'ont abouti à rien. La réalité de la famine n'a pu être « vendable » en Occident que lorsque des milliers d'individus rassemblés et malades sont apparus sur les écrans de télévision occidentaux. Ce qui a rendu l'événement médiatique – la concentration de milliers de personnes – a surtout provoqué la mort de nombre d'entre eux, les épidémies ayant pu se propager plus facilement dans un tel contexte. Sans crise, il n'y a pas d'existence médiatique pour certains sujets. Le caractère éminemment dramatique est nécessaire à la mise en ondes d'un événement si lointain. Quand, finalement, « l'histoire » de la famine a été jugée « intéressante », voici les images qui ont servi à l'illustrer : une mère et son enfant mourant, une inhumation d'enfant, un rassemblement d'êtres faibles, visiblement malades et souffrants, le tout sur fond de fabuleux lever de soleil orange sur la plaine. La bande sonore laissait entendre des pleurs d'enfants et de faibles lamentations comme des chants de détresse. Le ton du reporter était viril et sa voix dramatique :

> *Dawn, and as the sun breaks through the piercing chill of night on the plain outside Korem, it lights up a biblical famine. Now, in the 20th century. Thousand of wasted people are coming here for help. Many find only death. 15000 children here now, suffering, confused, lost... Death is all around. A child or an adult dies every 20 minutes. Korem, an insignificant town, has become a place of grief...*

La dramatisation se manifeste par l'image forte et sensationnelle, et c'est celle qui sera privilégiée par les journalistes.... Il faut sans cesse rappeler que la dramatisation ne confère aucune qualité à l'information, même si elle est constamment privilégiée. Le spécialiste des médias du *Devoir*, Paul Cauchon faisait état de ce phénomène à l'automne 2005 en se désolant de l'utilité de la phrase choc, de la «pensée clip», pour les cotes d'écoute. Il expliquait que le dérapage avec Pierre Mailloux – un psychiatre provocateur qui sévit normalement à CKAC – à l'émission *Tout le monde en parle*, n'était pas du tout un problème pour les plateaux télévisuels qui veulent des manchettes. Au contraire. Au discours provocateur de Mailloux sur le quotient intellectuel des Noirs, ni l'animateur ni aucun invité ne pouvait répliquer, mettre en contexte les paroles racistes ou expliquer les débats qui ont cours dans la communauté scientifique sur la valeur du QI. Cauchon écrit :

> [...] *l'information véritable n'est pas sexy : [...] c'est un travail long, fastidieux, complexe où il faut fouiller, enquêter, soupeser le pour et le contre et explorer toutes les nuances, justement, à mille lieux des phrases provocatrices lancées dans le cadre d'un* talk show. *En fait,* [Tout le monde en parle] *est souvent à l'image de ce qu'on pourrait appeler la pensée clip : on cherche la phrase choc, quelquefois la fameuse petite phrase assassine qui déstabilisera un invité, on lance des idées fortes sans nécessairement creuser le fil, bref on donne un* show *plutôt que de véritablement donner à penser*[17].

La dramatisation se manifeste également par les jeux et les affrontements de toutes sortes. Les personnages publics se prêtent volontiers aux jeux télévisés ou aux entrevues portant sur leur vie privée et leur personnalité. Mais au-delà de cette prestation qui cherche à attirer l'attention sur leur côté humain, la description sportive, théâtrale ou guerrière des événements politiques abonde. Durant la campagne référendaire québécoise de 1995, l'usage des métaphores a été très fréquent. La vie politique s'est transformée en arène, en salle de spectacle, en cabinet de psychologue, en terrain de guerre, etc.; on a eu recours à des expressions comme putsch, cirque, *game, show, love-in*, crise de nerfs, thérapie de groupe, roi, croisade, résistance, pique-nique, jeu, colmater la fissure, pancartes qui «flashent», panique, tempête, marée haute, tir groupé, virage à 180 degrés, amour bidon. Durant la campagne électorale de décembre 2005 et janvier 2006, on a abondamment eu recours aux métaphores : tir groupé sur Harper, Duceppe seul sur la glace, l'homme à abattre, l'escalade électorale, la guerre de chiffres, les coups bien sentis, l'artillerie lourde, il résiste aux

---

17. Paul Cauchon, «La pensée clip», *Le Devoir*, 3 octobre 2005, p. B6.

assauts, etc. Et même : « cela fait partie de son plan de match que de parler de son programme » ! Le recours aux métaphores en tous genres pose problème, parce que le sport, la guerre, le théâtre, par exemple, occupent tout le champ de l'interprétation et ne laissent aucune place aux expressions plus politologiques, à un cadre d'analyse proprement politique. On tient pour acquis qu'un langage plus spécialisé servira de repoussoir ; rarement utilise-t-on des mots comme gauche, droite, centre, capitalisme, social-démocratie, légitimité, imputabilité, appartenance et marginalité. On favorise ainsi la politique spectacle et une certaine forme d'inculture politique[18].

En plus « d'expulser la politique » des descriptions des affaires publiques, le recours aux métaphores sportives et guerrières, qui constituent la majorité des métaphores utilisées, démontre que la politique appartient au domaine de la masculinité hétérosexuelle ; Kathleen Hall Jamieson souligne qu'en traitant de politique sous le mode du sport ou des guerres on exclut *de facto* les femmes. Ce langage accroît l'impression que la personne aspirant au domaine public doive satisfaire aux attentes de masculinité[19].

Enfin, la dramatisation se manifeste également dans le recours aux symboles. Ceux-ci peuvent être un mot, un geste ou un objet qui ont une valeur évocatrice, suscitant une association d'idées « naturelle » dans une collectivité. Le symbole est « enveloppé d'une "aura" qui déborde le strict champ de sa définition[20] ». Il ajoute donc du sens de manière naturelle et permet une économie dans la communication. Malgré le fait qu'ils peuvent inclure des idées variées, les symboles visent à susciter des réactions précises ; ils s'apparentent à des appels pavloviens lorsqu'ils font fortement et uniformément réagir une audience[21]. En ce sens, on peut aussi les comparer aux mots du vocabulaire B dans le langage d'Océania, du roman de George Orwell, *1984* :

> *Le vocabulaire B comprenait des mots formés pour des fins politiques, c'est-à-dire des mots qui, non seulement, dans tous les cas, avaient une signification politique, mais étaient destinés à imposer l'attitude mentale voulue [...] Les mots B formaient une sorte de*

---

18. A.-M. Gingras, « Les métaphores dans le langage politique », *Politique et Sociétés*, n° 30, 1996, p. 159-171.
19. K. Hall Jamieson, *Dirty Politics. Deception, Distraction, and Democracy*, New York, University of Oxford Press, 1992, p. 82.
20. *Dictionnaire critique de la sociologie*, Paris, Presses universitaires de France, 1986, p. 599.
21. M. Edelman, *The Symbolic Uses of Politics*, Urbana, Illinois University Press, 1980, p. 114-116.

sténographie mentale qui entassait en quelques syllabes des séries complètes d'idées, et ils étaient plus justes et plus forts que ceux du langage ordinaire[22].

Aucun parti politique, aucun gouvernement ne peut renoncer à utiliser des symboles qui vont l'associer à la vertu. Le premier ministre Chrétien a ainsi lié à maintes reprises l'action du Parti libéral du Canada aux rapports de l'ONU qui ont fait du Canada le pays où les conditions de vie étaient les meilleures durant plusieurs années. Durant la campagne référendaire, le gouvernement québécois a utilisé des affiches publicitaires associant la souveraineté-association à la remise en chantier du Québec, à la paix et à l'écologie.

Tout comme la personnalisation, dont un certain usage est inévitable, la dramatisation constitue une clé de communication utilisée tant par les médias que par les acteurs politiques. La dramatisation suscite l'intérêt, et une fausse croyance porte à croire que cet intérêt pourra durer, jusqu'à permettre aux individus de comprendre en détail et profondément la chose publique. Il n'en est rien. Au-delà de sa fonction première d'attraction, la dramatisation bloque l'intérêt soutenu. En fait, elle situe les événements et les questions dans un contexte de crise, de jeu, d'émotions et de symboles, des éléments tout à fait incompatibles avec la patience caractéristique de l'analyse en profondeur. La personnalisation et la dramatisation, avec leur insistance sur la performance, l'amusement et l'exaltation contribuent à la politique-spectacle. En corollaire se trouvent l'oubli de l'histoire et l'occultation des structures de pouvoir, qui renvoient souvent à des abstractions ; malheureusement, bon nombre de journalistes y sont allergiques. La compréhension des rapports de pouvoir à l'œuvre dans la société en souffre, alors que les mécanismes d'exercice du pouvoir politique et économique demeurent insaisissables par la majorité. On peut alors supposer que le traitement superficiel de la politique contribue à augmenter le cynisme de la population et son désintérêt pour la chose publique.

Le troisième style politico-médiatique, la fragmentation, consiste à présenter les problèmes ou les événements en fragments, à recourir à la formule des capsules adaptées à l'espace ou au temps accordé dans les divers médias. Le style court et rapide en vogue dans les médias s'est imposé en fonction de la prégnance de l'audiovisuel sur l'écrit, et le direct a exacerbé cette tendance. La fragmentation se manifeste, entre autres, par une méthode de collecte de l'information bien spéciale : le *scrum*, qu'on peut décrire comme le rassemblement plus ou moins

---

22. G. Orwell, *1984*, Paris, Gallimard, p. 435.

improvisé d'une meute de journalistes autour d'un personnage public coincé ainsi, volontairement ou non. Le mot *scrum* vient du rugby et signifie «mêlée»; cet échange inopiné entre personnage public et journalistes se caractérise par l'improvisation, la vitesse, le clip, la phrase-choc, bref, par la fragmentation.

Tant les journalistes que les personnages publics fragmentent leurs messages, réduisant les phénomènes à des faits isolés, autosuffisants; si la restriction d'espace et de temps provient d'abord des médias, l'adaptation des personnages publics au phénomène mérite notre attention. Ces derniers ont fort bien appris à utiliser la restriction de temps et d'espace. Au jeu de la vitesse et de l'image, certains acteurs politiques ont acquis un talent indéniable. Ils se disent d'ailleurs que, tant qu'à voir leur discours réduit en un clip de sept secondes au journal télévisé, mieux vaut décider eux-mêmes de la phrase-choc qui sera diffusée. Si cette attitude paie souvent, elle risque aussi d'exaspérer d'autres journalistes, surtout ceux et celles de la presse écrite, dont certains attendent plus de substance.

La fragmentation a des avantages certains tant pour les journalistes que pour les acteurs politiques. La fragmentation permet une grande efficacité – en matière de temps et de production – dans le traitement de l'information; on se limite aux événements du jour, aux documents publics, sans se préoccuper de l'histoire du dossier ou des contraintes juridiques, par exemple. Le journaliste se fiera totalement aux acteurs politiques en cause. Évidemment, cette situation peut être très pratique pour la femme ou l'homme politique, exempté de traiter un dossier sans faire référence à un autre, connexe mais embarrassant. Par exemple, on voit les droits de pêche ou de coupe du bois pour les autochtones du Québec comme des questions exclusivement économiques; on escamote tout le contexte des revendications territoriales, qui doivent être comprises comme des questions juridiques entre différents peuples. Mais un éclairage juridique ou plus globalisant des demandes autochtones pourrait situer autrement les droits de coupe ou de pêche.

La fragmentation empêche de comprendre l'idéologie d'un parti ou d'un gouvernement, ses orientations générales, ses priorités et son électorat cible. L'opération inverse consisterait à mettre en évidence les tendances lourdes dans le travail d'un gouvernement ou d'une organisation, à effectuer des liens entre diverses politiques publiques, à mettre en évidence des préférences constantes mais implicites. Ne pas fragmenter consisterait à «voir» autre chose que ce que présentent les acteurs politiques eux-mêmes, à lier les décisions politiques aux retombées positives pour un groupe ou l'autre.

Bref, la fragmentation constitue l'opération inverse de la mise en contexte. Bien qu'elle soit officiellement valorisée en journalisme, le mise en contexte est plutôt rare et plusieurs facteurs militent contre elle : la vitesse de production des reportages, le bagage culturel limité de certains journalistes, leur paresse ou leur lassitude ainsi que la vive concurrence avec le direct.

La normalisation est le quatrième style politico-médiatique utilisé par les journalistes et les personnages publics. Il s'agit de faire apparaître ou réapparaître normale une situation problématique, de rassurer, de calmer les esprits. Il ne s'agit pas ici d'un style opposé à la dramatisation, car dans ce dernier cas on monte en épingle des conflits mineurs sans impact ou encore on attend que les situations problématiques aient atteint un seuil insupportable avant de les rendre publiques.

La normalisation survient au moment où une situation problématique, susceptible de produire des inquiétudes dans la population, est présentée d'une manière rassurante. Les journalistes sollicitent souvent les hommes et les femmes politiques en ce sens, cherchant à leur faire préciser leurs actions, leurs projets, leurs intentions. Mais en centrant leur attention sur l'action des pouvoirs politiques, ils permettent à ceux-ci d'occuper tout l'espace médiatique. La normalisation renvoie au fait que les problèmes ou les sujets à l'ordre du jour se situent exclusivement à l'intérieur du cadre organisateur des autorités qui prennent une question en charge, même au prix de l'improvisation ou d'une solution non éprouvée. Ces deux cas sont plus fréquents qu'il n'y paraît, non seulement à cause du manque de prévoyance des dirigeants politiques et administratifs, mais aussi à cause de la complexité des problèmes qui se posent à tout appareil gouvernemental. En l'absence totale d'idées sur les solutions à mettre en œuvre, on aura recours à la constitution d'un groupe de travail.

La normalisation vise à démontrer que les autorités en place ont le contrôle total de la situation. S'il est normal que les autorités réagissent à un problème, il faut s'interroger sur l'exclusivité dont elles s'entourent, minant *de facto* toute initiative de la société civile qui déborderait leur action. En rassurant la population, les autorités déresponsabilisent et endorment les individus qui vont s'en remettre à l'État pour le règlement de tout type de problème. La normalisation vise à minimiser les réactions populaires, les engagements, les actions des groupes en insistant sur l'action rassurante des pouvoirs politiques. Les médias et l'État, qui utilisent la normalisation, favorisent donc, même de manière non délibérée, l'apolitisme et le retrait dans la vie privée. Or, si certaines situations exigent une réponse exclusive de l'État, la majorité des problèmes nécessitent une action concertée de l'État et de la société civile. Les questions d'adaptation des communautés culturelles, de racisme, d'éducation, de création d'emplois, de décrochage scolaire, de suicides, de santé, etc., devraient être traitées sur plusieurs plans, la société civile – les groupes de pression, les parents, les entreprises privées, les syndicats, les institutions scolaires – devant être mise à contribution.

Les gouvernements utilisent la normalisation pour défendre leurs politiques publiques ou leurs initiatives *ad hoc*. Par exemple, les initiatives de politique étrangère agressives des États-Unis portent souvent des noms qui les situent dans un cadre normalisateur; l'expression *Desert Storm* décrivant l'intervention américaine dans la première guerre du Golfe aurait contribué, selon certains auteurs, à susciter l'appui de la population en accentuant le caractère inéluctable de l'événement[23]. Comment s'élever, en effet, contre un phénomène météorologique?

La normalisation renvoie à la volonté d'harmoniser les relations sociales, d'éviter les conflits, de produire du consentement, et tout cela exige un certain travail. L'instauration de ce style politico-médiatique correspond aux intérêts de certains groupes sociaux soucieux de préserver les structures politiques et économiques. Par ailleurs, ce style ne constitue pas le résultat d'un vaste complot; quand des groupes sociaux qui occupent une large place dans tous les secteurs de la gestion publique (étatique, culturelle, économique) agissent de façon à maximiser leurs intérêts, ils n'ont pas besoin de se concerter; leur action a un sens commun (une signification et une direction). Dans notre enquête auprès des journalistes québécois, la fonction pacificatrice des médias, leur rôle normalisateur ont été soulignés par plusieurs. Une animatrice a expliqué la normalisation en deux temps: en décrivant d'abord la fonction de la télévision dans la société, puis en précisant son rôle dans l'établissement de l'harmonie collective:

> *Depuis le début des médias électroniques, vue de très loin, la petite boîte électronique joue un rôle dans la société. Elle crée de la consommation, une sorte de standardisation, une normalisation. Ce n'est pas un complot, c'est une réalité. On crée des amalgames, on contribue à ce grand mouvement social qui veut que les êtres humains ne soient pas trop violents entre eux, trop dissidents, trop contraignants les uns par rapport aux autres et qu'ils suivent une certaine règle sociale, et qu'ils acceptent qu'on leur impose des choses, et que ce qui est vrai une journée soit faux le lendemain et vrai le surlendemain. Je pense qu'on est ce genre d'outil historique [...] On fait du travail de production...*

---

23. A. Pancake, «Taken by Storm: The Exploitation of Metaphor in the Persian Gulf War», *Metaphor and Symbolic Activity*, vol. 8, n° 4, 1993, p. 281.

> *c'est un objet qui nous appartient parce qu'on le signe mais ce n'est pas tout à fait celui qu'on a inventé [...] Il y a quelque chose en moi qui est très conforme, qui correspond à une certaine norme, une manière de parler qui fait que je n'agresse pas, je ne crée pas de conflits, je ne fais pas partie des angles pointus de la boîte, je suis dans les coins arrondis, et dans ce sens-là, je correspond aussi à un espoir social, que les êtres aient l'air harmonieux et sereins [...] Cette image que je donne, « tenez vous voyez, il y a moyen de s'entendre », c'est embêtant parce que ça laisse entendre aux gens que ça ne passe pas par des aspérités, par des douleurs, des déchirements. Or, la réalité, c'est que ce n'est pas facile. Ma personne donne l'impression de l'harmonie, de la sérénité à laquelle on veut arriver, c'est un message énorme ! [...] Mon rôle d'emballer, d'enrober est encore plus grand que mon rôle de dénoncer [...] Au bout du compte, comme m'a déjà dit [un des cadres], tu peux annoncer le plus grand nombre de morts qu'on n'ait jamais vu, quand tu vas terminer ton émission, tu vas toujours avoir un sourire, ça fait du bien à l'âme... et jusqu'à un certain point, je suis là pour ça aussi, pour faire en sorte qu'en fin de compte, ça passe.*

Cette journaliste affirme intéresser l'auditoire aux affaires publiques d'une manière civilisée, dans un contexte où les gens « se sentent intéressés mais calmés, que la question traitée ne les projette pas en dehors de leur fauteuil ». Cette idée rejoint plusieurs auteurs qui se sont intéressés au rôle politique des médias. Michael Parenti, par exemple, fait état de l'adoucissement des réalités auquel se prêtent les médias ; dès 1939, le *Time Magazine* rapportait l'existence de camps de concentration hitlériens sans soulever la moindre indignation et, en 1942, plusieurs journaux faisaient état de l'extermination d'un million de Juifs, toujours sans susciter la moindre protestation[24]. La normalisation suscite la quiétude et la paix sociale en offrant une interprétation calmante des phénomènes et des événements. Cette réalité a été reconnue depuis une cinquantaine d'années par des chercheurs libéraux qui ont identifié les fonctions des médias : on trouve parmi celles-ci l'augmentation du conformisme social, l'accroissement de la cohésion sociale, la réduction de l'idiosyncrasie et la diminution de l'esprit critique[25].

Le cinquième style politico-médiatique est le contact. La présence du reporter ou du personnage politique sur les lieux d'un accident, par exemple, dénote son intérêt. Il en va de même pour l'homme ou la femme politique, qui promet du soutien et apporte son réconfort.

---

24. M. Parenti, *Inventing Reality*, op. cit., p. 203 et 209.
25. F. Balle, *Médias et Société*, Paris, Éditions Montchrestien, 1980, p. 572-573.

L'usage du micro-ondes[26] est généralisé pour des reportages qui n'en commandent pas, comme le bulletin météo. Le recours aux satellites multiplie quant à lui le contact pour des incidents ou des événements lointains. Les chefs d'antenne qui se déplacent en région ou à l'étranger pour leur journal télévisé montrent leur vif intérêt pour le direct. On organise aussi des émissions spéciales sur les lieux mêmes d'un accident ou d'un événement important ; au moment de la présentation du budget à la Chambre des communes, par exemple, les entrevues avec spécialistes et personnages publics ont lieu dans l'enceinte du Parlement, ce qui ne change rien à l'émission, aux entrevues ou aux opinions des spécialistes. Le décor et le bruit ambiant visent à marquer la différence, à dramatiser et à susciter l'intérêt. La durée des émissions spéciales varie en fonction de « l'intérêt » de l'événement selon les normes journalistiques.

De manière générale, et lorsqu'il n'est pas planifié comme les soirées de dévoilement de budget, le direct nuit au journalisme de qualité, étant très souvent marqué par l'improvisation, la non-vérification, l'absence de mise en contexte et la propagation de rumeurs. À l'ère des satellites et d'Internet, il n'est pas sûr que sur les lieux d'un accident on puisse obtenir plus d'informations que dans la salle de rédaction. La redondance de l'information visuelle agit en dramatisant les événements ; on reprend des dizaines de fois les mêmes images spectaculaires. La véracité de l'information inquiète peu les journalistes, qui peuvent facilement être manipulés par les sources, comme la première guerre du Golfe l'a illustré ; les rumeurs d'attaques chimiques sur Israël ont alors afflué, causant, il est facile de l'imaginer, une indicible angoisse. De plus, le direct fait négliger la prudence et la délicatesse dans des situations problématiques. Par exemple, peu après l'écrasement du vol 111 de la Swissair en septembre 1998 au large de la Nouvelle-Écosse, des journalistes ont profité d'une conférence de presse télévisée des autorités médicales pour insister sur les difficultés de récupération des restes humains, malgré le refus des médecins d'aborder le sujet. Ici se pose la question d'une concurrence de droits : le droit à l'information et celui du respect de la vie privée (et de la douleur) des proches des victimes.

Malgré les désavantages du direct, pourquoi est-il encore considéré comme si précieux en information ? Trois raisons militent en faveur du direct. Il y a d'abord la fascination exercée par la technologie, qui s'impose souvent aux dépens de la substance des informations. Cela explique que les radiodiffuseurs rémunèrent plus un *cameraman*

---

26. Le véhicule permettant la transmission par satellite.

qu'un recherchiste. De plus, l'obtention de crédits supplémentaires se justifie plus facilement pour l'achat de matériel que pour l'embauche de personnel. L'investissement pour le micro-ondes, par exemple, devra être amorti, d'où son usage à des fins parfois triviales. Deuxièmement, le direct représente l'intérêt et la véracité. On a traduit en termes journalistiques un rapport humain; entre proches, le contact et la présence réconfortent. L'information s'apparente à un rapport humain à tisser avec chacun des membres de l'auditoire, et ce, aux dépens des inconvénients plus «intellectuels» du direct: improvisation, manque de ressources expertes pour commenter, répétition des mêmes images et, souvent, apport d'information complémentaire nul, sauf pour l'atmosphère. De plus, le direct semble vrai, du moins est-ce ainsi qu'il est présenté et perçu. Les hautes cotes d'écoute lors du procès d'O.J. Simpsons ont défié la longueur et la lourdeur du procès; cette austérité aurait été compensée par l'aspect réel du procès. Et, dans ce cas-ci, que la réalité dépasse la fiction a fort impressionné. Évidemment, l'idée que le direct ne rapporte que la vérité – surtout parce qu'il est vu – doit être condamnée; ce que la caméra montre peut être faux – pensons aux faux charniers de Timisoara – et la lentille ne montre qu'une vue partielle et partiale. La troisième raison pour laquelle le direct a encore de beaux jours devant lui s'explique par l'usage qu'en font les personnages publics. Les conférences de presse en direct, les assermentations des ministres, les discours solennels en direct offrent à la classe politique l'occasion de s'adresser à la population sans l'intermédiaire de journalistes. Ici aussi, le contact renvoie à la transposition d'un rapport humain, mais il s'explique aisément parce que les personnes élues veulent rejoindre leur électorat. La forme de communication directe, le contact, correspond exactement aux objectifs du personnage en situation d'autorité. Le filtre de la sélection et la compétition pour la manchette sont évités, et l'attention, mieux assurée.

Les meilleurs des journalistes arrivent à minimiser ces cinq styles politico-médiatiques en mettant en valeur les structures sociales, les mécanismes invisibles de pouvoir, les phénomènes sociaux, les priorités implicites et les tendances dans la gestion publique ou privée. Ces journalistes travaillent dans des lieux privilégiés (comme la radio de Radio-Canada) ou ont appris à composer avec les exigences du métier tout en laissant entrevoir les véritables rapports de pouvoir à l'œuvre dans la société.

Dans un mémoire de maîtrise portant sur les connaissances générales des journalistes, Caroline Dion a recensé les pratiques professionnelles, les méthodes de travail, les ressources et les points de vue sur l'acquisition des connaissances de deux groupes de journalistes, ceux travaillant dans des médias où l'idée de sphère publique est valorisée et ceux des médias où seuls les impératifs commerciaux prévalent[27]. Sa recherche, menée auprès de 21 journalistes et huit experts en communication, laisse voir que la distinction entre «journalistes-reporters» et «journalistes-techniciens» s'accroît dans un marché qui valorise la vitesse de production et la rentabilité. Les meilleurs journalistes se dirigent naturellement vers les médias qui offrent un centre de documentation, accordent plus de temps pour préparer des articles et des grands reportages; ces journalistes disent accorder de l'importance à la vérification des faits, à la recherche, à l'analyse, à la formation personnelle. Rares sont les entreprises de presse demandant à ses journalistes d'acquérir une compréhension conceptuelle de la société, une sorte de vision globale dans laquelle situer les événements, ce qui serait essentiel pour éviter les cinq styles politico-médiatiques. Distinguant connaissances et structure de pensée, un journaliste ayant 30 ans d'expérience explique:

> [...] *savoir ce qu'est un CLSC,* [...] *connaître les différences entre un office et une régie, c'est avoir une vue politico-juridico-administrative de la société* [...] [Chaque élément] *ne donne pas une vision de la société mais quand tu les mets ensemble et que tu regardes comment ça bouge... C'est cette vision organique qu'il faut acquérir* [...] *ce qui manque c'est la matrice qui crée «l'organicité».* [...] *Il va y avoir des spécialistes capables de discourir d'un sujet pointu à fond mais incapables de faire des liens... Si on part du principe qu'il faut être capables de dégager les enjeux, il faut* [trouver] *la clé* [d'interprétation]*... Je vais tout d'abord me trouver deux personnes ayant des vues antagonistes sur la question, pour me donner rapidement une vue des enjeux* [...] *à partir du moment où j'ai au moins deux matrices d'interprétation, je me mets en processus d'acquisition des connaissances. J'ai les squelettes sur lesquels je peux m'amuser et ajouter des morceaux. À partir de là je suis capable de faire les liens. Sinon, on n'est pas en situation d'analyse constante – et qui dit analyse dit schéma de référence ou d'organisation de la matière. Sans ce schéma, la connaissance ne vaut rien*[28].

---

27. Caroline Dion, «Les connaissances générales des journalistes sur la scène politique québécoise». Mémoire de maîtrise présenté à la Faculté des études supérieures de l'Université Laval pour l'obtention du grade de maître ès arts (M.A.), 2002.
28. *Ibid.*, p. 73.

Ce type de journalisme, avec schéma de référence, est pratiqué par une infime minorité de journalistes au Québec et au Canada. Mais il s'agit de l'unique manière de découvrir les tendances de fond d'une société, l'orientation générale d'un gouvernement ou d'une société, ce qui n'est absolument pas perceptible à partir du discours des hommes et des femmes politiques. Ce type de journalisme sollicite chez le public des attitudes bien différentes de celles qui sont liées aux cinq styles politico-médiatiques : la curiosité et non l'excitation, la compréhension et non le goût du spectacle, la patience et non l'éparpillement.

Le journalisme d'enquête, si valorisé et cependant, si rare, s'inscrit aussi dans des pratiques qui minimisent les cinq styles politico-journalistiques et qui permettent de comprendre les enjeux de société bien au-delà de leur aspect dramatique et des personnalités en cause. Quelques exemples de journalisme d'enquête serviront à faire voir comment une recherche fouillée peut éclairer sous un angle différent des questions d'actualité. En septembre 1998, *Le Devoir* publiait une série de textes sur la réorganisation administrative du gouvernement fédéral. La journaliste Manon Cornellier a fait ressortir les constantes dans les changements des modes de gestion en mettant en évidence leurs conséquences politiques et judiciaires. La création de fondations indépendantes et d'agences autonomes, la privatisation des services et la conclusion de partenariats avec le privé soustraient des pans entiers de l'activité gouvernementale au contrôle du Vérificateur général ainsi que des commissaires à la protection de la vie privée et à l'accès à l'information et, par ricochet, au contrôle des parlementaires et de la population[29]. De plus en plus de fonds publics sont administrés sans que s'appliquent les principes de transparence et d'imputabilité. Il semble que la réorganisation administrative du gouvernement fédéral ait été menée sans vision cohérente, au hasard, en perdant de vue la raison d'être des députés, qui voient leur rôle diminuer et qui s'inquiètent[30]. En voulant viser l'efficacité, l'économie, la flexibilité en matière de gestion financière et du personnel, on a oublié d'examiner les conséquences politiques et judiciaires des changements apportés ; sont mis en cause ici non seulement le sens du parlementarisme, mais

---

29. Ainsi en est-il par exemple de la Fondation de l'innovation, de la Fondation des bourses du millénaire, de NAV Canada, des autorités portuaires locales, de l'Agence canadienne du blé, de l'Office d'investissement du régime de pensions.
30. M. Cornellier, « Faire mieux avec moins », « Qui rendra des comptes ? », « Des députés sans voix », *Le Devoir*, 21, 22, 23 septembre 1998.

aussi celui du rapport entre la population et le Parlement. Des reportages quotidiens à base de communiqués gouvernementaux ne pourraient jamais mettre en lumière ces tendances dans la gestion publique.

Les dossiers de Katia Gagnon sur les enfants de la DPJ (octobre 2005) et de Louise Leduc sur le travail précaire (septembre 2005) à *La Presse* ont aussi offert des angles d'analyse peu utilisés dans les reportages quotidiens. Louise Leduc, par exemple, a fait la lumière sur les pénibles conditions de travail de plusieurs secteurs de travail en devenant elle-même ouvrière d'usine, serveuse, femme de ménage, caissière, employée de maison de sondage et d'inventaires durant quatre mois. Inspirée par la journaliste américaine Barbara Ehrenheich qui a eu pendant une année complète de petits boulots et a vécu avec un salaire de misère[31], Louise Leduc s'est mise en position d'une travailleuse précaire, sans toutefois vivre de son maigre revenu[32]. Elle s'est penchée sur la vie quotidienne de la frange la plus démunie et la moins scolarisée de la main-d'œuvre québécoise, dont le travail est marqué par le harcèlement, le manque de sommeil à cause des horaires variables, le mépris des supérieurs, les mises à pied et les douleurs chroniques, le tout en presque parfaite conformité avec la *Loi sur les normes de travail*.

Les obstacles au journalisme d'enquête abondent. À la lassitude des journalistes s'ajoutent les conditions de travail qui ne favorisent pas toujours la mise en contexte et le recul. Un courriériste parlementaire ayant participé à notre enquête s'expliquait sur la dramatisation et les difficultés inhérentes au métier de journaliste:

> [...] *l'utilisation du cliché sportif, ça démontre l'importance du hockey chez les journalistes, qui organisent des concours ; ils font des gageures pour savoir qui va gagner la coupe Stanley, et cela occupe plus de temps que la lecture des documents très fastidieux sur les politiques gouvernementales* [...] *il n'y a rien de plus ennuyeux que les documents gouvernementaux, mais c'est là-dedans que tu trouves la substance des décisions. La fibrose kystique, par exemple... on disait « Marc-Yvan Côté (le ministre de la Santé) nous cache des choses ». Il ne nous avait*

---

31. Barbara Ehrenreich, *L'Amérique pauvre: comment ne pas survivre en travaillant*, Paris, Grasset, 2004.
32. La journaliste explique: «Contrairement à l'Américaine Barbara Ehrenreich, nous n'avons cependant pas «joué» à la pauvre. Pour des considérations pratiques, mais aussi parce que nous jugions que même en décidant de vivre exclusivement de son petit salaire pendant quelque temps, il était impossible, avec un compte en banque et un réseau d'entraide, de reproduire l'insécurité de ceux qui vivent dans la pauvreté pour vrai.» «Les dessous d'une grande série», *La Presse*, 10 septembre 2005, p. A31.

rien caché, ça se trouvait dans les documents… Dans certains cas, je suis obligé de dire, à ma grande honte, que les journalistes ne font pas d'efforts. Dans certains cas, ce sont les journalistes qui sont à blâmer, dans d'autres, ce sont les entreprises de presse qui ne donnent pas les moyens aux journalistes de faire leur travail. Il faut leur laisser le temps de lire le budget, par exemple.

Journalistes et personnages publics agissent dans leur vie quotidienne en fonction des cinq styles politico-médiatiques. Par ailleurs, comme les hommes et les femmes politiques participent au débat public surtout en tant que sources, leur discours mérite un examen détaillé, qu'on trouve à la prochaine section.

2.3. Le code de communication des personnages politiques

Dans la relation entre les journalistes et leurs sources, certains prétendent qu'il y a une sorte d'égalité, un jeu à somme nulle. Cette perspective fait fi de la connaissance qu'ont les hommes et les femmes politiques (et leurs experts en communication) du travail journalistique ; elle ignore aussi que l'argumentation sur la place publique est fortement dépendante du discours des personnages politiques. Le rôle de sphère publique ou d'appareil idéologique que jouent les médias dépend donc aussi de la collaboration des hommes et des femmes politiques. Ces derniers peuvent contribuer à la transparence, à la rationalité, à l'accessibilité ou au contraire ils peuvent tenter de réduire les journalistes à des porte-voix. La manière dont ils communiquent leurs idées peut nous éclairer sur leurs objectifs.

D'un point de vue pratique, on peut assimiler le langage des hommes et des femmes politiques à un code, c'est-à-dire une mise en forme particulière d'un contenu. Ce code nous est si familier que nous ne le percevons pas, tout comme les poissons ne distinguent pas l'eau qui les entoure. Soulignons tout de suite que ce codage s'effectue de manière plus ou moins délibérée. L'idée même qu'ils codent apparaît probablement saugrenue à quelques-uns. Mais les spécialistes en relations publiques ne s'y trompent pas, eux dont le rôle consiste justement à apprendre à faire maîtriser la parole devant tout genre d'interventions, y compris des questions embarrassantes.

Le code de communication des hommes et des femmes politiques renvoie au mode de la plaidoirie. L'usage public de la parole en politique ressemble souvent plus au langage des avocates et des avocats s'affrontant entre eux qu'à celui de personnages incarnant le bien public. Bien qu'ils disent représenter l'intérêt général, qu'ils le croient très souvent et que, pour plusieurs, ils s'efforcent de le faire, leur vision du débat public s'apparente à celle d'une arène. Le personnage politique présente ses projets sous un angle favorable, en omettant trop souvent d'en discuter les inconvénients. Il frôle la contre-vérité si c'est nécessaire, convaincu que la fin justifie les moyens. Il travaille à créer et à maintenir une image publique, crédible et rassurante. Il attaque et se défend en ne disant que le nécessaire pour se protéger, protéger son passé et ses projets.

À ce jeu de la plaidoirie, des dérapages surviennent souvent. À frôler sans cesse la contre-vérité, il arrive qu'on « glisse »… D'ailleurs, pour certains, la vie politique est tissée de mensonges, petits et gros. Parmi les plus célèbres, notons : l'affaire Watergate, le silence sur le cancer de la prostate de François Mitterrand et sur le cancer de la peau de Robert Bourassa, les premiers témoignages de Bill Clinton sur ses liens avec Monica Lewinsky (7 mois de déni), le rôle d'Oliver North dans l'affaire Iran-Contras, le rôle de la France dans l'explosion du bateau de Greenpeace, la déclaration de Pierre Elliott Trudeau à la veille du référendum en 1980 sur les sièges des députés libéraux en jeu pour le changement, celle de George Bush (« *Read my lips: No new taxes* »), la promesse de Sheila Copps (entre autres) d'éliminer la TPS qui a résulté en démission, la protection du collaborateur au régime nazi Maurice Papon sous la gouverne de De Gaulle, Giscard et Mitterrand, les affaires de fausses factures permettant de subventionner les partis politiques français, le refus du gouvernement du Parti québécois de publier toutes les études sur la souveraineté-association durant la campagne référendaire, et enfin les dénégations de Jean Chrétien au sujet de sa connaissance du système de transfert d'argent entre le programme des commandites et le Parti libéral du Canada par l'intermédiaire des entreprises de communication et de publicité, système mis au jour par le juge John H. Gomery en 2005.

Mis à part le mensonge, que reproche-t-on aux personnages politiques lorsqu'ils prennent la parole? Premièrement, on les accuse de chercher à contrôler l'information, c'est-à-dire de fournir une information partielle, de la distiller en fonction de leurs intérêts, voire de louvoyer. Cela s'explique par le mode de plaidoirie, selon lequel on présente ses projets de manière plutôt favorable et on attend du parti adverse qu'il se charge d'en démontrer les inconvénients. Le terrain politique est conçu comme une arène où se déroule un conflit, comme une scène, un lieu propice à la ruse. Mais les adversaires, surtout s'il s'agit du parti d'opposition, disposent rarement de toutes les données permettant de procéder au « contre-interrogatoire », contrairement aux avocats qui doivent prendre connaissance des documents présentés en cour et ont le loisir de contre-interroger les témoins. Quant au public, généralement tenu dans «l'ignorance relative» des dossiers, il n'en connaîtra que certains aspects, pas toujours les plus fondamentaux.

Dans leur volonté de contrôler l'information, les personnages politiques utilisent une série de tactiques. On vise à imposer le message pour qu'il soit transmis de la manière la plus fidèle, au moment où cela convient, ou encore à garder secrètes d'autres informations. Plusieurs de ces tactiques s'inscrivent clairement dans une stratégie jouée avec les journalistes; ceux-ci collaborent parce qu'ils y trouvent leur compte. Ainsi en est-il du ballon d'essai, de l'information accordée sous l'anonymat ou donnée *off the record*, de l'usage du moment approprié ou de l'écran de fumée[33].

Deuxièmement, on reproche aux hommes et aux femmes politiques l'usage d'une certaine langue favorisant les lieux communs et les souhaits vagues, une langue qui laisse souvent les spectateurs et les spectatrices avec la désagréable impression de n'avoir rien appris après un discours. Les personnages publics font usage de symboles, de mythes et de métaphores; cela éclaire peu sur la substance des choses, mais suscite des réactions émotives. Ils travaillent aussi assidûment à étiqueter des mots (comme la souveraineté-association), à s'étiqueter eux-mêmes, de même que leurs adversaires. Ils expliquent leur succès par leurs talents et leur persévérance et attribuent leurs échecs à des causes en dehors de leur volonté, comme les conditions socioéconomiques internationales et l'action d'autres paliers gouvernementaux[34]. Leur codage consiste également à argumenter à l'aide d'astuces verbales ou de procédés rhétoriques qui vont leur attirer l'appui du public. Certaines recherches démontrent d'ailleurs que le public réagit aux énoncés politiques contenant des figures rhétoriques, comme la répétition de mots ou de syllabes, l'antithèse et le chiasme; ceux et celles qui sont plus expérimentés y recourent plus souvent, de façon plus appropriée, plus efficace[35]. Ces astuces verbales, ou procédés rhétoriques, peuvent être qualifiées de *fallacies*, des erreurs de raisonnement étudiées en logique informelle. On peut également les baptiser sophismes ou paralogismes, c'est-à-dire des raisonnements faux

---

33. On nomme ainsi une nouvelle qui vient éclipser des informations nuisibles à un parti, à un gouvernement ou à une personne.
34. A. Gosselin, «Les attributions causales dans la rhétorique politique», *Hermès*, n° 16, p. 153-166.
35. A. Dorna, «Les effets langagiers du discours politique», *Hermès*, n° 19, p. 136-138.

faits de mauvaise ou de bonne foi. Notre intention ne consiste pas ici à discuter de cette mauvaise ou bonne volonté, mais tout simplement à présenter ces procédés rhétoriques.

Les *fallacies* consistent en un type d'arguments qui ne concerne pas l'essence des enjeux, mais qui vise à convaincre par une persuasion au moyen de la forme. Elles peuvent accompagner ou non des explications sur la substance des problèmes posés, mais, chose certaine, elles sont fort nombreuses dans les discours politiques et constituent en quelque sorte les points d'appui de la charpente de l'argumentation politicienne.

Il existe un grand nombre de *fallacies* et notre liste ne prétend pas à l'exhaustivité. Parmi les plus fréquentes, on retrouve : l'appel aux émotions, l'attaque personnelle, l'appel à l'autorité, l'effet de contagion ou *bandwagon*, les préjugés, la référence à l'*underdog*, l'argument *ad nauseam*, le faux dilemme ou le choix détestable, la fausse attribution de causalité, l'analogie fallacieuse, l'argument *ad novitam*, l'argument *ad antiquitum*, le *straw man*, la pente fatale, la prédiction créatrice, l'excès de volonté et l'humour[36].

L'appel aux émotions constitue l'un des procédés rhétoriques les plus fréquents dans le discours politique. La politique étant à la fois une affaire de tête et de cœur, on sollicite à la fois la raison et les émotions. Ces dernières constituent d'ailleurs d'excellentes motivations à l'action politique, comme l'ont montré les campagnes pour l'enregistrement des armes à feu au Canada, survenues après la tuerie de Polytechnique. Mais le malaise devant l'exploitation des émotions vient de ce que celles-ci semblent quelquefois surexploitées et peu en lien avec des propositions concrètes. Par exemple, nous avons répertorié que le tiers des 800 *fallacies* dans les trois débats réunissant les candidats à la présidence des États-Unis en 1992 étaient des appels aux émotions ; chacun de ces débats a duré environ une heure trente, ce qui donne une idée de la fréquence des *fallacies* en général ainsi que des appels aux émotions[37]. Les appels à la fierté ont toujours trouvé une résonance très particulière au sud du 49ᵉ parallèle, comme en fait foi l'exclamation de George Bush Sr : « Ce pays n'est pas en train de se désagréger, pour l'amour du ciel ! Nous sommes les États-Unis

---

36. M. Pirie, *The Book of the Fallacy. A Training Manual for Intellectual Subversives*, Londres, Routledge & Kegan Paul, 1985 et D. Walton, *Informal Logic. A Handbook for Critical Argumentation*, Cambridge, Cambridge University Press, 1989.

37. A.-M. Gingras, « L'argumentation dans les débats télévisés entre candidats à la présidence américaine : l'appel aux émotions comme tactique de persuasion », *Hermès*, n° 17-18, p. 187-200.

d'Amérique!» Ce même sentiment de fierté, lié au patriotisme et à la générosité, avait fait dire à John Kennedy trente années plus tôt: «*And so, my fellow Americans: ask not what your country can do for you but what you can do for your country!*»

Les débats télévisés entre leaders canadiens et la publicité électorale contiennent aussi une très grande part d'appels aux émotions. Durant la campagne québécoise de 1998, le thème de la confiance a été exploité par les deux principaux partis, comme l'illustrent les slogans « Avec un gouvernement Bouchard, j'ai confiance » et « Pour un Québec fort ». Cette dernière expression renvoie non seulement à la confiance, mais aussi au dynamisme et à l'action. D'une manière similaire, le slogan « la force tranquille » utilisé par François Mitterrand au début des années 1980 exprimait la confiance et la sérénité.

L'usage d'émotions contraires sert particulièrement bien les fins des orateurs et oratrices ; au désespoir on oppose la confiance et l'espoir, à l'impuissance et à la peur, le courage, à l'indignation, la compréhension. On invoque ou évoque les émotions, c'est-à-dire qu'on les nomme ou on les suggère. La promesse de campagne électorale, maintes fois réitérée depuis des décennies, de créer des emplois se prête admirablement bien à l'usage d'appels à des émotions contraires. L'espoir d'une situation meilleure, la confiance, la compassion et le réconfort sont utilisés après des descriptions arrache-cœur qui renvoient au désespoir, à la peur, à l'impuissance. En 1993, les publicités électorales du Parti libéral du Canada étaient explicites sur ce point, images à l'appui. On y voyait la misère et les jeunes désœuvrés, on y précisait qu'il y avait deux millions de personnes à la soupe populaire, on y faisait état du gaspillage des fonds publics par l'administration conservatrice. Jean Chrétien affirmait: « Il y a 1 600 000 chômeurs qui se demandent qu'allons-nous faire, nous, pour leur redonner la dignité du travail [*sic*][38]. »

L'usage des émotions sert à proposer des projets, à justifier des politiques publiques ou des choix politiques. On lie ainsi la souveraineté-association à la fierté et à l'enthousiasme, tout comme on associe le fédéralisme à la sécurité et au patriotisme. Rappelons ici quelques phrases célèbres de politiciens canadiens et québécois: « Je n'ai jamais pensé que je serais aussi fier d'être Québécois » de René Lévesque en

---

38. Cette publicité est d'une cruelle ironie ; le gouvernement libéral a apporté des modifications au programme de l'assurance-emploi dans les années 1990 et restreint de manière importante l'accès ; ainsi, moins de la moitié des chômeurs et des chômeuses peuvent toucher des prestations de ce régime auquel ils ont pourtant contribué.

1976, « Un accord constitutionnel dans l'honneur et l'enthousiasme » de Brian Mulroney en 1984, « On a enfoncé une constitution dans la gorge du Québec » de Lucien Bouchard en 1993. Durant la campagne électorale fédérale de décembre 2005 et janvier 2006, Paul Martin a voulu s'approprier l'appel à la fierté nationale pour contrer ce même type d'appel normalement utilisé par le Bloc québécois.

Un deuxième procédé rhétorique assez fréquemment utilisé est l'attaque personnelle ou argument *ad hominem*. On peut attaquer un personnage politique en le mettant en contradiction avec ce qu'il dit ou avec ce qu'il fait, ou encore en s'attaquant à sa personnalité[39]. Il n'est pas rare qu'une ou un candidat se voit reprocher ses déclarations antérieures, ce qui sert à l'attaquer sur son opportunisme, son populisme ; il s'agit alors de l'attaque de la girouette. Durant la campagne de décembre 2005 et janvier 2006, libéraux et conservateurs se sont servi de cette attaque de la girouette l'un contre l'autre, contre Paul Martin dans le dossier des services sociaux et contre Stephen Harper dans le dossier de la reddition des comptes.

On choisit aussi souvent de s'en prendre au programme politique de l'adversaire précisément pour mettre en évidence un de ses traits de personnalité détestables, comme l'incohérence, le manque de compassion, le manque de réalisme. C'est ce dernier trait de caractère qu'a voulu dénoncer Lucien Bouchard au sujet de Kim Campbell durant le débat en français de la campagne électorale de 1993, tout en joignant à son attaque le ridicule : « Votre plan réaliste [...] c'est d'espérer que les hypothèses magiques de M. Mazankowski se réalisent. Tous les économistes en ont ri [...] vous pensez créer de l'emploi à partir d'une espérance tout à fait académique, magique, qui va tomber du ciel... »

Une attaque directe de la personnalité de l'adversaire, comme une insulte, est plus rare. Parmi les plus célèbres, notons celle du Parti conservateur montrant le visage tordu de Jean Chrétien en 1993 : « Est-ce un premier ministre ? Comprend-il que son plan prévoyant une réduction annuelle du déficit augmenterait la dette ? Comment peut-il croire qu'on redémarre une économie moderne en réparant quelques routes ? Pourquoi ne répond-il pas aux questions qu'on lui pose ? Comprend-il les questions, les réponses, ou les deux ? »

Une forme dérivée d'attaque personnelle consiste en une association abusive. Une des plus célèbres publicités négatives de l'histoire américaine est d'ailleurs une attaque par association. Durant la

---

39. G. Gauthier, « L'argumentation périphérique dans la communication politique. Le cas de l'argument *ad hominem* », dans *Hermès*, n° 16, p. 167-185.

campagne présidentielle de 1988, un comité d'action politique proche du Parti républicain a mis en ondes une publicité associant le candidat démocrate Michael Dukakis à un criminel noir, William Horton. On a lié la politique sur les prisons de l'État de New York, où Dukakis avait été gouverneur, de même que sa position contre la peine de mort, au meurtre perpétré par Horton alors qu'il était en libération conditionnelle; des raccourcis mensongers entre l'un et l'autre ainsi qu'une présentation visuelle identique pour les deux hommes ont contribué à amalgamer les deux personnages[40]. Un autre exemple éloquent concerne une déclaration du premier ministre québécois durant la campagne québécoise de 1998. Lucien Bouchard a associé le programme économique de son adversaire Jean Charest aux politiques de Ronald Reagan et de Margaret Thatcher. Bien que l'analogie puisse être contestée, il nous semble qu'elle ne contrevienne pas aux règles du jeu politique. Par ailleurs, dans sa lancée, le chef du gouvernement québécois a rappelé que Margaret Thatcher s'était récemment portée à la défense du général Augusto Pinochet[41], récemment arrêté à Londres; l'association Charest-Thatcher-Pinochet constitue certainement une analogie abusive.

L'appel à l'autorité constitue un autre procédé rhétorique; il s'agit de tenter de prouver la valeur d'un projet en lui associant le point de vue favorable d'une personne ou d'un organisme qu'on tient en haute estime ou qu'on ne peut supposer être complaisant, comme un adversaire. C'est sur l'appui de groupes, de syndicats, de corporations que reposent souvent les stratégies des partis politiques ou des gouvernements; aussi prennent-ils bien garde de ménager leur clientèle pour qu'au moment propice les appuis se matérialisent. Par exemple, c'est sur le juge John H. Gomery, qui a présidé la commission sur les commandites, que le Bloc québécois s'est appuyé pour faire état de la culture du «tout-m'est dû» propre au Parti libéral du Canada durant la campagne de décembre 2005 et janvier 2006. Quand on s'appuie sur des «adversaires» officiels ou officieux pour faire valoir ses positions, l'effet est garanti. Un exemple particulièrement spectaculaire de ce genre d'argument était la référence aux maisons de courtage utilisée par Jacques Parizeau lors de la campagne référendaire de 1995. Le chef du gouvernement québécois sortait de son veston de petits cartons et lisait les évaluations des maisons de courtage américaines prévoyant une relative stabilité économique en cas de souveraineté; ces maisons

---

40. K. Hall Jamieson, *Dirty Politics. Deception, Distraction, and Democracy*, New York, University of Oxford Press, p. 15-42.
41. Responsable du coup d'État au Chili en 1973 qui a fait des milliers de victimes, mortes ou disparues.

de courtage ne pouvant être soupçonnées de complaisance à l'endroit du projet péquiste, la publication de leurs prédictions servait à susciter la confiance dans la souveraineté-association.

L'effet de contagion, ou argument *bandwagon*, fait également partie de l'arsenal des personnages publics; ce procédé se fonde sur l'idée que l'appui d'autres groupes ou la similitude avec d'autres peuples est un argument nécessaire pour valider un projet. Lorsque l'appel à la popularité est utilisé sans démonstration reliée à l'enjeu, on exploite tout simplement le réflexe grégaire des peuples. Jean Chrétien a ainsi fait référence aux programmes visant le financement de nouvelles infrastructures en Allemagne et au Japon pour justifier celui qu'il proposait durant le débat télévisé en français de 1993. Jacques Parizeau a aussi justifié la souveraineté du Québec en situant ce projet par le besoin de normalité des peuples durant le débat de la campagne électorale de 1994: « Un peuple normal doit avoir le moyen de disposer de ses taxes et de ses impôts, et de les administrer lui-même. Un peuple normal doit avoir le moyen de faire en sorte que ces lois qui s'appliquent à lui soient votées par lui. » La souveraineté est ainsi présentée par la majorité des ténors de cette position comme le destin du Québec et ce caractère inéluctable vise à injecter un surcroît de légitimité au projet.

Le recours aux préjugés constitue un autre type de procédé rhétorique visant à convaincre ; l'orateur ou l'oratrice tente de susciter l'assentiment de son public en puisant à même les croyances de celui-ci. Dans les débats télévisés canadiens et québécois (1962-1997), nous avons relevé une série de préjugés sur les hommes et femmes politiques, sur leur travail et leur valeur. Ces préjugés sont utilisés par les leaders soit pour disqualifier leurs adversaires, soit pour s'en distancer et affirmer sa différence. Les préjugés les plus fréquents relevés dans les débats sont: « Les politiciens sont déconnectés de la réalité », « Les politiciens se préoccupent peu de la classe moyenne, et encore moins des plus démunis », « Les politiciens tiennent un langage superficiel, sont futiles, voire menteurs » et « Il y a beaucoup de gaspillage dans l'administration »[42]. Une publicité télévisée du Bloc québécois durant la campagne de 1997 illustre parfaitement le recours à cette *fallacie* : « Si vous croyez qu'un politicien doit être un beau parleur, alors Gilles Duceppe n'est pas un vrai politicien. » Ses qualités de franchise, de fidélité à son comté et son engagement envers la souveraineté sont ensuite mis en valeur.

---

42. A.-M. Gingras, « Éthique et argument *ad populum* dans les débats télévisés canadiens (1962-1997) », *Communication*, vol. 18, n° 2, 1998, p. 53-69.

La référence à l'*underdog*, au monde ordinaire, est aussi très présente dans les discours politiques. Il semblerait normal d'entendre des énoncés concernant la classe moyenne et les démunis de la société principalement de la part des leaders politiques de partis sociaux-démocrates; or tous les chefs de parti, même de droite, ont abondamment recours à la référence à l'*underdog*. Il s'agit d'ailleurs d'une constante dans les discours de campagne électorale, et davantage encore dans les gestes posés par les personnages publics. Ainsi peut-on expliquer les tournées d'hommes et de femmes politiques embrassant des bébés, cuisinant en plein air, servant des plats dans une soupe populaire, distribuant des paniers de victuailles juste avant Noël. La personnalité veut être perçue « proche du monde ordinaire » ou encore franchement préoccupée du sort des plus démunis, sans rien promettre, sans s'engager.

L'argument *ad nauseam* consiste à répéter un fait, un chiffre ou un mot comme un leitmotiv. On tente ainsi de combattre les réflexes naturels d'oubli ainsi que de sélection et de perception sélectives. La publicité électorale, qui s'appuie sur des formules-chocs, contient des expressions visant à incruster dans les mémoires une idée, positive, qui sera associée au parti. Durant la campagne de 1994 au Québec, Jacques Parizeau a abondamment utilisé le mot « bouger », en tablant sur deux préjugés, l'incompétence des politiciens et la lourdeur administrative et en misant sur deux sentiments, l'impatience et la fierté. Le chef du Parti québécois a associé au mot « bouger » à la dois le dynamisme et à la fois une impression de nouveauté. Voilà quatre *fallacies* – la répétition, l'usage des émotions, le recours aux préjugés populaires ainsi que l'argument *ad novitam* – réunies en un mot. Un autre exemple de répétition se trouvait dans les publicités du Parti libéral du Canada en 1997. Le mot « agir » était omniprésent et l'objectif devait sans doute s'apparenter au « bouger » de Parizeau, l'impression de nouveauté en moins: « Agir ensemble », « Attendre ou agir », « Agir ou parler » et enfin « Bloquer ou agir ».

Cette dernière expression nous mène à une autre *fallacie* : le faux dilemme, ou le choix détestable. On présente son projet comme opposé à celui de l'adversaire, projet invariablement perçu comme désastreux. Ce procédé rhétorique enferme la réalité dans deux possibilités simples et vise à faire croire qu'une position est juste parce que l'autre ne l'est pas. Le « Bloquer ou agir » du Parti libéral renvoie à l'action du Bloc québécois à Ottawa, marquée par les tactiques d'obstruction, des gestes inefficaces en soi : « C'est tellement facile de critiquer quand on n'a rien à proposer », nous dit une « citoyenne anonyme ». Le choix détestable a été utilisé par Preston Manning, du Reform Party, durant le débat télévisé en français de 1997[43]; il existe selon lui deux façons de régler le chômage chez les jeunes : soit constituer un immense appareil administratif (*big government*), prendre l'argent des poches des contribuables et le dépenser dans la création d'emplois, une solution qui nous a menés là où nous sommes, soit laisser l'argent dans les poches des contribuables, pour qu'ils le dépensent, et accorder des crédits d'impôt aux entreprises pour qu'elles investissent, une solution privilégiée par le Reform Party.

La fausse attribution de causalité consiste à lier un événement ou un phénomène à un autre qui s'est produit en même temps ou à identifier de fausses causes. Par exemple, les partis d'opposition établissent toujours des liens entre les difficultés économiques et la façon de gouverner du parti au pouvoir. Ils associent les événements malheureux survenus durant un mandat politique à la gestion de leurs adversaires, généralement sans procéder à des démonstrations ni donner des explications précises. Ils expliquent les succès de leurs adversaires par la chance, le hasard ou le contexte international, tandis qu'ils associent les échecs de leurs adversaires à un manque de vision, à une gestion défaillante et à des positions politiques mal fondées. Une variante fort audacieuse de la fausse attribution de causalité consiste à associer les échecs d'un gouvernement au parti d'opposition, variante utilisée par le Parti conservateur du Canada en 1997 : « Vous avez voté Bloc pour que ça change... trouvez-vous que ça a changé ? », disait Jean Charest, alors chef de ce parti, dans une publicité agressive où les mots « échec », « impasse », « appauvrissement », « insécurité », « confrontation », « gaspillage » apparaissaient en *flash*, assénés au milieu des images. « À force de tout vouloir bloquer, ils nous coûtent plus cher... »

L'analogie fallacieuse constitue un autre procédé rhétorique fort utilisé. On utilise cet argument pour des situations ou des groupes qui semblent se trouver dans des situations similaires, alors que les contextes diffèrent de manière fondamentale. L'analogie devient fallacieuse si l'on fait fi des différences inhérentes aux deux cas pour réclamer une égalité de traitement. L'analogie fallacieuse probablement la plus flagrante au Canada consiste à comparer la situation des anglophones au Québec avec celle des francophones à l'extérieur du Québec. La place de l'anglais sur le continent nord-américain, l'implantation historique de la communauté anglaise dans le milieu des affaires et la force de ses institutions distinguent cette communauté des communautés francophones hors Québec. Toute comparaison entre les deux

---

43. Il répondait en anglais.

groupes doit donc prendre en considération les différences de contexte pour distinguer ce qui est valable dans la comparaison d'avec ce qui ne l'est pas.

L'argument *ad novitam* consiste à vanter les mérites du changement. Les nouveaux candidats ou ceux et celles qui possèdent peu d'expérience font invariablement l'apologie du changement et de la nouveauté. Cette idée se traduit également par la valorisation de la jeunesse, quel que soit l'âge. Même dans la soixantaine, ils sont toujours prêts à faire valoir leur énergie, leur forme, leur enthousiasme ; la photo d'un Jean Chrétien enjambant facilement un muret aux côtés d'un Bill Clinton peinant et suant pour faire la même chose a été gracieusement remise à un journaliste du *Globe and Mail* en 1998 (l'histoire ne dit pas si les murets étaient identiques). Une épouse plus jeune ou des enfants servent admirablement l'image de jeunesse, comme l'illustrent les cas de Pierre Elliott Trudeau et de Lucien Bouchard.

L'argument *ad antiquitam* consiste par ailleurs à vanter les mérites de l'expérience, une qualité très exploitée parce qu'elle rassure. On associe la compétence à la connaissance, à la continuité, au familier. Cet argument s'oppose à l'appel au changement, et sa pertinence dépend de la situation économique et politique. Par ailleurs, il n'est pas rare qu'un chef de gouvernement sollicite un nouveau mandat en s'appuyant à la fois sur l'argument *ad novitam* et sur l'argument *ad antiquitam*, et il y a de multiples façons de le faire : le chef a de l'expérience politique et l'équipe est renouvelée (ou vice versa), le chef a une expérience différente, gage de confiance, et est nouveau en politique, ou encore il a une longue expérience politique, mais s'engage à promouvoir des projets novateurs.

L'argument du *straw man*, ou l'homme de paille, consiste à déformer la position de son adversaire, à la simplifier à outrance, pour mieux l'attaquer, et ce, dans le but de la démolir. La vision inexacte des projets des adversaires en facilite l'attaque. La précampagne électorale du Parti libéral du Québec en 1998 expliquait par exemple que, pour le Parti québécois, « les malades sont moins importants que les piastres », exploitant non seulement l'homme de paille, mais l'usage des émotions comme la colère.

L'argument de la pente fatale consiste à attaquer le projet de ses adversaires sous prétexte qu'il enclenche une action nettement moins désirable, qui elle-même mène à un autre geste encore plus détestable, et ainsi de suite. Cet argument renvoie au déclenchement d'événements qui vont nous mener à une situation incontrôlable. La question constitutionnelle se prête assez bien à l'argument de la pente fatale : on peut facilement relier l'indépendance du Québec à l'atmosphère inhospitalière pour les entreprises et l'anglais, ce qui mène aux fermetures d'usines, aux pertes d'emplois et à la misère. Durant le débat télévisé de 1994, Daniel Johnson a associé l'élection du Parti québécois à l'enclenchement d'un nouveau référendum, puis a laissé entrevoir les difficultés économiques qui s'ensuivraient : « Dans quel entonnoir le chef de l'opposition est-il en train d'emmener les Québécois ? »

La prédiction créatrice consiste en l'énoncé de croyances ou d'accusations qui peuvent se matérialiser. Jacques Parizeau expliquait ainsi durant le débat télévisé de 1994 qu'il croyait que la souveraineté du Québec allait se faire, qu'un nombre grandissant de Québécois et de Québécoises y croyaient aussi, qu'elle était nécessaire pour assurer l'égalité des chances et le plein emploi. La souveraineté du Québec se fera parce que c'est son destin, affirmait-il en substance.

Dans l'argument dit d'excès de volonté, on accuse un adversaire de chercher à obtenir volontairement ce qui ne peut se réaliser que collectivement ou par un processus. Ainsi peut-on s'en prendre aux velléités d'interventions gouvernementales en matière économique, prétextant que seules des circonstances favorables, et non la volonté d'un ministre, peuvent mener à la création d'emplois. La bonne foi de l'adversaire n'est pas en cause ici, c'est plutôt l'inanité de sa position qui est mise en évidence.

L'humour, le dernier procédé rhétorique étudié, est assez rare en politique canadienne. On se rappellera le mot de Jean Chrétien à la suite d'un vigoureux échange entre Kim Campbell et Lucien Bouchard, deux anciens ministres conservateurs, lors du débat télévisé de 1993 : « Ça devait être beau de les voir ensemble au cabinet. » Dans l'histoire occidentale récente, c'est probablement Ross Perot, le troisième candidat à l'élection présidentielle américaine de 1992, qui remporte la palme : « *I'm all ears* », affirmait-il en montrant ses grandes oreilles, ou encore « Je n'ai pas d'experts en communication qui travaillent pour moi, pas de *spin doctors*, pas de rédacteurs de discours… ça paraît probablement ».

Tous ces procédés rhétoriques aident les personnages publics à convaincre, à susciter du consentement. En règle générale, ces astuces verbales sont peu ou pas liées à un questionnement sur les enjeux et ne renseignent donc pas sur l'essence de ces enjeux. Le discours des hommes et des femmes publics peut souvent éviter la substance pour se concentrer sur une apparence de substance. Deux hypothèses expliqueraient cet état de choses. On peut penser que ce travers provient de ce que le codage qu'ils effectuent, consciemment ou non, a pour objet de rejoindre l'ensemble de la population ; l'impression que cette dernière ignore les dossiers et ne saisira pas les nuances porte les personnages publics à adopter un langage qui s'appuie sur des arguments de forme, aussi appelés *fallacies*, astuces verbales, sophismes et paralogismes. On peut croire par ailleurs que la volonté de contrôle du débat public par les personnages publics l'emporte sur la transparence, la rationalité et l'accessibilité ; dans une telle perspective, si les journalistes ne décodent pas l'argumentation des hommes et des femmes politiques, le rôle des médias s'apparente plus à celui des appareils idéologiques reproduisant les rapports de force en société qu'à celui de sphère publique.

Conclusion

Ce chapitre a mis en évidence des éléments permettant de comprendre l'interdépendance des médias et des pouvoirs politiques, et plus précisément la dépendance des premiers à l'égard des seconds. Cette question des rapports entre les uns et les autres doit prendre en compte tant l'aspect individuel, c'est-à-dire les liens que journalistes et sources politiques entretiennent personnellement, que l'aspect organisationnel ou structurel, ou, si l'on veut, les nécessités du travail des médias et des pouvoirs politiques. D'un point de vue individuel, il y a nécessité d'appréhender le rapport de force en fonction de l'influence que le journaliste et sa source détiennent dans leur milieu respectif. Une journaliste pigiste et un chroniqueur vedette ne disposent pas des mêmes ressources pour obtenir des informations, tout comme la simple députée ou le premier ministre se trouvent dans des situations incomparables. Le rapport journaliste-source est donc plus ou moins subi ou contrôlé par l'un et l'autre.

Une chose est sûre, cependant : la connaissance des pratiques journalistiques par les personnages politiques en situation de très grande autorité, le contrôle de l'agenda, le choix du moment propice ainsi que l'usage des styles politico-médiatiques placent les détenteurs de pouvoir en situation avantageuse par rapport aux journalistes. Le travail journalistique étant éminemment prévisible, la source politique dispose d'une meilleure connaissance des paramètres du travail du journaliste que l'inverse. En fait, non seulement les exigences quotidiennes de la production journalistique et la culture du milieu sont-elles connues des personnages politiques et de leurs attachés de presse (souvent des ex-journalistes), mais ceux-ci s'intéressent, de plus, aux préférences et à l'idéologie de chaque reporter ou chroniqueur. Cette attention particulière vise à fournir un surcroît d'information ou à ajuster la perception du journaliste à l'image qu'on veut bien donner d'un enjeu. De plus, la source politique peut concentrer sa communication sur ses objectifs de persuasion et de production du consentement, alors que les journalistes se trouvent dans une organisation dont les objectifs ne sont pas (surtout) la qualité de l'information, mais la rentabilité et le profit, comme le chapitre 3 le démontrera.

Cela dit, l'idée persiste que les médias peuvent défaire des politiciens ou des politiques gouvernementales. Dans certaines circonstances, l'acharnement des médias est bien réel ; il s'appuie cependant toujours sur d'autres acteurs politiques ou sur la société civile et sert à relayer la protestation, à l'amplifier ou à la canaliser. L'action conjuguée de certains acteurs sociaux et des médias peut produire des changements de politiques ou des démissions, mais il s'agit de cas exceptionnels, comme le scandale du Watergate. L'idée que les médias disposent d'un pouvoir énorme dans la gestion publique, dans le sens de capacité à susciter des transformations, relève plus d'une impression que de travaux documentés. Le phénomène de la normalisation fait par ailleurs ressortir la capacité des médias à favoriser l'inertie.

L'idée du pouvoir des médias dans la gestion politique démontre probablement la confusion entre le pouvoir et l'influence symbolique. Car, s'il est vrai que l'image des hommes et des femmes politiques est celle que transmettent publiquement les médias, la mauvaise image n'est pas synonyme d'échec pour la personne publique. Bref, la distinction entre capital symbolique et pouvoir véritable n'apparaît pas toujours clairement.

Notre étude des pratiques journalistiques se situe en porte-à-faux par rapport à l'image qu'aiment bien donner les journalistes d'elles-mêmes et d'eux-mêmes : curieux, valeureux et soucieux de la vérité. Nous croyons plutôt essentiel de mettre en évidence la dépendance des journalistes à l'égard de leurs sources, les limites à leur travail et les styles politico-médiatiques, toutes des contraintes de nature organisationnelle ou idéologique qui pèsent sur le travail journalistique. Si l'on ajoute à tout cela le fait que les journalistes contestent rarement ou jamais les arguments fallacieux utilisés par les personnages publics, soit à cause de leurs conditions de travail (production rapide, ressources limitées), soit par manque de sens critique, on constate qu'une forte proportion des textes, des émissions et des journalistes peut certainement être située plus près du pôle appareil idéologique que du pôle sphère publique. En effet, les caractéristiques de la sphère publique que sont la transparence, la rationalité et l'accessibilité ne sont pas celles qui fondent la communication politique, celle des journalistes comme celle des personnages publics.

Évidemment, au-delà des contraintes structurelles dont nous avons fait état et qui varient considérablement d'un média à l'autre et même d'une situation personnelle à l'autre, les réactions des reporters et des chroniqueurs varient aussi. Ces différences dans les comportements des journalistes dépendent de leur sens critique, de leur dynamisme, de leur bagage culturel et de leur habileté à traiter avec leurs patrons. Il y a ainsi des journalistes parfaitement capables de saisir que le faisceau des influences au milieu desquelles se trouve leur média leur impose des contraintes, et ce sont les plus conscients de cet état de fait qui vont travailler à contourner, à défier ces contraintes. Dans notre enquête auprès des journalistes, un jeune reporter expliquait ainsi le caractère instrumental de son média :

> [...] *je suis tout à fait critique de l'institution dans laquelle je travaille et de l'ensemble des autres institutions qui prétendent relayer l'opinion publique, qui prétendent parler au nom du peuple, de la société dans son ensemble... cela cause des problèmes [...] il y en a qui sont plus gros que d'autres, il y en a qui sont plus puissants que d'autres, derrière cela il y a la logique du pouvoir, la logique de l'argent, la logique des relations. Je suis assez cynique pour constater cela, mais il faut aussi composer avec les données de son temps, essayer de faire du mieux qu'on peut, avec ses valeurs : le partage, la solidarité. Faire en sorte que le travail se fasse le mieux possible nonobstant la saloperie qu'il y a autour de soi [...] Je souhaiterais ne pas être le relais quotidien ou presque quotidien des groupes de pression, que les médias arrêtent de fonctionner « idéologiquement » et stupidement en prétendant se faire les chiens de garde de la démocratie [...].*

CHAPITRE

3

Les médias et les pouvoirs économiques

Le rôle politique des médias apparaît clairement dans leurs rapports avec les sources politiques, mais un autre aspect, moins évident, doit aussi être examiné ; il s'agit de leur lien avec les pouvoirs économiques. L'expression « rôle politique » renvoie au fait que l'action des médias influence l'évolution des rapports de force en société, rapports à l'intérieur desquels les entreprises privées et leurs regroupements jouent un rôle majeur. La place des acteurs économiques dans la gestion de la société a toujours été importante, mais, contrairement aux politiques, les pouvoirs économiques n'occupent pas, ou rarement, le devant de la scène. Dans un système politique où le peuple est censé gouverner et où les élites politiques doivent représenter le peuple, les entreprises privées ne jouent aucun rôle officiel dans la gestion de la société. Mais les plus grandes, celles qui influencent l'évolution des rapports de force entre les acteurs sociaux, ne revendiquent rien d'officiel ; elles se contentent d'exercer du pouvoir de manière plus ou moins discrète et d'augmenter leur retour sur l'investissement.

Dans l'étude des rapports entre médias et pouvoirs économiques, le premier constat qui s'impose concerne les liens juridiques qui unissent les uns et les autres. La majorité des médias appartiennent à d'importantes entreprises privées et celles-ci constituent des acteurs influents; pensons à Power Corporation, Quebecor, CanWest, BCE et Rogers. La propriété, de même que la grosseur des entreprises, la concentration et la recherche de profit constituent d'ailleurs, pour Edward Herman et Noam Chomsky, les éléments du premier filtre à travers lequel l'information transite. L'information subirait ainsi une série de transformations durant son traitement, à cause de plusieurs autres filtres: l'influence de la publicité, la dépendance à l'égard des sources officielles et les critiques visant à discipliner les reporters, entre autres[1]. Si Herman et Chomsky ont ciblé avec raison l'influence des pouvoirs économiques sur les médias, ils n'expliquent ni le fonctionnement interne des médias ni les règles du système économique, mais offrent plutôt une perspective très instrumentale des médias, trop mécaniste. En effet, l'image des filtres à travers lesquels l'information transite ne permet pas de comprendre de quoi sont faites les « mailles des filtres », en quelque sorte.

Dans ce chapitre, nous nous intéressons à ces mailles, c'est-à-dire que nous cherchons à saisir l'impact des contraintes économiques dans le fonctionnement quotidien des médias. Pour saisir l'action des pouvoirs économiques sur les médias, la propriété et la publicité constituent véritablement des pistes pertinentes, mais il faut s'attacher à leur impact concret, c'est-à-dire faire porter l'analyse à différents niveaux: individuel, organisationnel et structurel.

Un regard sur ces trois niveaux nous permettra de démontrer que les médias ne se situent pas au-dessus ou à côté des pouvoirs économiques et du système capitaliste, qu'ils ne constituent pas une agora libre d'où une discussion neutre pourrait émerger, mais qu'ils subissent plutôt les contraintes des pouvoirs économiques, et ce, de deux manières principales. Ce qu'il y a de plus patent, le pouvoir des propriétaires et de leurs adjoints, se concrétise premièrement dans l'organisation du travail et des interventions ponctuelles, et deuxièmement dans des gestes visant la défense du système économique. Il y a ensuite ce qui nous apparaît le plus structurant, soit les logiques de fonctionnement des médias: la marchandisation et la concentration de la propriété. Ces logiques imprègnent l'organisation générale du système des médias et elles affectent aussi la vie quotidienne des journalistes.

Ce chapitre dresse le portrait du pouvoir de nature économique qui s'exerce sur les médias; l'inclusion des médias dans la structure économique ne peut manquer d'exercer des effets sur les contenus.

---

1. Cette liste a été pensée dans le contexte américain et inclut l'anti-communisme. Voir E.S. Herman et N. Chomsky, *Manufacturing Consent. The Political Economy of Mass Media*, New York, Pantheon Books, 1988, p. 2.

Comme la majorité des médias appartiennent à des entreprises privées, elle donne de ces dernières une image plutôt positive. Le portrait que les médias donnent de l'État et des divers acteurs sociaux est également coloré (et non dicté) par leur appartenance au secteur privé. Il existe ainsi une idéologie bien particulière transmise par les médias la majeure partie du temps, une idéologie libérale, pro-capitaliste, avec parfois des accents libertaires. Bon nombre de journalistes ont intégré cette idéologie, que ce soit avant d'être engagé, ou grâce à la socialisation qui s'effectue à l'intérieur des médias. Les valeurs préconisées sont: la promotion de l'entreprise privée et une certaine admiration devant son mode de fonctionnement, la dévalorisation du secteur public et des solutions de nature politique, la promotion de la performance, de la concurrence et de l'individualisme et une compassion minimale pour les plus démunis vue sous l'angle de la charité. L'idéologie libérale pro-capitaliste associe la consommation au bonheur, situe l'épanouissement personnel surtout dans la vie privée ou la sphère du travail (mais pas dans l'action collective) et présente le capitalisme comme essentiel à la démocratie.

La dévalorisation des solutions de nature politique et l'individualisme s'affichent clairement dans l'article sur l'affaire Norbourg de *L'Actualité* de février 2006. Présenté dans la section des «finances personnelles», l'article fait très brièvement état de la faiblesse des lois et des organismes de contrôle des marchés parce que les experts interviewés mentionnent ce problème. Malgré cela, *L'Actualité* n'a pas jugé bon d'interviewer des responsables politiques. Un problème de fraude économique qui a clairement une dimension collective et politique (au sens de rapports de pouvoir dans la société) est situé prioritairement dans un cadre individualiste, avec des solutions individuelles fondées sur la prudence:

> *S'il faut en croire les journaux des derniers mois, le monde de la finance ressemble à un western spaghetti où les bandits dévalisent la banque avant que le shérif n'ait le temps d'intervenir. Seulement, les revolvers ont cédé la place aux faux états de compte. Au Québec, les désastres se sont succédé l'an dernier. Au moins 132 millions de dollars placés dans les Caraïbes par le groupe montréalais Norshield restent introuvables. Il manque 130 millions aux fonds de Norbourg, dont au moins 84 millions auraient été détournés par Vincent Lacroix. La société Mount Real est incapable de rembourser 120 millions de dollars à ses investisseurs. Les fonds @rgentum ont caché des pertes de 3,2 millions à leurs clients. Et 3,4 millions ont été retirés illégalement des fonds*

> *Zénith. En tout, c'est plus de 388 millions de dollars d'épargne qui se sont volatilisés. Bien des investisseurs se posent la question : que faire pour éviter d'être la prochaine victime*[2] *?*

Les journalistes qui n'adhèrent pas au credo libéral, individualiste et capitaliste, ceux et celles qui voient le monde autrement, choisissent lorsque c'est possible des sujets qui permettent de transcender cette vision particulière du monde. Ils utilisent une certaine ruse auprès de leurs patrons qu'ils convainquent de la valeur d'un sujet différent ou d'un angle inhabituel et présentent l'information d'une manière moins orthodoxe.

Les médias qui n'appartiennent pas à des entreprises privées, qui sont publics ou indépendants, doivent également fonctionner dans le système actuel, non pas en se démarquant et en offrant un service public, mais en concurrençant les médias privés. Les télévisions et radios publiques réussissent encore, dans certains cas, à présenter des émissions correspondant à la notion de service public. Mais tous les médias, sauf les médias communautaires ou universitaires, sont lourdement marqués par les logiques économiques typiques du système capitaliste moderne.

3.1. Le pouvoir des patrons de presse
3.1.1. L'organisation du travail et les interventions ponctuelles

Pourquoi les gens d'affaires achètent-ils des médias? La plupart des propriétaires ne sont pas diserts à ce sujet, se contentant de les présenter comme un maillon de leurs propriétés qui sert à leur rapporter du profit. Mais les gens d'affaires achètent des médias non seulement pour leur rendement, mais aussi par volonté de puissance. Chacun à leur manière, et de façon plus ou moins marquée, ils veulent exercer de l'influence ou, mieux, un certain pouvoir. Mais contrairement à ce qu'on pourrait penser de prime abord, il n'est pas certain que cette volonté d'influence soit dirigée vers la population ; nous croyons, au contraire, qu'elle vise d'abord la classe politique, et qu'une éventuelle influence auprès du public sert surtout de capital symbolique auprès des hommes et des femmes politiques. Il y aurait ainsi une sorte de triangle ; les médias s'adressent à la population, mais visent l'élite

---

2. François Guérard, «La vie après Norbourg», *L'Actualité*, février 2006. Voir en comparaison deux articles qui situent minimalement la question par rapport à un cadre collectif: Sophie Cousineau, «La république de bananes», *La Presse*, 19 novembre 2005, cahier Affaires, p. 1 et Gérard Bérubé, «Fâchant!», *Le Devoir*, 9 février 2006, p. B1.

politique, et c'est en faisant miroiter l'influence médiatique auprès du public que les patrons de presse assoient leur prestige auprès de la classe politique (et des autres acteurs économiques).

L'influence des financiers s'exerce généralement dans la discrétion, comme on le constate avec l'un des plus importants propriétaires de médias, Paul Desmarais. Mais il y a quelques exceptions, notamment Conrad Black, qui affichait clairement sa volonté d'exercer du pouvoir, et depuis quelques années, les propriétaires de CanWest qui ont imposé des éditoriaux uniques et une orientation idéologique fort restreinte à leurs journaux. Pour Black, la liberté de la presse était en quelque sorte la liberté des propriétaires, aussi trouvait-il normal que les propriétaires de journaux exercent une influence accrue sur les contenus; dans quel secteur de l'économie, expliquait-il, les patrons n'ont-ils aucun contrôle sur la qualité de leur produit? Dans son autobiographie, il a écrit que son implication dans Southam s'expliquait presque autant par des considérations économiques que par des raisons politiques. Il a toujours recherché le pouvoir et appréciait la compagnie des gens de pouvoir (Brian Mulroney, Margaret Thatcher, etc.), rencontres qu'il a décrites avec détails. Conrad Black ne cachait pas ses orientations politiques. C'était un chaud partisan du néolibéralisme et il réagissait avec colère à l'idée de l'indépendance du Québec, dans lequel cas il prônait la partition du territoire. Il abhorrait aussi l'idéologie des droits de la personne: « Le Canada peut être sauvé de ses doutes et de ses défauts, de son statut unique dans l'histoire de premier pays à définir presque tous ses citoyens comme des victimes[3]. » Enfin, il affichait un profond mépris pour les journalistes qu'il jugeait inutiles pour la production d'un journal; il a d'ailleurs déjà écrit qu'ils étaient paresseux, ignorants et alcooliques[4].

Si Conrad Black a constitué un cas d'espèce en son temps, il aura été vite dépassé dans ses ambitions de contrôle par la famille Asper de CanWest, comme on le verra plus loin. Conrad Black et Izzy Asper partageaient avec tous les propriétaires la volonté d'intervenir dans les médias qu'ils possédaient, souvent avec l'aide d'adjoints, ou de s'organiser pour qu'ils défendent leurs intérêts. Il y a vingt-cinq ans, avant même que Black et Asper ne sévissent, le rôle des grands propriétaires dans leurs journaux était ainsi décrit dans le rapport de la Commission royale sur les quotidiens:

---

3. *Conrad Black* par Conrad Black, 1993, p. 487.
4. J. Winter, *Democracy's Oxygen, How Corporations Control The News*, Montréal, Black Rose Books, 1997, p. 34.

> [...] *Quiconque a vécu dans le milieu de la presse sait qu'en réalité le pouvoir exercé par les chaînes dans la détermination du contenu de ses journaux se fait sentir un peu partout. Le siège social choisit les éditeurs qui nomment tous les autres à leur tour. Il a la main haute sur les budgets et, dans certains cas, il surveille les dépenses dans le menu détail. Il dispose d'une réserve d'éditeurs interchangeables et impose des normes administratives implicites. C'est rêver en couleurs que de donner à entendre qu'il encourage l'autonomie de la rédaction[5].*

Plus précisément, comment s'exerce le pouvoir des propriétaires dans leur(s) média(s)? Un premier niveau de pouvoir concerne les décisions à caractère économique, c'est-à-dire le rendement financier, les sources de financement, les revenus et les dépenses. Ces décisions affectent le travail journalistique car elles concernent, entre autres, le nombre d'employés, les salaires et les relations de travail qui ont une incidence économique. Les achats de journaux, par exemple, donnent souvent lieu à des mises à pied massives[6] ou à des « départs volontaires forcés » de journalistes respectés[7]. Quand Black et Desmarais se sont impliqués dans Southam, le personnel a diminué, passant de 11 500 en 1992 à 8 000 en 1994, alors que le déficit de 263 millions de dollars s'est métamorphosé en un gain de 44 millions de dollars[8].

Le deuxième niveau d'action des propriétaires, que certains confient à leur bras droit (l'éditeur, le directeur ou le rédacteur en chef), concerne l'affectation des ressources humaines et matérielles, qui détermine le cadre de travail des journalistes (charge de travail, délais, moyens, priorités, sujets couverts, etc.) et dicte l'atmosphère du journal. Cette atmosphère, composée de l'orientation idéologique (question du Québec, éventail gauche-droite) et du genre (média léger ou sérieux, sportif, à potins, etc.), constitue d'ailleurs une prérogative fondamentale du propriétaire. Il n'est pas anodin que la presque totalité des médias

---

5. Canada, *Commission royale sur les quotidiens*, ministre des Approvisionnements et Services Canada, 1981, p. 247.
6. J. Winter donne quelques exemples d'achats de journaux par C. Black qui ont entraîné des pertes d'emplois substantielles : *Le Droit* d'Ottawa, le *StarPhoenix* de Saskatoon (38 des journalistes), le *Jerusalem Post* et le *Leader Post* de Regina (25). *Op. cit.*, p. 32-33.
7. L'achat du *Jerusalem Post* a donné lieu à une confrontation entre la nouvelle direction et le « managing editor ». Selon Conrad Black lui-même, il s'agissait « d'une occasion de réduire à peu de frais le personnel, alors nous avons rejeté de manière péremptoire leurs demandes et reçu avec bonheur les démissions non indemnisées de 15 journalistes » (traduction de l'auteure). C. Black, *A Life* dans *Progress*, cité dans Winter, *op. cit.*, p. 32.
8. Winter, *op. cit.*, p. 31.

d'envergure appartiennent aux élites économiques, cela leur donne une coloration bien particulière; s'ils appartenaient aux syndicats, aux groupes environnementaux ou féministes, leurs priorités ne seraient certainement pas les mêmes.

Pour déterminer le cadre de travail et l'atmosphère du journal, on répond à une série de questions du genre[9] : Quelle place fera-t-on à l'économie, aux affaires politiques, aux sports et aux faits divers ? Quelles ressources affectera-t-on à chacun de ces secteurs ? Quelle proportion du cahier économie (s'il existe) sera consacrée aux transactions nationales, à la bourse, aux entreprises transnationales ? Fera-t-on place aux relations de travail, aux questions de syndicalisation, à l'économie sociale ? Combien de chroniques d'humeur nous faut-il pour attirer l'attention des journalistes qui font la revue de presse à la télévision et à la radio ? Et quels sont les meilleurs journalistes pouvant nous servir de vedettes auprès des autres médias et de la population ? Quel espace (ou combien de temps) va-t-on accorder aux « soft news » (loisirs, consommation, décoration, tourisme, mode, santé) ? Quel pigiste souverainiste pourrait être chroniqueur pour contrer l'accusation de promouvoir trop ouvertement le fédéralisme (ou l'inverse) ? Aura-t-on des collaborateurs à l'étranger ? Les journalistes doivent-ils accepter des voyages à l'étranger payés par des entreprises ? Combien de reporters et lesquels doit-on garder sur la colline parlementaire à Québec et à Ottawa ? Doit-on présenter des nouvelles positives et apaisantes à la fin du journal télévisé ?

Les patrons de presse tiennent à préserver l'atmosphère de leur média, et particulièrement leur orientation idéologique, comme le montrent les mouvements de personnel de journalistes et d'éditorialistes à l'arrivée d'un nouveau propriétaire. Quand Conrad Black est devenu propriétaire de Southam, par exemple, dix éditeurs sur les 32 que comptait la chaîne ont quitté et plusieurs journalistes et éditorialistes ont démissionné ou « ont été démissionnés ». Parmi ces derniers, il y a Joan Fraser et Christopher Young de la *Gazette*, et James Travers et Peter Calamai du *Ottawa Citizen*[10].

Le corridor idéologique d'un journal, tout comme le propriétaire, doivent être respectés. Quand les journalistes se sentent totalement libres, c'est en fait qu'ils n'ont pas naturellement transgressé le corridor idéologique de leur média. Il faut se heurter à la « barrière transparente » du corridor pour constater qu'elle existe bel et bien. C'est ce qui est

---

9. L'exercice est plus implicite qu'explicite.
10. John Miller, *Yesterday's News : Why Canada's Daily Newspapers are failing us*, Halifax, Fernwood Publishing, 1998, p. 68-77.

arrivé à André Pratte avant qu'il ne gravisse les échelons du pouvoir à *La Presse*, alors qu'il n'était que journaliste/chroniqueur. En 1994, il publiait un article inspiré d'un appel téléphonique d'un contestataire de l'ordre établi à la «vision confuse et caricaturale de la société québécoise», selon les dires mêmes du chroniqueur, qui s'exclame contre Power Corporation, le propriétaire de *La Presse*:

> *Tout est dirigé par Power Corporation, tout le monde sait ça. Chrétien, Johnson, c'est Power Corporation [...] On est tellement pourris qu'on s'en vient pire que les Américains. Mais c'est pas eux qui ont le contrôle, c'est Power Corporation. J'essaie de mettre tout ça ensemble* [les policiers qui mangent des beignes gratis et Power Corporation]*... Chrétien, il ne sait pas lire ni écrire, et il parle moins bien que moi. Allez faire un tour à Shawinigan. Ils l'ont élu neuf fois, il a été ministre, et c'est une ville fantôme. Un tiers des habitants est sur le bien-être social et un autre tiers sur l'assurance-chômage. Lui, ça le dérange pas, il est riche noir*[11].

André Pratte a alors perdu son poste de chroniqueur, mais les journalistes syndiqués de *La Presse* ont manifesté leur colère par une grève des signatures. Cela incita la direction du journal à réinstaller Pratte à son poste, tout en allongeant sa période de probation de six mois. Appelé à expliquer l'affaire, le chroniqueur a jugé utile de se censurer face à un collègue du *Devoir* qui tentait vaillamment de lui faire dire le fond de sa pensée au sujet des patrons de *La Presse*: «Faire part du fond de ma pensée, je le savais, c'était provoquer à coup sûr mon congédiement[12].»

En 1998, le président du conseil d'administration de *La Presse*, André Desmarais, montrait son insatisfaction à son personnel au sujet de la manière dont Jean Chrétien, son beau-père, était traité dans son journal; à la veille de la campagne électorale québécoise, le premier ministre canadien avait indiqué que la Constitution n'était pas un «magasin général», faisant voir son peu d'empressement à l'égard d'une éventuelle demande de nature constitutionnelle provenant de Jean Charest, le chef du Parti libéral du Québec. Cette affirmation causa tout un émoi chez les fédéralistes, étant perçue avec raison comme une

---

11. A. Pratte, «Tout est pourri», *La Presse*, 11 février 1994. Sur cette affaire, voir aussi R. Dutrisac, «Les journalistes de *La Presse* dénoncent un cas de censure. La démotion du chroniqueur André Pratte est le produit d'une "ingérence du propriétaire", s'insurge le syndicat», *Le Devoir*, 17 février 1994; R. Dutrisac, «Le journaliste André Pratte réhabilité», *Le Devoir*, 18 février 1994 et A. Pratte, «The Day After», *La Presse*, 17 juin 1994.

12. A. Pratte, *op. cit.*, p. 78.

attaque envers celui qui représentait les espoirs fédéralistes face au Parti québécois. Le traitement de *La Presse* a répercuté cet émoi, faisant ainsi paraître Jean Chrétien comme malhabile ou, pire, un peu mesquin. La courriériste parlementaire Chantal Hébert a aussi été victime des critiques d'André Desmarais, qui la trouvait trop critique à l'endroit de Jean Chrétien et a demandé à ce qu'elle soit déplacée de son poste. Le conflit a pris fin avec le départ de Chantal Hébert de *La Presse*[13] qui est aujourd'hui chroniqueuse au *Devoir* et au *Toronto Star*.

Mais la palme du contrôle idéologique dans les quotidiens revient certainement à la famille Asper, propriétaire de CanWest Global (13 journaux dont la *Gazette* de Montréal, *The Vancouver Sun*, le *Ottawa Citizen*, le *National Post*, le *Edmonton Journal*, le *Calgary Herald*). Un an et demi après avoir acquis les journaux de Conrad Black, soit en décembre 2001, Izzy Asper a imposé un éditorial unique à l'ensemble de ses journaux (sauf au *National Post* dans lequel Black avait encore des intérêts), éditorial écrit du siège social à Winnipeg et ordonné aux éditorialistes de ses journaux de se conformer aux orientations de cet éditorial en n'écrivant pas de textes allant à l'encontre des positions exprimées dans les textes venant de Winnipeg. Une telle mainmise des propriétaires sur le contenu d'un journal était une première dans l'histoire du journalisme canadien. Établir un contrôle idéologique aussi serré tout en faisant fi des susceptibilités régionales n'a pas été sans susciter une contestation vigoureuse d'un bout à l'autre du pays. Analystes des médias, politiciens, journalistes et citoyens inquiets ont manifesté leur désaccord. Trois anciens éditeurs de la *Gazette*, Joan Fraser, Norman Webster et Mark Harrison ont expliqué qu'avec le temps, les éditoriaux uniques allaient couvrir de plus en plus de thèmes, limitant de manière inacceptable l'éventail des sujets sur lesquels les journaux locaux allaient pouvoir s'exprimer[14]. Plus d'une cinquantaine de journalistes de la *Gazette* ont signé une lettre ouverte dans les journaux pour dénoncer l'éditorial unique.

Dans une étude fouillée de ces éditoriaux uniques, des chercheurs de l'Université de Windsor qu'on ne peut certainement pas accuser de sympathies gauchistes, Soderlund, Wagenberg et Romanow, ont tenté de saisir l'orientation idéologique générale, les sujets les plus

---

13. J. Richer, «La presse québécoise en plein marasme: Chantal Hébert sonne l'alarme», *Trente*, mars 1999, p. 11-13.

14. J. Fraser, N. Webster et M. Harrison, «National editorial line will curtail public debate», *The Gazette*, 15 décembre 2001, p. B6.

fréquemment couverts et les tabous imposés par la famille Asper[15]. Il ressort de leur étude que des positions fort radicales ont été promues, tant pour la politique canadienne que pour la scène internationale. Le thème le plus fréquent des éditoriaux uniques était l'interventionnisme gouvernemental dans l'économie jugé trop grand, et le fait que, conséquemment, les dépenses gouvernementales entraînaient un niveau de taxation trop élevé; selon l'éditorial unique, cela nuisait au libre marché, seul capable d'offrir des solutions aux problèmes de la société canadienne et de promouvoir la position compétitive du Canada dans l'économie mondiale. En politique internationale, une position pro-israélienne et une ligne dure envers les Palestiniens étaient prônées, interdisant ainsi aux éditorialistes locaux de promouvoir la moindre réconciliation entre Juifs et Palestiniens au Moyen-Orient. L'éditorial unique a aussi fait la promotion d'une taxe uniforme (*flat tax*), de la réduction d'impôt sur les dons aux fiducies privées, une mesure fiscale fort avantageuse pour les grandes fortunes, et l'inclusion du droit à la propriété privée dans la constitution, entre autres. Par ailleurs, au moment où la question de la succession de Jean Chrétien à la tête du Parti libéral du Canada se posait, il était interdit aux éditorialistes de CanWest Global d'en faire état. L'analyse de l'éditorial unique faite par les chercheurs de l'Université de Windsor dresse un portrait navrant de cette expérience, mis en branle par des propriétaires ignorants des traditions journalistiques canadiennes, pour qui il fallait promouvoir une «discussion nationale» sur certains sujets, parmi lesquels on trouvait la protection des intérêts des grandes fortunes au pays, thème du tout premier éditorial.

Le cadre de travail (charge de travail, délais, moyens, priorités, sujets couverts, etc.) déterminé par les patrons de presse correspond à une manière de voir les choses, une façon de concevoir le monde; on choisit ce qui mérite d'être publicisé ou tu. Mais dans la majorité des journaux, on se défend bien de faire ce choix à la place du public! C'est lui qui décide, prétend-on; il achète et il zappe. Dans les rédactions, on juge donc de l'importance d'un fait en fonction de la perception du public, mais, en même temps, ces choix façonnent les goûts du public. Et celui-ci a ses habitudes, qui ne se modifient que lentement... dans bien des cas, le public se laisse influencer plus qu'il n'impose lui-même sa conception des choses. Les médias créent donc la demande plus

---

15. Walter C. Soderlund, Ronald H. Wagenberg et Walter I. Romanow, «CanWest Global's National Editorial Policy», dans Walter C. Soderlund et Kai Hildebrandt, *Canadian Newspaper Ownership in the Era of Convergence. Rediscovering Social Responsibility*, Edmonton, The University of Alberta Press, 2005 p. 109-124.

qu'ils y répondent et ils peuvent offrir des contenus qui améliorent les niveaux de connaissance et raffinent les perceptions ou, au contraire, qui exploitent les préjugés et tablent sur l'ignorance.

Dans cette dynamique entre le média et son public, il arrive souvent qu'on mise sur le ludique, exploitant la paresse de l'auditoire. Ainsi, pour élargir leur public, les patrons de presse vont parfois être tentés de présenter des informations toujours plus faciles à lire ou à écouter, des nouvelles axées sur l'intérêt humain, des émissions toujours plus divertissantes. Les bulletins de nouvelles doivent être «jazzés» et vivants, tandis que dans la transformation de maquettes de journaux, la couleur sert à attirer. S'il ne s'agissait là que de «clés de communication», nul n'y trouverait à redire. Mais il semble au contraire que le style divertissant empêche souvent de fouiller une question, de la présenter sous un angle différent ou dans une perspective moins orthodoxe. À *La Presse* et au *Journal de Montréal*, à l'occasion des dernières transformations rendues nécessaires par la réduction de format, on a demandé aux journalistes de faire plus court. À TVA, la mise en contexte est aisément boudée; l'ex-présentateur vedette Pierre Bruneau reconnaît aimer «avoir la première main sur un sujet. Pas la perspective. Pas l'analyse. Pas la rétrospective. J'aime toucher à la pâte quand elle est molle, pas quand elle est cuite[16]...»

Un troisième niveau de pouvoir consiste en interventions qui s'exercent au jour le jour. Il s'agit généralement de gestes marqués au sceau de la discrétion; on demande à tel journaliste de faire un texte sur un sujet particulier (inspiré d'une conversation avec une connaissance bien placée), d'interviewer tel futur candidat à la direction d'un parti ou tel personnage politique, on commande des sondages, on suggère un angle particulier pour un article, on décrète une question inintéressante pour le public, on refuse un texte. Avant l'arrivée des Asper dans le milieu médiatique, le baron de la presse le plus flamboyant à cet égard était Conrad Black, qui a été le plus grand propriétaire de journaux au Canada entre 1996 et 2000. Son adjoint, David Radler, président de Hollinger Inc., affirmait à l'éditeur du *Maclean*, Peter C. Newman, en 1992: «*I am ultimately the publisher of all these papers, and if editors disagree with us, they should disagree with us when they're no longer in our employ*[17].» Dans les médias des Desmarais, les éditorialistes doivent clairement prendre position en faveur du fédéralisme. Tant dans les médias de

---

16. M.-É. Gérin, «Pierre Bruneau: la passion du direct», *Trente*, avril 1998, p. 19. J. Richer, «*Le Journal de Montréal*. Nouveau format, même formule», *Trente*, février 1997, p. 17.
17. Cité dans Winter, *op. cit.*, p. 36.

Power Corporation que dans ceux de CanWest, les éditorialistes sont choisis pour leur adhésion à l'idéologie libérale pro-capitaliste et l'éventail idéologique va du centre à l'extrême droite.

L'autonomie journalistique vis-à-vis du propriétaire et de l'éditeur dépend de plusieurs facteurs : la syndicalisation des journalistes, leur éthique, la tradition du média et la santé financière de l'entreprise. La capacité du rédacteur en chef de s'opposer au propriétaire ou à l'éditeur détermine le niveau d'autonomie d'un journal. C'est en effet dans la relation privilégiée entre l'éditeur (gardien des intérêts de l'entreprise) et le rédacteur en chef (gardien des intérêts journalistiques) que se joue l'indépendance éditoriale.

Par ailleurs, dans les grands journaux canadiens où les journalistes sont syndiqués, il y a deux niveaux d'indépendance éditoriale : celui de l'équipe éditoriale, plus faible, et celui des journalistes syndiqués, plus élevé. Les cadres de la rédaction comme le rédacteur en chef et les éditorialistes vivent sous le contrôle plus direct de l'éditeur et sont susceptibles d'être démis de leur fonction si un litige survient. C'est ce qui est arrivé à Russel Mills, du *Ottawa Citizen*, quand le journal a publié des textes dénonçant l'attitude de Jean Chrétien dans l'affaire de l'auberge Grand-Mère et du club de golf adjacent à l'auberge[18]. Les journalistes syndiqués, pour leur part, possèdent un niveau d'autonomie plus élevé et ne sont pas soumis à l'arbitraire en cas de conflits avec la direction ; la convention collective sert de cadre au règlement des différends.

Les interventions des propriétaires et des éditeurs méritent d'être situées dans le contexte des relations qu'ils entretiennent avec les chefs de parti et les ministres influents. Les premiers côtoient les seconds, cultivent leur amitié, échangent propos et confidences, et ils passent quelquefois des vacances ensemble. Le mariage de leurs enfants illustre aussi leur proximité.

Ces accointances ont été longuement documentées en France dans *Les nouveaux chiens de garde*, de Serge Halimi. L'auteur y décrit les réseaux d'influence entre vedettes médiatiques, économiques et

---

18. Walter C. Soderlund et Walter I. Romanow, « The Firing of Russel Mills, Round Two of National Editorials, and the CanWest News Service Initiative », dans Walter C. Soderlund et Kai Hildebrandt, *Canadian Newspaper Ownership in the Era of Convergence. Rediscovering Social Responsibility*, Edmonton, The University of Alberta Press, 2005, p. 125-135.

politiques; cela aide à comprendre l'appui indéfectible des médias au gouvernement Juppé contre la population française dans les rues lors des grèves de décembre 1995[19].

Les accointances entre patrons de presse et personnages politiques sont nombreuses et fournissent matière à inquiétude; s'il n'y a pas nécessairement conflit d'intérêts, il y a certes apparence de conflits d'intérêts. Par exemple, André Desmarais, de la famille qui détient Power Corporation Inc., est marié à France Chrétien, la fille de l'ex-premier ministre canadien. Avant d'être élu chef de l'opposition, Jean Chrétien siégeait d'ailleurs au conseil d'administration de Power Corporation. Le gendre de Jean Chrétien, André Desmarais, était président et président du conseil d'administration de PowerDirectTv Ltd. (liée à Power Corporation), une compagnie qui s'est vu refuser le droit d'exploiter une entreprise de radiodiffusion par satellite par le CRTC en 1994, parce qu'elle ne respectait pas les conditions exigées par l'organisme réglementaire; mais ce «refus» a été contesté par le cabinet du premier ministre qui a demandé au CRTC de refaire ses devoirs et de tenir des audiences publiques à ce sujet.

Les apparences de conflits d'intérêts surgissent aussi lorsque des ministres jouent un rôle important dans des industries. Ces conflits sont aisément occultés quand les médias oublient de lier des personnages politiques aux entreprises qu'ils possèdent. Par exemple, avant qu'il devienne premier ministre, rarement faisait-on l'association entre Paul Martin et son entreprise Canada Steamship Lines; plusieurs des bateaux de la compagnie qu'il a transférée à ses fils arborent un pavillon de complaisance, c'est-à-dire une nationalité fictive accordée aux navires de commerce, à des conditions avantageuses; ces bateaux ne paient pas de taxes au Canada, engagent des marins étrangers payés à bas salaires, non couverts par les programmes sociaux canadiens.

Certains propriétaires de médias se font plus discrets que d'autres dans leurs amitiés avec les personnages politiques. Ainsi, les contacts de Paul Desmarais Sr avec la classe politique de presque toute allégeance[20] sont peu connus; il a été ami et supporter de Lester B. Pearson,

---

19. Paris, Liber, Raisons d'agir, 1997. S. Halimi y explique la promotion du néolibéralisme dans les médias: la culture d'entreprise, la sérénade des grands équilibres, l'amour de la mondialisation, la prolifération des chroniques boursières, le réquisitoire contre les conquêtes sociales, la terreur des passions collectives.

20. L'expression «toute allégeance» est trompeuse; elle suppose une variété de points de vue, alors que la classe politique loge presque en entier à la même enseigne, celle du libéralisme ou du néolibéralisme.

Pierre Elliott Trudeau, Brian Mulroney, Daniel Johnson, Maurice Sauvé, Don Mazankowski, Bob Rae, Gérard Veilleux (ex-président de Radio-Canada), entre autres. Paul Desmarais Sr est aussi proche du président français Nicolas Sarkozy. Paul Desmarais Jr a quant à lui été nommé en décembre 2008 par Stephen Harper à un comité chargé de le conseiller au sujet de la récession économique. Et on peut supposer que l'amitié de Brian Mulroney pour Desmarais n'a pas nui quand il a nommé le beau-frère de celui-ci, John Sylvain, et son frère, Jean-Noël Desmarais, au Sénat en 1993[21].

Conrad Black avait également beaucoup d'amis avant d'être condamné pour fraude et obstruction à la justice, dont Brian Mulroney qu'il avait aidé dans sa campagne pour le leadership de 1983. Il avait, entre autres, payé les dépenses de son ami Peter White lorsque celui-ci avait milité pour l'accession de Mulroney à la tête du Parti conservateur[22] – White deviendra par la suite secrétaire au Bureau du premier ministre. Quant au regretté Izzy Asper, son interdiction de faire état de la remise en cause du leadership de Jean Chrétien dans les éditoriaux de CanWest en disait long sur son implication partisane.

3.1.2. La défense du système économique

La majorité des médias appartiennent à des entreprises privées, comme nous l'avons souligné, et ces entreprises ont des intérêts spécifiques à défendre. L'idéologie libérale et pro-capitaliste de ces médias correspond à ces intérêts; l'idée d'une agora libre où sont discutées en toute liberté les grandes questions économiques relève donc de la fiction. Ainsi, bien que les médias n'aient pas comme mission officielle de défendre ou de promouvoir le système économique, ils le font tout de même. Si la presse des affaires le fait plus ouvertement (une presse que même le patron de *Affaires Plus*, *PME* et *Commerce*, Pierre Duhamel, dépeint comme non «controversée[23]»), les autres médias participent néanmoins, et ce, de diverses façons.

Différentes formes d'intervention des propriétaires et des éditeurs dans la vie quotidienne des journalistes existent et seront examinées tour à tour: la protection des intérêts économiques d'une seule entreprise, les initiatives de promotion de l'ensemble du secteur privé et le poids des publicitaires dans les contenus. Au-delà de la promotion

---

21. J. Winter, *op. cit.*, p. 54-57.
22. Selon les dires mêmes de C. Black, cité dans J. Winter, p. 39.
23. N. Collard, «Pierre Duhamel: le nouvel homme fort de la presse d'affaires», *Trente*, avril 1998, p. 13.

discrète de certains principes (profit, rentabilité, performance, compétitivité) et de certaines valeurs (individualisme, dépassement, charité), on peut relever des interventions des propriétaires et des éditeurs qui visent à protéger ou promouvoir le système économique, malgré la neutralité qu'ils affichent.

Il est évidemment impossible de préciser la fréquence de ces interventions visant la défense du système économique et constituant des accrocs à la liberté de presse. En général, dans les médias, il nous semble que la défense du système capitaliste résulte plus d'un effet de système (marchandisation, concentration) que d'intentions délibérées. Mais ces intentions existent tout de même. Quelques exemples, tirés d'ici et d'ailleurs, serviront à illustrer notre propos.

Un cas bien spectaculaire, tiré de *Fifth Estate* de CBC, décrit bien la première catégorie d'intervention des patrons de presse, c'est-à-dire la protection des intérêts économiques d'une seule entreprise. À partir de 1993, les médias américains se sont intéressés à la manipulation secrète des taux de nicotine dans les cigarettes. La question consistait à savoir si les fabricants de cigarettes savaient que la nicotine créait la dépendance et s'ils modifiaient ces taux de manière à provoquer une dépendance accrue. L'industrie niait énergiquement que ce fût le cas. En 1994, l'émission *Day1* du réseau ABC a diffusé un reportage sur la modification des taux de nicotine dans les cigarettes et a accusé les compagnies de tabac de créer une dépendance accrue. Au même moment, la Food and Drugs Administration (FDA) menait sa propre enquête; s'il s'avérait que la nicotine créait la dépendance, les fabricants de cigarettes allaient devoir être soumis à l'organisme américain de réglementation. Peu de temps après la diffusion du reportage de *Day1*, la compagnie de tabac Philip Morris intentait une poursuite de 10 millions de dollars contre le réseau ABC. Quelques semaines plus tard, les journalistes de *Day1* mettaient la main sur les résultats de vingt ans de recherche en matière de tabac de l'entreprise Brown and Williamson Tobacco, des documents fort compromettants pour l'industrie, démontrant la connaissance de la nocivité de la nicotine. Les avocats du réseau ont alors saisi tous les documents, les copies ainsi que les disques durs des journalistes et leur ont ordonné d'abandonner l'enquête. Entre-temps, le *New York Times* s'est mis à publier les conclusions compromettantes de la recherche de Brown and Williamson Tobacco et un professeur de l'Université de Californie a mis ces documents en ligne. Après 16 mois de préparation, avec un dossier fort solide, selon les dires de plusieurs observateurs, les avocats d'ABC décidaient de se retirer et de présenter des excuses à Philip Morris. C'est que l'entreprise allait être acquise par Disney, et la poursuite intentée contre elle risquait de faire échouer la transaction. Dans ce cas, les intérêts des actionnaires ont clairement prévalu sur celui du droit du public à l'information.

L'effet d'autocensure s'est fait sentir immédiatement. L'affaire a eu un grand retentissement à NBC, où la célèbre émission *Sixty Minutes* s'est vue forcée de censurer un reportage semblable portant sur la connaissance par les compagnies de tabac des effets de la dépendance et de leur manipulation des taux de nicotine. Il y avait alors une menace de poursuite de la Brown and Williamson Tobacco[24]. Mais s'agissait-il d'une véritable menace ou d'une manœuvre pour faire taire les journalistes? La question reste posée, considérant que la compagnie de tabac du fils du grand patron de NBC était en négociation avec Brown and Williamson Tobacco pour une éventuelle fusion. Le patron de NBC n'avait lui-même donc pas intérêt à ce que l'industrie du tabac soit vilipendée sur la place publique. Le journaliste de *Fifth Estate*, qui a fait l'étude de ces cas américains de censure, conclut aux faiblesses fondamentales de la radiodiffusion; en situation de conflit entre le droit du public à l'information et les intérêts concurrentiels des entreprises privées, ces derniers prévalent[25].

Dans certains cas, sans que des preuves formelles existent, un doute surgit quant à la qualité de l'information à cause des intérêts multiples des propriétaires de médias. Comment penser, en effet, que les quatre quotidiens anglophones du Nouveau-Brunswick, tous propriété de la compagnie Irving, aient pu rapporter fidèlement les problèmes reliés à la plate-forme de forage Irving qui a coulé au large de Terre-Neuve en 1970, qui contenait du pétrole et neuf tonnes de PBC et qui a due être remontée en 1995? Comment penser aussi que le réseau NBC, affilié à General Electric, puisse permettre à ses reporters d'enquêter sur l'énergie nucléaire, alors que General Electric y a des intérêts. Comment penser que les journaux de Quebecor ou la station de télévision TVA puissent mettre au jour les éventuelles difficultés des imprimeries de Quebecor ou les problèmes de relations de travail dans l'entreprise? Comment penser que les journalistes de Power Corporation puissent avoir les mains libres pour examiner les pratiques des compagnies d'assurances des Desmarais? Comment croire en l'impartialité de TVA en ce qui concerne la câblodistribution, considérant ses liens avec Vidéotron, la principale entreprise dans le

---

24. Le présentateur vedette de *Sixty Minutes*, Mike Wallace, affirme par ailleurs que menaces de poursuites et poursuites par les grandes entreprises contre les médias ne sont pas rares.
25. «Dossier fumant», *Grands reportages*, RDI.

domaine ? Cette station peut-elle présenter de manière non tendancieuse les informations sur la télévision par satellite, qui concurrence la câblodistribution ? Comment comprendre les éditoriaux de *La Presse* en faveur de l'emplacement d'Outremont pour le Centre hospitalier de l'Université de Montréal quand le patron du journal, André Desmarais, en faisait ouvertement la promotion ?

Au Québec, la promotion de l'émission Star Académie par les journaux de Quebecor a suscité bien des inquiétudes et des contestations de la part des journalistes de l'entreprise. Le regretté professeur de communication Jean-Pierre Desaulniers a ainsi décrit la situation :

> *Tout l'empire Quebecor a soutenu l'émission. Le* Journal de Montréal *avait ses deux pages quotidiennes et sa rubrique Internet. La chaîne radiophonique Radio-Énergie, qui avait une entente commerciale avec Quebecor, livrait systématiquement des nouvelles sur la vie trépidante du château de Sainte-Adèle. Les télé-horaires faisaient leur une avec l'émission. Les journaux à potins dévoilaient les dessous croustillants et sentimentaux de la vie des concurrents. Le câblodistributeur Vidéotron en a profité pour proposer des spéciaux d'abonnement rattachés au webcam de la maison. TVA n'a pas lésiné sur les « plogues » des académiciens dans les autres émissions, les magasins Archambault ont pris en charge la promotion du disque. Tous les départements de Quebecor se sont mis au service de l'émission et pas d'une manière sporadique*[26].

La couverture agressive de Star Académie par Le *Journal de Montréal* et le *Journal de Québec* s'est méritée une mention défavorable dans un jugement du Conseil de presse selon lequel la direction du *Journal de Montréal* savait que son média et ses employés pouvaient être en situation d'apparence de conflit d'intérêts, considérant que la politique de convergence de Quebecor Media était largement connue. Malgré cela, le *Journal de Montréal* n'a ni protégé ses journalistes et son média contre l'apparence de conflit d'intérêts ni tenté d'affirmer l'étanchéité de sa salle de rédaction vis-à-vis de Quebecor. « [L]a direction du *Journal de Montréal* a, d'un point de vue éthique, nui à la réputation du quotidien et à celle des journalistes et photographes à son emploi […] conclut le Conseil de presse dans une décision du 28 octobre 2005. »

La deuxième catégorie des interventions visant la protection des intérêts privés dans les médias concerne les initiatives de promotion de l'ensemble du secteur privé. Des complicités entre entreprises se

---

26. Jean-Pierre Desaulniers, *Le phénomène Star Académie*, Montréal, Éditions St-Martin, 2004, p. 58.

développent naturellement, chacune ayant à cœur la défense des intérêts de l'autre, qui rejaillit sur la défense de ses propres intérêts. C'est le cas avec le magazine *L'Actualité* et l'Institut économique de Montréal qui ensemble font la promotion des valeurs et des pratiques du secteur privé marchand. Depuis 2000, *L'Actualité* publie le palmarès des écoles secondaires du Québec et il s'en fait une gloire... Année après année, les écoles privées tiennent le haut du pavé. Pour le classement rendu public en septembre 2005, 96 des 100 premières places étaient occupées par des écoles privées (qui peuvent sélectionner leurs élèves) et les quatre autres écoles, publiques celles-là, offraient des programmes spéciaux et sélectionnaient aussi leurs élèves. Le palmarès de *L'Actualité* part d'une bonne intention, nous assure-t-on, celle d'aider les parents et leurs enfants à choisir la meilleure école secondaire. Il s'attire cependant les foudres de bien des enseignants et même de la Fédération des établissements d'enseignement privé du Québec parce que le palmarès a un impact dévastateur auprès de nombreuses écoles de milieux autres que très favorisés. La «bonne performance» des écoles privées, c'est d'abord celle des jeunes les plus choyés de la société, rien de plus!

En fait, l'initiative de *L'Actualité* pose le problème de la mesure technocratique d'un travail social; comment évaluer la performance d'organisations devant composer avec la misère humaine (pauvreté, difficultés d'adaptation sociale et scolaire, problème de santé physique et mentale, délinquance, violence, etc.)? Vincent de Gaulejac écrit: «La maladie de la mesure [...] repose sur la croyance que l'objectivité consiste à traduire la réalité en termes mathématiques. Le calcul donne une illusion de maîtrise sur le monde[27].»

Le palmarès de *L'Actualité* fait clairement la promotion du privé en suivant la mode de la Nouvelle gestion publique, une orientation managériale qui valorise les valeurs et les pratiques du marché; on y privilégie l'évaluation chiffrée de la performance dans tous les secteurs de la société, y compris l'éducation et la santé, sans distinguer les obligations de moyens des obligations de résultats. En fait, le palmarès s'appuie sur la croyance qu'une évaluation de la performance chiffrée saura rendre compte de manière objective d'un travail essentiellement humain tributaire d'un ensemble de facteurs sociaux, organisationnels et économiques indépendant de la réalité des établissements scolaires. Il est un éloge à la performance dans une société de plus en plus compétitive, et les écoles mises en concurrence sont placées en position de devoir mettre elles-mêmes leurs élèves en compétition. En effet,

---

27. Vincent de Gaulejac, *La société malade de la gestion. Idéologie gestionnaire, pouvoir managérial et harcèlement social*, Paris, Seuil, p. 72.

« [u]n seul élève qui rate lamentablement un examen peut la [l'école] faire dégringoler d'une dizaine de positions », explique-t-on candidement dans un article de *L'Actualité*[28]. Or la compétition est contre-productive pour bien des jeunes...

Le palmarès des écoles aborde le secteur de l'éducation comme si on devait y importer les solutions du privé, solutions qui font fi d'un plan d'ensemble comportant une multitude d'objectifs ; si au privé, la performance est censée faire foi de la qualité, dans le secteur de l'éducation, le manque de contrôle des « intrants » (jeunes touchés par le chômage de leurs parents, les familles brisées, les problèmes de santé de tout ordre, l'intégration interculturelle, etc.) rend tout à fait farfelue une évaluation de la performance. Comme c'est presque toujours le système d'éducation public qui prend en charge les jeunes les plus défavorisés et ceux qui ont le plus de difficultés d'adaptation de tout genre, mesurer les performances des écoles privées et publiques, et mesurer les performances des écoles qui sélectionnent et de celles qui ne sélectionnent pas, revient à comparer des résultats de nature différente. En transposant un cadre d'analyse du privé sur le système d'éducation, et en faisant une obligation de résultats à des organismes qui ne maîtrisent ni leurs ressources ni leurs « intrants », on nie la spécificité du social. L'obsession du marché des auteurs et promoteurs du palmarès se traduit par des comparaisons toutes plus inadéquates les unes que les autres : *L'Actualité* compare les directeurs d'école à des chefs d'entreprise sans pouvoir et les écoles à des transporteurs aériens : « Dure envolée scolaire. Imaginez un avion dont seuls 75 % des passagers se rendraient à destination... Que dirait-on du transporteur aérien[29] ? » En assimilant ainsi des institutions d'enseignement à des entreprises commerciales, *L'Actualité* laisse voir que le social doit être évalué à l'aune de la logique du marché. Pas étonnant, alors, de constater que la recherche permettant de faire le classement du palmarès émane de l'Institut Fraser et de l'Institut économique de Montréal, deux *think thanks* voués à la promotion de l'économie de marché[30].

---

28. Daniel Chrétien, « Un bulletin encore plus complet », *L'Actualité*, 15 novembre, vol. 30, n° 18, p. 30.
29. Carole Beaulieu, « Dure envolée scolaire », *L'Actualité*, 15 novembre 2005, vol. 30, n° 18, p. 15.
30. On lira aussi avec intérêt un article concernant les palmarès des collèges et des universités d'une revue appartenant à la même entreprise, *Maclean's* : William Bruneau, « University Ranking Distort Higher Education », *Bulletin of Canadian Association of University*, vol. 53, n° 1, janvier 2006, p. A11 et Paul Boyer, *College Ranking Exposed : Getting Beyond the Rankings Myth to Find Your Perfect College*, Lawrenceville, Thomson Peterson's, 2003.

Le poids des annonceurs dans les contenus constitue le dernier type de défense des intérêts économiques des entreprises aux dépens du droit du public à l'information. Même si les situations entre médias varient beaucoup à cet égard, on peut certainement remettre en cause la métaphore du « mur » séparant la rédaction et la publicité, car ce « mur » laisse de temps en temps passer le son, et parfois même il s'écroule.

Dans les grands journaux, il faut distinguer les composantes de la rédaction : au général et au politique, les influences de nature commerciale se font rares, alors qu'elles foisonnent dans les sections thématiques portant sur les *soft news* ou encore aux arts. Les journaux régionaux, particulièrement ceux dont la santé financière est fragile, ceux qui dépendent pour leur survie de quelques annonceurs, peuvent être tentés d'éliminer le mur. Les magazines collaborent souvent avec plaisir à la défense des intérêts de leurs publicitaires. À la radio et aux télévisions publiques, il faut distinguer l'information soumise à des règles strictes et le reste, où tout peut être dit et montré, y compris des articles complaisants et de la publicité déguisée en reportages (consommation, arts, etc.).

On peut distinguer trois niveaux d'influence des annonceurs. Dans chacun, le droit du public à l'information et la liberté d'expression cèdent le pas à la défense des intérêts économiques.

Le premier concerne les censures visant à protéger l'image du publicitaire. Le cas de la dénonciation de Nike à CBS illustre ce flagrant conflit d'intérêts. En 1996, l'émission *48 Hours* avait préparé un reportage sur l'exploitation des travailleurs et des travailleuses dans les usines de Nike en Indonésie et au Vietnam. Avant les derniers Jeux olympiques d'hiver à Nagano en 1998, la journaliste Roberta Baskin avait préparé une mise à jour. Mais CBS a refusé de diffuser le reportage qui salissait l'image de Nike, parce qu'il s'agissait d'un des principaux commanditaires des Jeux. La protestation de la journaliste lui a valu son transfert à l'émission du matin. Installée à Washington au printemps de 1998, elle n'avait ni bureau, ni réalisateur, ni aide à la recherche[31]. Ce type d'intervention dans les contenus est rarement documenté, et pour cause ; la dénonciation mène fréquemment à la mise au banc.

Le deuxième niveau d'influence concerne la surveillance des contenus par des annonceurs inquiets de « déranger » leur lectorat par des contenus « controversés ». Aux États-Unis, des entreprises comme Chrysler, Ford, Colgate-Palmolive, K-Mart, Kimberley Clark, Revlon,

---

31. A. Szacka, « Les enquêtes américaines », *Trente*, mai 1998, p. 19.

IBM et AT&T exigent de connaître les sujets des articles dans les magazines où ils achètent de la publicité. La lettre de Chrysler à ce sujet, rendue publique en 1996, précisait :

> *In an effort to avoid potential conflicts, it is required that Chrysler Corporation be alerted in advance of any and all editorial content that encompasses sexual, political, social issues or any editorial that might be construed as provocative or offensive. Each and every issue that carries Chrysler advertising requires a written summary outlining major theme / article appearing in upcoming issues. These summaries are to be forwarded to PentaCom prior to closing in order to give Chrysler ample time to review and reschedule if desired...*[32].

Cette lettre officialisait une pratique courante dans l'industrie des magazines qui consiste à rechercher, pour ses produits, un environnement rédactionnel exempt d'articles controversés. La compétition pour la publicité étant féroce, peu de magazines peuvent se permettre de déplaire à leurs annonceurs. Aux États-Unis, des magazines comme *U.S. News*, *Newsweek*, *New York Times*, *The New Yorker*, *Esquire*, *Elle* et *George* sont soumis à une surveillance de certains de leurs publicitaires[33]. Au Canada, des pratiques semblables ont cours, comme le confirment les éditeurs de quelques magazines : *Châtelaine*, *Elle Québec*, *Commerce*, *PME*, *Affaires Plus*, *Info Tech*. L'amincissement du mur entre la rédaction et la publicité se traduit par un effet paralysant sur l'audace des journalistes et des éditeurs et résulte en autocensure. De plus, certains sujets qui font l'objet de la publicité reçoivent une abondante couverture[34].

Le dernier niveau d'intervention des annonceurs dans les contenus a trait à l'écroulement complet du « mur » entre la rédaction et la publicité. Ou bien celle-ci s'intègre naturellement au contenu, ou bien elle est déguisée en information. Dans un cas comme dans l'autre, elle acquiert une certaine invisibilité. La couverture de Star Académie par le *Journal de Montréal* et le *Journal de Québec* citée plus haut illustre bien le problème. Dans les magazines et les sections thématiques des grands journaux, la confusion des genres règne et la publicité (payée ou non) déguisée en information foisonne. Les cahiers « consommation », « habitation » ou « cadeaux » regorgent d'articles élogieux sur des produits à acheter, généralement sans que le journaliste daigne exercer un quelconque sens critique. Les choix de sujets dans les magazines

---

32. R. Baker, « The Squeeze », *Columbia Journalism Review*, sept.-oct. 1997, p. 30.
33. R. Baker, *op. cit.*, p. 30-36.
34. C. Grandmont, « La bonne nouvelle Chrysler », *Trente*, mars 1998, p. 20-23.

se font en fonction des dollars publicitaires qu'ils peuvent générer[35] : par exemple, des reportages sur les jeans ou sur les parfums dont les marques de commerce sont dévoilées constituent de véritables cadeaux des médias aux entreprises. On vise à démontrer que le média peut toucher une clientèle cible recherchée par les annonceurs, qu'il est un excellent véhicule publicitaire[36]. « L'espèce de complicité qui existe entre annonceurs et journaux favorise cette plaie qu'est le *soft news*, c'est-à-dire la nouvelle positive, non critique, qui ne risque pas de déranger[37]. » Les choix de thèmes se font quelquefois à l'aide du service de la promotion ou de la publicité du média qui vise à faire coïncider les thèmes et l'achat de publicité. Au Québec, tous les grands médias, à l'exception du journal *The Gazette* et du service de l'information de Radio-Canada, acceptent les voyages payés et produisent, en retour, une information engageante, peu critique, qu'il y ait une mise en garde ou non. Dans une veine semblable, les reportages sur les événements commandités par le média (comme les salons) ressemblent aussi à de la publicité, et on ignore l'événement commandité par son concurrent.

3.2. Les logiques économiques

Si les interventions directes des patrons de presse et des publicitaires dans les contenus et l'organisation du travail laissent clairement voir leur rôle prépondérant dans les médias, la dépendance des médias face aux pouvoirs économiques ne se réduit pas à ces gestes. L'intégration des médias au système économique relève en effet tout autant sinon davantage d'un effet de système que d'actes individuels posés par des personnes en autorité. Aussi l'examen des logiques structurelles affectant les médias s'impose-t-il : la marchandisation, d'une part, et la concentration de la propriété des médias, d'autre part.

3.2.1. La marchandisation de l'information et de la communication

La genèse et la définition de la marchandisation

La marchandisation constitue une logique économique qui permet d'éclairer le rapport que les médias entretiennent vis-à-vis de l'information. Il s'agit de traiter l'information comme une marchandise, ce

---

35. L. Falardeau, *La publicité dans l'information. L'invasion tranquille*, Fédération nationale des communications, 1990, p. 6.
36. La marchandisation explique ce phénomène, bien que des décisions ponctuelles soient prises par les cadres du média.
37. Falardeau, *op. cit.*, p. 7.

qui signifie qu'on lui attribue une valeur pécuniaire et qu'on l'inclut dans le système des échanges. La Commission de la culture de l'Assemblée nationale du Québec, qui s'est penchée sur la concentration de la presse en 2001, explique que la logique marchande modifie les priorités en matière d'information : « Ce qui est considéré comme non rentable par les patrons de presse est alors écarté ; et à l'inverse, ce qui génère des profits est encouragé. Pour faire des économies d'échelle, on centralise et on abolit des postes, entraînant ainsi de nombreuses pertes d'emploi ; pour rentabiliser les coûts de production, on cherche a réutiliser les textes, d'un média à l'autre, d'où une uniformisation des contenus[38]. »

La marchandisation minimise les aspects culturels, politiques, philosophiques de l'information et renvoie à ce que certains auteurs nomment la « logique industrielle ». Il y a alors instrumentalisation de l'information, cette dernière devenant un outil visant à rapporter des dividendes. Dans cette perspective, on apprécie l'information pour sa valeur d'échange (ce qu'elle vaut sur le marché) et non pour sa valeur d'usage (intrinsèque).

Bien que la marchandisation de l'information existe depuis plusieurs décennies[39], il y a exacerbation avec la montée en importance du secteur de l'information et de la communication (au sens large, et non seulement médiatique). Depuis les années 1960, les économistes ont fait remarquer que les activités et les produits de l'information et de la communication avaient pris un essor considérable et constituaient à eux seuls un véritable secteur. L'ouvrage de l'économiste Fritz Machlup, *The Production and Distribution of Knowledge in the United States* (1962), constituerait un point tournant pour l'établissement du quatrième secteur économique, l'information et les communications, les trois premiers étant l'agriculture, la manufacture et les services[40].

Cette prise de conscience de l'importance des produits et des activités de la communication a suscité une kyrielle d'expressions visant à décrire la « nouvelle ère » profondément façonnée par l'information. La liste de ces expressions s'allongera tout au long des deux décennies suivantes : « société de l'information », « société post-moderne », « société

---

38. Assemblée nationale, Commission de la culture, « Mandat d'initiative portant sur la concentration de la presse », novembre 2001, p. 8.
39. Les chercheurs de l'École de Francfort avaient explicité le sens de la marchandisation de la culture dans le contexte des années 1940.
40. R.E. Babe, *Communication and the Transformation of Economics. Essays in Information, Public Policy, and Political Economy*, Boulder, Westview Press, 1995, p. 28-29.

de l'ubiquité», «village global» (Marshall McLuhan), «économie de l'information» (Marc Porat), «société post-industrielle» (Daniel Bell, Alain Touraine) et même «troisième vague» (Alvin Toffler). Les années 1990 seront par la suite baptisées «ère cybernétique», «ère virtuelle», «cybermonde» (Paul Virilio et Dominique Nora) et «technopolie» (Neil Postman).

Dans l'esprit des économistes, le secteur de l'information et de la communication mérite une étude spécifique, mais les outils d'analyse pour l'appréhender restent les mêmes; on se penche sur le «marché» de l'information, on s'intéresse aux coûts et aux prix. On homogénéise ainsi une foule de produits de l'information et de la communication dissemblables: nouvelles, sports, jeux, variétés, films, etc. Pour arriver à saisir tout type d'information médiatique comme une marchandise, il faut pouvoir établir un critère de performance. Ce critère servira d'outil de standardisation, de mesure d'équivalence pouvant évaluer des informations de natures différentes, comme les bulletins de nouvelles et les films.

Cet exercice d'établir une mesure d'équivalence permettant de comparer entre elles des informations médiatiques variées répond à la nécessité d'inclure le travail des médias dans le système plus vaste des échanges de la société capitaliste. S'il ne s'agissait que d'évaluer les émissions et les textes sans qu'une valeur pécuniaire y soit rattachée, un chiffre nous apparaîtrait simpliste et on lui préférerait des qualificatifs. En effet, réduire l'information à un chiffre revêt un caractère éminemment artificiel; de fait, l'information pose un véritable défi à la mesure, et ce, pour plusieurs raisons. D'abord, il n'y a pas un type d'information, mais plusieurs. Ensuite, contrairement à un bien ou à un service dont la valeur, connue avant la transaction, permet aux consommateurs et consommatrices d'effectuer un choix éclairé, l'information ne peut être jugée avant son obtention. L'information a aussi un caractère immatériel et on ne peut se l'approprier. Enfin, l'information a une valeur subjective, qui varie en fonction de l'intérêt de celui ou de celle qui en prend connaissance[41].

Toutes ces raisons qui expliquent le caractère artificiel de la transformation de l'information en marchandise ont cédé le pas aux nécessités de l'économie marchande. On mesure les informations médiatiques à l'aune de leur valeur commerciale et la cote d'écoute constitue le critère de performance choisi (les coûts de production et les emplois constituent d'autres mesures économiques utilisées).

---

41. R.E. Babe, *op. cit.*, p. 37 et 42.

Mais un chiffre peut rarement traduire la valeur éducative, philosophique, artistique et politique de «l'information médiatique». La cote d'écoute ne rend pas justice à la nature même de l'information. Elle ne quantifie rien d'intrinsèque à l'information, elle s'appuie plutôt sur la réaction de l'auditoire, pas toujours révélatrice de la qualité de l'information. En effet, une écoute élevée peut refléter la promotion réussie de l'émission ou du journal, le choix judicieux des heures de diffusion; elle peut correspondre aux habitudes des téléspectateurs et téléspectatrices; elle peut être favorisée par le prix réduit d'un journal, par sa facture divertissante, ou encore par la facilité avec laquelle on peut lire, écouter ou regarder un produit journalistique. De plus, rechercher une cote d'écoute maximale implique souvent qu'on produise des émissions s'adressant à un public général, comprenant des enfants: en conséquence, on utilise un niveau de langage accessible aux moins de dix ans et on vise une grande simplicité dans les situations.

Le concept de marchandisation est peu utilisé, tant il renvoie à un phénomène normalisé. Accoler une valeur financière à un bien, à un service, à une information ou à la culture est devenu un geste fort banal. Cela pose problème, cependant, lorsqu'on prend conscience que la nature de la chose, matérielle ou immatérielle, s'adapte mal à une valeur financière. Dans le domaine large de la culture, le concept des industries culturelles recouvre l'essentiel de la signification de la marchandisation et il n'a été utilisé par les gouvernements et les producteurs privés qu'à partir des années 1970, au moment où on s'est livré à une analyse économique en bonne et due forme de la culture et des arts.

La marchandisation dans l'histoire des médias

Sans que le phénomène ait été clairement identifié (parce qu'accoler une valeur financière est si naturel), la marchandisation a été une constante dans l'histoire de la radiodiffusion canadienne. Faible aux débuts, elle s'est imposée pour devenir, à partir des années 1960, la logique ayant cours dans le système. Dès l'élaboration des premières politiques publiques, l'État a décrété que les ondes constituaient une propriété publique; on se refusait alors à les envisager comme une marchandise. Cette prise de position de l'État a été provoquée par la concurrence avec l'industrie américaine, où le secteur privé prospérait. Jamais le secteur privé canadien n'aurait pu tirer son épingle du jeu face aux productions américaines, d'où l'intervention de l'État qui a un temps pensé à instaurer un monopole, comme dans plusieurs pays européens. L'action de l'État dans le domaine de la radiodiffusion s'est donc construite à l'encontre de la marchandisation, mais une «marchandisation américaine», si l'on peut dire! En 1936, un slogan de la Ligue canadienne de la radio résumait bien la question: «C'est l'État ou les États-Unis.» Dans la même veine, la commission Fowler écrivait en 1957:

> Le choix n'est pas entre un régime canadien de diffusion réglementé par l'État et un régime canadien de concurrence laissé à des particuliers. Le choix est à faire entre un régime canadien étatisé, assurant dans une certaine mesure le mouvement des émissions entre l'est et l'ouest d'un bout à l'autre du Canada, marqué d'un certain esprit canadien, et contribuant à développer le sens de l'identité canadienne, le tout entraînant des frais considérables pour le Trésor national; et d'autre part, un régime laissé à l'entreprise privée que les forces économiques rendraient fatalement et dans une large mesure tributaire des émissions de radio et de télévision importées des États-Unis[42].

L'histoire de la radiodiffusion canadienne montre que l'État a laissé de plus en plus de place au secteur privé et au phénomène de la marchandisation au fur et à mesure que les entreprises canadiennes prenaient de la vigueur[43]. Cette montée en importance de la marchandisation ne doit pas occulter le fait que plusieurs conceptions de la radiodiffusion ont coexisté depuis les débuts de la radiodiffusion jusqu'à aujourd'hui.

En effet, dès les années 1920, la radiodiffusion canadienne faisait l'objet de luttes entre des intérêts contradictoires et des logiques opposées. On la considérait comme un service public, ce qui renvoie à la logique de démocratisation, c'est-à-dire à la possibilité pour la société civile d'y trouver une nourriture culturelle et politique et de se servir de la radiodiffusion comme moyen d'expression. On la considérait également comme un élément de promotion de l'unité canadienne, ce qui correspond à la logique nationaliste, c'est-à-dire à la construction de la nation et à la protection face aux menaces, externes et internes. Enfin, la radiodiffusion constituait aussi une marchandise, ce qui renvoie à la logique marchande ou commerciale, c'est-à-dire qu'on l'avait intégrée dans la dynamique capitaliste, qu'elle provienne de médias privés ou publics.

---

42. Cité dans Canada, *Rapport du groupe de travail sur la politique de radiodiffusion*, 1986, p. 13.
43. Voir les chapitres 2 et 3 de Michel Sénécal, *L'espace médiatique. Les communications à l'épreuve de la démocratie*, Montréal, Liber, 1995.

Des trois logiques, la démocratisation a historiquement été le parent pauvre, le nationalisme, sa logique la plus répandue et la marchandisation, la plus invisible[44]. Très rapidement, la radiodiffusion allait devenir « la principale composante culturelle de la stratégie fédérale qui visait à donner au Canada la possibilité de s'affirmer en tant qu'entité politique distincte des États-Unis » ainsi que « d'instrument stratégique pour contrer, à l'intérieur, la menace que faisait peser sur l'intégrité nationale la résistance culturelle des Canadiens français au Québec[45] ».

Une bonne partie de l'histoire de la radiodiffusion canadienne peut être expliquée par la tension entre nationalisme et marchandisation. Cette dernière logique était peu acceptée aux débuts de la radiodiffusion. Dans les années 1920 et 1930, l'idée que les ondes étaient de propriété publique rendait la position des radiodiffuseurs privés fort précaire. Dans la loi de 1932 instaurant la Commission canadienne de la radiodiffusion (CCR), l'ancêtre de la Société Radio-Canada (SRC), on prévoyait l'instauration d'un monopole public. Contrairement aux États-Unis où pullulaient les stations de radio privées, la radiodiffusion au Canada était conçue comme relevant d'un service public. Durant la décennie 1940, la sympathie pour les radiodiffuseurs privés a grandi. La légitimité du privé a été confirmée lors des travaux de la Commission royale d'enquête sur l'avancement des arts, des lettres et des sciences au Canada présidée par Vincent Massey (1949-1951), qui avait le mandat de réfléchir au rôle de la télévision. On attribue alors un « rôle auxiliaire » aux stations privées[46]. Contrairement à ce qui s'était passé en 1932, le monopole public n'a aucunement été envisagé. Lors des audiences de la Commission, l'Association canadienne des

---

44. Bien que la Commission royale sur la radiodiffusion présidée par Sir John Aird (1929) ait recommandé pour la radiodiffusion une organisation de service public, donc liée à la démocratisation, les objectifs liés au nationalisme ont vite fait de prévaloir. En fait, c'est la définition même de l'intérêt public qui a fluctué, allant de l'idée qu'il faille informer et éclairer les citoyens et les citoyennes (démocratisation) à celle de l'obligation d'appuyer le choix du gouvernement de participer à la Seconde Guerre mondiale (propagande) et surtout à l'idée de promouvoir l'identité nationale (nationalisme). Quelques acteurs ont eu une vision claire de ce que signifiait la démocratisation, et des initiatives précises ont été prises en ce sens (voir les émissions de type forum, M. Raboy, *Occasions ratées. Histoire de la politique canadienne de la radiodiffusion*, Boucherville, Liber et Québec, Presses de l'Université Laval, 1990, p. 102 et suivantes), mais bon nombre des défenseurs du « service public » assimilaient souvent leur défense de la radiodiffusion publique à la construction de la nation canadienne.
45. M. Raboy, *op. cit.*, p. 20-21.
46. *Ibid.*, p. 148.

radiodiffuseurs (ACR) a alors prétendu que le secteur privé pouvait, tout comme le secteur public, défendre l'intérêt public (défini comme « la commodité, les besoins, les avantages et les profits du peuple ») et faire la promotion du Canada. Mais l'essentiel pour l'ACR se résumait à la marchandisation : « Le rapport du profit à la radiodiffusion est exactement le même que celui du profit à n'importe quelle entreprise[47] », prétendait l'association.

L'attitude des radiodiffuseurs canadiens faisait écho, quoique faiblement, à celle des radiodiffuseurs américains. Quelques années auparavant, durant la Deuxième Guerre mondiale, ces derniers avaient convaincu le Congrès de faire la promotion, sur la scène internationale, du principe de la liberté d'expression en matière de communication. Les radiodiffuseurs américains cherchaient à éliminer les freins au commerce qu'ils rencontraient partout dans le monde ; en utilisant le principe de la liberté d'expression, ils associaient leur activité mercantile au besoin de liberté qu'avaient les peuples dans la tourmente de la guerre.

Les radiodiffuseurs privés canadiens ont aussi utilisé le principe de la liberté d'expression pour justifier leur activité, principe qu'ils ont assimilé à la liberté de presse, et plus précisément à leur liberté de propriétaires. L'idée d'un rôle complémentaire et concurrent des stations privées face à la SRC s'est ensuite concrétisée par la création d'un organisme distinct de réglementation, le Bureau des gouverneurs de la radiodiffusion (BGR), l'ancêtre du CRTC, en 1958. La loi qui l'institue fait état d'un système unique à deux composantes, privée et publique. La radiodiffusion privée peut désormais prospérer, obtenir des licences d'exploitation pour concurrencer la SRC tant sur le marché national que sur les marchés locaux.

On assiste durant la décennie 1960 à l'emprise croissante de la marchandisation en matière de radiodiffusion, mais la tension entre cette logique et le nationalisme sera tout de même forte. Au début des années 1960, le secteur privé est devenu très majoritaire dans le paysage de la radiodiffusion ; il comporte plus de stations de radio et de télévision que le public, son temps d'antenne est plus grand, de même que ses dépenses publicitaires[48]. La logique de la marchandisation s'est imposée depuis cette période, de telle sorte que tous les autres aspects des communications – câblodistribution, satellites, réseaux

---

47. *Ibid.*, p. 139-140.
48. M. Raboy, *op. cit.*, p. 211.

électroniques – vont être appréhendés de la même manière. Les activités de la communication et de l'information sont comprises comme des phénomènes marchands plutôt que politiques ou culturels.

Les premières années de la décennie 1980 marquent un tournant à cet égard, alors que la logique nationaliste s'affaiblit et que la tension historique entre marchandisation et nationalisme s'amenuise pour laisser une place accrue à une conception industrielle de la culture, de l'information et de la communication. Deux événements, l'un politique, l'autre lié à la redéfinition de la politique fédérale sur les communications, peuvent expliquer l'accentuation des tendances déjà présentes.

À partir des années 1980, la «menace séparatiste» québécoise décroît, et avec elle s'amenuise la nécessité de promouvoir le nationalisme canadien par l'intermédiaire de la radiodiffusion. La fonction politique de la radiodiffusion a cédé à sa fonction économique. L'atmosphère libre-échangiste exacerbé avec l'Accord de libre-échange avec les États-Unis (1988) et l'Accord de libre-échange nord-américain (1992), et l'obsession de la réduction du déficit ont encouragé la marchandisation. Incité par les impératifs marchands, le gouvernement conservateur de Brian Mulroney a adopté une conception industrielle de la culture. Il a réduit le financement de la SRC d'environ 400 millions de dollars entre 1984 et 1996 et a mis 1 700 personnes à pied. Il a fermé plusieurs stations locales de Radio-Canada: «Conséquence: le matin du 5 décembre (1990), Radio-Canada Québec (CBVT) a pris "la relève" en information régionale. D'un seul coup, cette station a vu son territoire s'accroître d'un demi-million de kilomètres carrés, avec un budget amputé d'un demi-million de dollars[49].»

La marchandisation en télévision publique, c'est-à-dire la prévalence de la valeur commerciale sur les valeurs éducative, politique, philosophique de l'information, s'explique dans un contexte de réduction du financement gouvernemental. C'est ce qu'explique le rapport du Comité d'examen des mandats SRC, ONF et Téléfilm présidé par Pierre Juneau et rendu public en 1996. Jusqu'au milieu des années 1970, la publicité n'était utilisée en moyenne que 6 minutes par heure d'antenne et de grands pans de programmation en étaient exempts. Au milieu des années 1980, les deux chaînes accordaient à la publicité le maximum permis par le CRTC, soit 12 minutes par heure, envahissant des secteurs autrefois à l'abri des commerciaux. La baisse des crédits parlementaires affectés à la télévision publique a réduit de 23% le budget de la SRC au cours des dix années qui ont suivi. «La SRC s'est mise à poursuivre

---

49. FPJQ et A. Saulnier, «Une réflexion sur l'avenir de Radio-Canada», 1991, document tiré du site Web de la FPJQ.

ses annonceurs avec plus d'assiduité», faisant grimper ses recettes commerciales de 72 % en huit ans. La récession du début des années 1990, la montée de la concurrence et la fragmentation de l'auditoire ont ensuite fait chuter les recettes publicitaires, avec pour conséquence que le problème de la réduction des crédits n'a pas été réglé et qu'en cours de route la SRC a «faussé ses priorités d'émissions», a fait dominer le sport, le divertissement léger populaire et les dramatiques. L'«impératif commercial de la SRC exerce aujourd'hui tellement d'ascendant sur ses émissions et sur ses décisions de programmation que son rôle de service public s'en trouve fondamentalement compromis[50]».

En recourant davantage à la publicité, la SRC a laissé la valeur d'échange (ce qu'elle vaut sur le marché) déterminer sa programmation et prévaloir sur la valeur d'usage (sa valeur intrinsèque). La publicité joue donc un rôle fondamental dans le processus de marchandisation, l'information étant alors considérée du point de vue de sa force d'attraction des auditoires. Ainsi le rôle de bon véhicule publicitaire du média doit-il être sauvegardé à tout prix. Pour mousser ce rôle, certains patrons de presse entretiennent la confusion des genres entre journalisme et publicité. Comme l'information journalistique est jugée plus crédible qu'une publicité et qu'on cherche à promouvoir les intérêts de l'annonceur, on laisse apparaître des publicités sous une forme quasi-journalistique[51]. Cette confusion des genres démontre bien que le droit du public à l'information vient en second lieu dans les priorités de certains médias, après les intérêts des annonceurs.

L'anecdote suivante permet d'apprécier l'intérêt des patrons de presse pour les revenus publicitaires, et ce, aux dépens des informations de nature politique. Au lendemain de l'élection québécoise du 30 novembre 1998, il y avait à la une du journal *Le Soleil* une publicité imparable: un collant vert et rond d'un diamètre d'environ six centimètres vantant une marque de bière qui cachait les résultats obtenus par le PQ. Pour prendre connaissance de la totalité des résultats du scrutin, les lecteurs et les lectrices devaient ôter le collant publicitaire, ce qui est la preuve que tout type d'information peut servir à faire des profits, même les nouvelles concernant le symbole par excellence de la démocratie, les élections. Il est certain que le commanditaire avait vu dans le processus électoral une occasion de faire des bénéfices, et

---

50. Canada, Comité d'examen des mandats SRC, ONF, Téléfilm, *Faire entendre nos voix. Le cinéma et la télévision du Canada au XXIe siècle*, ministère des Approvisionnements et Services Canada, 1996, p. 95-96.
51. Voir *L'Actualité* de février 2006 où l'on trouve une publicité de huit pages de la Banque nationale identifiée une seule fois comme «publi-reportage», alors qu'il ne s'agit pas du tout d'un «reportage».

les patrons du *Soleil* n'ont pas pu résister à ce coup fumant! Outre le fait qu'on ait clairement fait dominer la logique commerciale sur l'information politique, un affront supplémentaire attendait le lectorat du *Soleil*; quand on décollait la publicité de bière pour voir les résultats électoraux, le journal se déchirait précisément là où se trouvaient les scores en sièges et en pourcentage du PQ... Au manque d'éthique des patrons du *Soleil* s'ajoutait l'incompétence technique.

Dans le milieu journalistique – particulièrement chez les patrons de presse –, on sait que la publicité ne doit pas nuire à la crédibilité des médias; qu'une publicité soit trop envahissante ou qu'il y ait confusion des genres entre publicité et reportage n'annonce rien de bon pour la crédibilité du média. Mais il n'est pas sûr que la crédibilité ne soit utile que pour faire état des affaires de la Cité; c'est plutôt une crédibilité permettant au média de servir de véhicule publicitaire qui prévaut[52]. Ultimement, c'est la défense des intérêts des annonceurs qui sert à limiter la publicité ou à la contenir dans des normes précises. Cette logique considère d'abord l'information en fonction de sa valeur d'échange; la valeur d'usage vient en second lieu, quand elle n'est pas tout simplement oubliée.

Au-delà de la marchandisation de l'information, il y a la «marchandisation des audiences», puisque la grosseur de l'auditoire constitue le barème des taux de publicité. Pour certains auteurs comme Dallas Smythe, les idées transmises par les médias ne constituent pas le produit principal des médias; les audiences sont ce produit principal[53], puisque la cote d'écoute dicte les taux de publicité. Le rapport Juneau explique: «Les bulletins de nouvelles, comme les comédies de situation et les films, doivent livrer des auditoires aux annonceurs pour que les télédiffuseurs puissent faire marcher leur entreprise[54].» Vu dans cette perspective, le caractère instrumental de l'auditoire (attiré par quelque forme que ce soit d'«information») apparaît net; les annonceurs recherchent des individus qui vont consommer, et les médias leur en fournissent.

Les médias contribuent donc au bon fonctionnement du système capitaliste en fournissant des consommateurs aux annonceurs, en préconisant un style de vie axé sur la consommation et le marché. Une sélectivité certaine s'installe, et des secteurs entiers sont négligés:

---

52. Information obtenue d'un patron de presse québécois lors d'une entrevue.
53. D. Smythe, *Dependency Road: Communications, Capitalism, Consciousness, and Canada*, Norwood, Ablex, 1981, p. 8-9.
54. Canada, *op. cit.*, p. 62.

l'économie sociale, les relations de travail, les dégâts environnementaux des grandes entreprises, par exemple. Les « mauvaises nouvelles économiques », comme les mises à pied et les fermetures d'usines, sont d'ailleurs reléguées à la section générale dans certains médias, c'est-à-dire couverts par des journalistes qui n'ont pas nécessairement une formation ou une expérience en économie.

La marchandisation s'oppose au mandat de service public parce qu'elle instrumentalise l'information ; cette dernière devient un outil visant à rapporter des dividendes pour les médias et les annonceurs. L'aspect marchand de l'information s'inscrit dans une voie contraire à celle de l'amélioration des contenus. Par exemple, dans la guerre que se livrent les radiodiffuseurs, l'accroissement des parts de marché passe par la multiplication des chaînes, et non par l'amélioration de la programmation. On cherche à multiplier les produits pour capter un auditoire accru, l'idée étant qu'en occupant davantage de place dans l'offre, on récoltera nécessairement une part de marché plus grande. Tout cela est fort paradoxal, puisque la multiplication des chaînes par un même radiodiffuseur n'est pas garante d'un surcroît de revenu suffisant pour assurer le fonctionnement des nouvelles stations ; la multiplication des chaînes réduit donc les budgets disponibles pour chacune d'elles, ce qui ne peut améliorer la qualité des émissions. La réduction des ressources a un impact évident sur les conditions de travail des équipes de reportage : dossiers moins fouillés, temps de travail réduit, etc.

La marchandisation fait donc prévaloir les considérations commerciales sur toutes les autres missions de l'information, y compris sur l'idée que les médias constituent une agora où on retrouve une variété de points de vue qui aident les citoyens et les citoyennes à se faire une opinion éclairée des enjeux politiques. En résumé, la marchandisation cristallise le triomphe de la consommation sur la citoyenneté.

3.2.2. La concentration de la propriété de la presse

Si l'on voit l'information comme une marchandise, la concentration de la propriété des médias, c'est-à-dire la possession de plusieurs médias par un même propriétaire, ne pose pas de problème. Une telle conception mène à ne pas considérer la valeur éducative, politique ou sociale de l'information ; seuls des impératifs commerciaux servent alors de balises pour gérer les entreprises de médias. Il s'agit là de la conception du monde des affaires, dans laquelle la concentration constitue une bonne chose ; elle permet la réduction des coûts, le contrôle de l'environnement, la complémentarité et la synergie entre les produits. Cette perspective sera exposée dans la prochaine sous-section. Mais un point de vue différent s'impose si l'information a quelque valeur d'un point de vue de la démocratie, c'est-à-dire si elle vise à informer les citoyens et les citoyennes des affaires de la Cité. La concentration de la propriété de la presse diminue le pluralisme, un principe cardinal pour la formation des opinions éclairées et, en conséquence, un fondement de la gouverne en régime démocratique. La concentration laisse aussi constamment place au conflit d'intérêts, les médias n'étant plus libres de rapporter l'information concernant certaines entreprises et certains personnages publics. Ces aspects négatifs de la concentration de la propriété de la presse sont ressortis lors des débats sur la concentration de la presse qui font l'objet de la deuxième sous-section. Enfin, la dernière sous-section sera consacrée à la réglementation sur la concentration de la propriété de la presse.

La concentration pour le milieu des affaires

Dans une perspective d'affaires, la concentration s'inscrit dans la tendance à la maximisation des rendements sur l'investissement. La concentration permet des économies d'échelle, c'est-à-dire une réduction des coûts reliée à une « production accrue ». En achetant d'autres médias du même secteur ou en fusionnant, les entreprises augmentent leur part de marché et peuvent accroître leurs profits, de même qu'exercer une influence accrue sur les taux de publicité.

Une forme fréquente de concentration s'exerce de manière verticale. En achetant des médias de secteurs connexes, les entreprises maîtrisent davantage leur environnement, en amont ou en aval, comme la production préalable et la distribution, la promotion, la diffusion. Les éléments en amont permettent d'influer sur les coûts de production, alors que ceux en aval contribuent au succès du produit.

En investissant de plus en plus dans une variété de secteurs connexes, les entreprises font jouer la complémentarité, ce qui mène idéalement au contrôle de la chaîne de production-consommation; un produit est pensé, mis en forme, réalisé, publicisé, distribué, diffusé et consommé et chacune de ces étapes renvoie à un secteur d'activité médiatique particulier. L'exemple de Quebecor illustre bien la complémentarité; elle possède une station de télévision, des usines de papier, des quotidiens, des hebdomadaires, des magazines, des maisons d'édition, des entreprises de distribution, des sites Internet, entre autres. À l'échelle internationale, les nombreuses transactions entre entreprises de matériel audiovisuel, de production de films, de radiodiffusion, de production de vidéocassettes et même d'équipes sportives s'inscrivent dans cette complémentarité qui vise le contrôle de la chaîne de production-consommation, dans ce cas-ci de la fabrication du divertissement à sa destination finale dans les foyers.

La complémentarité permet également la synergie, c'est-à-dire l'usage multiple, voire la surexploitation d'une bonne idée. Une émission comme Star Académie est promue dans les quotidiens du propriétaire, dans ses magazines, dans ses hebdomadaires, sur son site internet, etc. La création de soi-disant vedettes est rendue possible par l'attention que les autres entreprises de Quebecor portent aux hommes et aux femmes qui participent à Star Académie.

Bien que la concentration dans la propriété des médias existe depuis plusieurs décennies, le phénomène prend une ampleur sans cesse croissante et s'inscrit aujourd'hui dans un contexte de mondialisation économique; le gouvernement canadien tient à protéger les entreprises canadiennes pour leur éviter la compétition des entreprises étrangères.

Pour illustrer la concentration de la propriété des médias, nous ferons état des transactions les plus importantes depuis les années 1990[55] et donnerons quelques chiffres indiquant l'importance des entreprises canadiennes de médias.

En mars 1994, l'entreprise Rogers a acheté l'importante Maclean-Hunter, quatrième entreprise de communication (au début de la décennie) qui employait 12 425 personnes, une transaction approuvée par le CRTC en décembre de la même année. Traditionnellement actif dans le secteur de la câblodistribution, Rogers a vu sa part de marché anglophone passer de 32 % à 48 % après des transactions avec Shaw Communications[56]. Les services de câblodistribution de Rogers sont concentrés en Ontario et en Colombie-Britannique, réduisant ainsi la diversité de l'offre dans ces provinces.

La fusion des réseaux Radiomutuel et Télémédia au Québec constitue un autre bon exemple de concentration menant à la réduction de services. La naissance de Radiomédia a conduit à la fermeture de six stations de radio. Au moment de la transaction, en septembre 1994, Télémédia avait fait part de son intention de lancer une agence

---

55. On trouvera des données sur la concentration avant 1990 dans le chapitre 4 de Michel Sénécal, *L'espace médiatique. Les communications à l'épreuve de la démocratie*, Montréal, Liber, 1995. D'autres données se trouvent dans Yves Théorêt, « La concentration et la propriété mixte des entreprises culturelles et des médias d'information au Canada », *Communication*, vol. 21, n° 2, p. 113-136.
56. Communiqué Friends of Canadian Broadcasting, 27 janvier 1995.

de presse dans le but évident de calmer les inquiétudes relatives à la réduction des sources de nouvelles. Cette promesse était manifestement un écran de fumée.

CFCF a aussi été éliminé, après des tractations avec Vidéotron en 1996. À la suite d'une saga de sept mois durant laquelle on avait envisagé un échange de services de câblodistribution et de télévision équivalant à 800 millions de dollars, le processus a été contrecarré par les démarches juridiques de Cogeco, seul autre acteur économique important dans la câblodistribution au Québec. Cogeco a obligé CFCF à faire approuver l'échange avec Vidéotron par une assemblée d'actionnaires et, devant la perspective d'un échec, Adrien Pouliot, le président de CFCF, a choisi de tout vendre à Vidéotron. En conséquence, à la fin des années 1990, à l'exception de Cogeco qui détenait 12 % du marché de la câblodistribution au Québec, Vidéotron constituait le seul autre joueur important au Québec, avec plus des deux tiers du marché[57].

Enfin, il faut faire état des aventures et des mésaventures de Conrad Black, qui a été à la fin des années 1990 le propriétaire de la troisième entreprise de presse au monde, après News Corporation[58] de Rupert Murdoch et Gannett Press[59]; son empire illustrait très bien le phénomène de la concentration de la presse. Black contrôlait environ 650 journaux sur quatre continents et possédait Chapters (résultat de la fusion de Smithbooks et Coles), une chaîne de plus de 400 magasins qui détenait plus du tiers du marché canadien du livre. En 1992, Black, propriétaire de Hollinger (*Le Soleil*, *Le Droit*, entre autres), faisait l'acquisition du cinquième des parts de Southam (*Gazette* de Montréal, *Ottawa Citizen*, *Vancouver Sun*, *Calgary Herald*, *Edmonton Journal*, entre autres) et Paul Desmarais faisait de même en 1993. Ensemble, ils ont pu exercer un contrôle de Southam ; dans son autobiographie, Black explique que, grâce à cette alliance avec Desmarais, il a pu acheter la moitié de la compagnie pour le prix du quart[60]. En 1995, il faisait

---

57. Les dernières statistiques compilées viennent d'Industrie Canada et portent sur l'ensemble du pays pour 2003 : Vidéotron détenait 15,8 % des parts du marché, Shaw (Star Choice et câble) 31,9 %, Rogers Cable 27,2 %, Bell ExpressVu 13,1 % et Cogeco Cable 9,5 %, Persona 2,1 % et Look Communication 0,4 %. Voir <strategis.ic.gc.ca/epic/internet/insmt-gst.nsf/fr/sf06090f.html>, consulté le 26 janvier 2006.
58. Comprend, entre autres, le *Times* de Londres, le *New York Post*, les studios et le réseau *Fox* et est l'éditeur de *HarperCollins*. A. Krol, « Le tour du monde en 112 journaux », *Commerce*, juin 1998, p. 71.
59. 87 quotidiens, dont *USA Today* et 21 stations de télévision en date de juin 1998. *Ibid.*
60. Cité dans Winter, *op. cit.*, p. 23.

l'acquisition de deux quotidiens, de 12 hebdomadaires et de six journaux gratuits de la Saskatchewan, s'assurant ainsi le monopole des journaux de cette province, en plus d'acheter 19 journaux de Thomson la même année et 12 autres l'année suivante (six en Ontario et six dans les Maritimes). Lorsqu'en mai 1996 il a acheté les parts de Paul Desmarais dans Southam, disposant ainsi de 41 % des actions, il est devenu le principal éditeur de journaux au Canada. Avec le *National Post* lancé en 1998, il contrôlait 60 des 104 quotidiens canadiens, soit plus de la moitié des titres représentant 40 % du tirage national[61]. Southam ayant sa propre agence de presse, le milieu journalistique a craint un moment que Black ne retire tous ses quotidiens de la Presse canadienne, mettant cette dernière en péril.

L'intérêt de Conrad Black pour les médias a considérablement faibli au moment où ses ambitions de pouvoir ont été contrecarrées par ses investissements dans les journaux. En 1999, il a en effet voulu obtenir le titre de Lord en Grande-Bretagne (titre de sénateur réservé à la noblesse). Or, une obscure résolution de la Chambre des communes datant de 1919 appelée «Nickle» empêchait les citoyens canadiens de recevoir un honneur en pays étranger à l'époque où la double citoyenneté était interdite. Jean Chrétien a dépoussiéré cette résolution pour s'opposer à l'ennoblissement de Conrad Black, un adversaire politique[62]. Black s'est alors départi de sa citoyenneté canadienne, et a dû vendre une partie de ses journaux, les propriétaires étrangers ne pouvant détenir plus de 25 % du marché des quotidiens. La vente des journaux de Conrad Black a suscité une vague de transferts dans la propriété de la presse au Canada.

Peu de temps après, la vie de Lord Black a cependant pris une tournure que le principal intéressé n'avait pas prévue. Reconnu coupable de trois chefs d'accusation de fraude et d'un chef d'accusation d'obstruction à la justice à l'été 2007, Black purge depuis mars 2008 une peine de prison de six ans et demi au pénitencier fédéral Coleman en Floride, et la saga judiciaire dans laquelle il se trouve depuis 2003 n'est toujours pas terminée. Voici les principaux éléments des déboires et des rebondissements dans lesquels il est impliqué. En novembre 2003, un comité spécial de Hollinger International (dont le siège social est à Chicago) chargé d'enquêter sur les finances de la compagnie a conclu

---

61. J. Winter, *op. cit.*, p. 22-24, P. Waldie, J. McFarland, «Black snaps up *Financial Post*», *Globe and Mail*, 21 juillet 1998, p. A1 et M. Lamey et D. Gamble, «Sun Media cheers bid by Quebecor», *The Gazette*, 10 décembre 1998, p. E1-E2.
62. Paule des Rivières, «Pouvoirs et abus de pouvoir», *Le Devoir*, 10 août 1999, p. A1.

que Conrad Black, trois de ses adjoints et Hollinger Inc. – la compagnie de Toronto dont Black détenait le contrôle – avaient accaparé la somme de 32,2 millions de dollars en paiements de «non-concurrence» effectués par les acheteurs des journaux de Hollinger International. Black démissionnait immédiatement de son poste de *Chief Executive Officer* de Hollinger International et promettait de remettre ces fonds à l'entreprise. Quelques mois plus tard, il quittait son poste de président du conseil d'administration. Une enquête de la U.S. Securities and Exchange Commission (SEC), organisme de réglementation des marchés boursiers aux États-Unis, était alors déclenchée[63]. En mai 2004, Hollinger International intentait une poursuite de 1,25 milliard de dollars américains contre Conrad Black et quelques collaborateurs en vertu de la *Rackeeter Influence and Corrupt Organizations Act*. Le 12 septembre de la même année, un comité spécial du conseil d'administration de cette entreprise déposait auprès de la SEC un rapport intitulé «A Corporate Kleptocracy» qui expliquait comment plus de 400 millions de dollars de Hollinger International avaient été pillés par Conrad Black et ses collaborateurs au cours des sept dernières années, ceux-ci se servant de l'entreprise comme de leur tirelire personnelle. Des transferts de fonds à des sociétés sous contrôle de Black et de ses collaborateurs et des frais de gestion injustifiés et excessifs (comme 24 950$ pour des «boissons d'été» et 42 870$ pour un souper d'anniversaire de Barbara Amiel Black) étaient acceptés les yeux fermés par le conseil d'administration de Hollinger International, composé d'amis de Conrad Black; le conseil sera par la suite blâmé pour avoir abdiqué sa mission de défendre les intérêts des actionnaires. «Derrière un torrent continuel de vantardises concernant leurs résultats en tant que "propriétaires", Black et Radler se sont donné pour mission de se remplir les poches au détriment de Hollinger [International], quasiment jour après jour et avec presque tous les moyens qu'ils pouvaient imaginer» peut-on lire dans le rapport[64]. Les auteurs de ce document ont été par la suite poursuivis en justice pour libelle diffamatoire pour un montant de 1,1 milliard de dollars par

---

63. Walter C. Soderlund et Kai Hildebrandt, «An Assessment of Conrad Black's Ownership», dans Walter C. Soderlund et Kai Hildebrandt, *Canadian Newspaper Ownership in the Era of Convergence. Rediscovering Social Responsibility*, Edmonton, The Alberta University Press, 2005, p. 82-86; Richard Blackwell, «Black's darkest day. Hollinger Scandal forces him out as CEO», *The Globe and Mail*, 18 novembre 2003, p. A1; Jacquie McNish et Paul Waldie, «Improper payments led to mogul's demise», *The Globe and Mail*, 18 novembre 2003, p. A1; Sinclair Stewart et Richard Blackwell, «U.S. Regulators expected to investigate Hollinger», *The Globe and Mail*, 18 novembre 2003, p. B1.

64. Presse canadienne et AFP, «De baron à pillard», *Le Soleil*, 1er septembre 2004, p. A1. Voir aussi: Steve Erwin, «La tirelire des Black», *Le Devoir*, 1er septembre 2004, p. A1.

Conrad Black. En novembre 2004, la SEC intentait une poursuite civile contre Conrad Black, David Radler et Hollinger Inc., alléguant qu'ils avaient mis en place de manière frauduleuse et trompeuse un mécanisme de diversion des profits et des biens d'Hollinger International. En cause : un montant de 85 millions de dollars acquis illégalement, selon la poursuite, et l'interdiction pour Black et Radler d'occuper des postes au conseil d'administration d'Hollinger International. En août 2005, David Radler était accusé de fraude par le Procureur général des États-Unis ; il plaidait coupable et s'engageait à collaborer avec la justice américaine en échange d'une diminution de peine. En novembre de la même année, c'était au tour de Conrad Black d'être accusé en fonction du code criminel américain pour des fraudes, de l'obstruction à la justice et de l'escroquerie. C'est cette dernière poursuite qui s'est conclue avec un jugement d'accusation à l'été 2007, jugement émis par un jury devant une cour de Chicago [65].

Ce rapide portrait des démêlés judiciaires de Conrad Black est forcément incomplet, car il ne tient compte ni de la totalité des poursuites contre Black, ni des démarches entreprises par la maison de courtage Tweedy Browne & Co. qui a été la première à tirer la sonnette d'alarme au sujet des supposées malversations de Black et de Radler, ni des protestations de certains actionnaires américains, ni des enquêtes déclenchées au Canada par la GRC, le ministère fédéral du Revenu et la Commission des valeurs mobilières de l'Ontario. Ces instances canadiennes ont toutes été beaucoup plus lentes et bien moins efficaces que leurs vis-à-vis américaines, même si les sommes liées aux ententes de non-concurrence payées par les entreprises canadiennes CanWest Global et par Osprey Media auraient selon toute vraisemblance suivi un chemin semblable aux paiements des ententes américaines de non-concurrence[66].

La vente des journaux de Conrad Black a suscité des mouvements dans la propriété des entreprises de presse. CanWest Global, déjà propriétaire d'une station de télévision, a acheté plusieurs quotidiens de Black en 2000 pour devenir le plus grand éditeur de journaux, avec 13 titres et 28,6 % des parts du marché des quotidiens en 2004

---

65. Bloomberg, « Conrad Black accusé de fraude », *La Presse*, Cahier Affaires, 18 novembre 2005, p. 1 ; « Attack against Black. An insider's guide », *The Globe and Mail*, 19 novembre 2005, p. B1, B2 et B4 ; Paul Waldie et Andy Hoffmann, « "Rockstar" pleads not guilty », *The Globe and Mail*, 19 novembre 2005, p. A1 ; Richard Siklos, « Conrad Black, Ex-Press Baron, Guilty of Fraud », *The New York Times*, 14 juillet 2007.

66. C'est ce qu'allègue une poursuite de Hollinger contre Black et ses collaborateurs. Voir The Canadian Press, « A timeline on Conrad Black's rising sea of troubles », 20 septembre 2005.

(voir tableau 3.1). Elle détient le prestigieux *National Post* qui a comme mission de faire compétition au *Globe and Mail* comme grand quotidien national. CanWest est minoritaire dans le marché de Toronto, mais majoritaire dans les marchés de Calgary et d'Edmonton et elle détient 100 % des parts de marché dans le Montréal anglophone et dans les villes de Vancouver, Regina et Saskatoon[67].

TABLEAU 3.1
Entreprises propriétaires de quotidiens au Canada, nombre de journaux et tirage en 2004

Entreprises	Nombre de quotidiens	Tirage quotidien en %
Osprey Media Group	21	7,10
Sun Media / Quebecor	17	20,31
Can West Global	13	28,60
Transcontinental	11	3,15
Hollinger	10	1,16
Power Corporation	7	9,29
Horizon Operations	5	1,82
Torstar	4	13,39
Brunswick News (Irving)	3	2,09
Free Press	2	2,81
Halifax Herald	1	2,19
Bell Globemedia	1	6,56
Black Press	1	0,39
Indépendants	4	1,12

Source : Walker C. Soderlund et Walter I. Romanow, « Failed Attemps at Regulation of Newspapers Ownership », *Canadian Newspapers Ownership in the Era of Convergence. Rediscovering Social Responsibility*, Edmonton, The University of Alberta Press, 2005, p. 15-17.

---

67. Centre d'études sur les médias, Rapport préparé pour le Comité du Patrimoine canadien, cité dans Walter C. Soderlund et Walter I. Romanow, « Failed Attempts at Regulation Newspapers Ownership », dans Walter C. Soderlund et Kai Hildebrandt, *Canadian Newspaper Ownership in the Era of Convergence. Rediscovering Social Responsibility*, Edmonton, The Alberta University Press, 2005, p. 14 ; Kai Hildebrandt, Walter C. Soderlund et Walter I. Romanow, « Media Convergence and CanWest Global », dans Walter C. Soderlund et Kai Hildebrandt, *Canadian Newspaper Ownership in the Era of Convergence. Rediscovering Social Responsibility*, Edmonton, The Alberta University Press, 2005, p. 98.

Au Québec, Quebecor et Rogers Communications ont tenté de mettre la main sur Vidéotron en 2000 et la Caisse de dépôt et de placement du Québec est intervenue pour permettre à Quebecor de remporter cette bataille, faisant de cette entreprise la plus importante dans le monde des médias québécois. Quebecor, désormais propriétaire de la station TVA, d'entreprises d'imprimerie, d'édition, de télécommunications, a dû, sur ordre du CRTC, se départir de TQS, l'autre station de télévision privée, au profit de Cogeco et de Bell Globemedia.

Toujours en 2000, les journaux mis en vente par Hollinger ont été achetés par Gesca, filiale de Power Corporation (famille Desmarais). Cette entreprise détient désormais *La Presse* (Montréal), *Le Soleil* (Québec), *Le Nouvelliste* (Trois-Rivières), *Le Droit* (Ottawa), *La Tribune* (Sherbrooke), *Le Quotidien* (Chicoutimi), *La Voix de l'Est* (Granby). Dans les marchés de Montréal et de Québec, Gesca est concurrencé par Quebecor (*Journal de Montréal* et *Journal de Québec*). Si la concentration de la presse permet aux plus petits quotidiens du groupe Gesca d'avoir accès à des reportages plus fouillés, le syndicat de la rédaction du journal *Le Soleil* dit souffrir de «montréalisation», c'est-à-dire de l'imposition d'une vision trop collée à celle de *La Presse*.

Par ailleurs, le conglomérat Bell Globemedia (BGM) est formellement né en janvier 2001, suite à l'acquisition par BCE de la station de télévision CTV et d'une alliance avec le groupe Thomson, propriétaire du *Globe and Mail*. En décembre 2005, une recapitalisation de l'entreprise redistribuait les cartes; dorénavant, Torstar aurait 20 % des parts de l'entreprise, 40 % seraient détenues par Woodbridge (l'entreprise de Thomson), et BCE et Teachers détiendraient chacun 20 % des parts. BGM détient les stations CTV, Discovery Channel, Report on Business Television et TSN, des sites Internet liés au *Globe and Mail* et une participation de 15 % dans les Maple Leafs Sports & Entertainment Ltd., entre autres. La transaction, qui a été approuvée par le CRTC et le Bureau de la concurrence en 2006, a permis à Torstar d'investir dans la radiodiffusion et d'avoir accès à un énorme marché publicitaire[68].

Les entreprises faisant des affaires dans le secteur des médias constituent des acteurs économiques importants, comme le montre le tableau 3.2 qui fait état des revenus, des bénéfices ainsi que du nombre de personnes à l'emploi.

---

68. Omar El Akkad *et al.*, «The Deal. The Assets. The Hurdles», *Globe and Mail*, 3 décembre 2005, p. B4. CRTC. Décision de radiodiffusion CRTC 2006-309, <www.crtc.gc.ca/fra/archive/2006/db2006-309.htm>, consulté le 23 janvier 2009.

Les médias et les pouvoirs économiques

TABLEAU 3.2.
Bénéfices, revenus et nombre de personnes à l'emploi des plus grandes entreprises de presse au Québec et au Canada déclarés en 2008*

Entreprises de communication	Rang parmi les plus grandes entreprises au Québec et au Canada	Revenus en millions $	Bénéfice net en millions $ et variation sur 1 an en %		Nombre de personnes à l'emploi au Québec	Effectif total
BCE	4	17 866,0	4 057,0	102,14	17 392	54 034
Quebecor	7	9 382,5	-969,2	—	12 485	45 300
Transcontinental	24	2 326,4	120,6	—	6 056	14 701
Power Corporation	30	29 408,0	1 463,0	5,03	4 488	25 881
Rogers Communications	39	10 123,0	637,0	2,41	3 374	24 400
CBC/Radio-Canada	54	559,0	—	—	2 686	7 292
Astral Media	93	646,0	131,2	—	1 525	2 800
Cogeco	111	1 071,1	74,7	—	1 328	2 889
CanWest Global Communications	268	2 865,3	279,3	—	500	11 000
CTVGlobemedia	329	—	—	—	407	5 891
Thomson Reuters	—	7 843,0	4 304,3	257,5	—	—
Shaw Communications	—	3 122,7	—	—	—	—
Torstar	—	1 546,5	—	—	—	—

Source : Revue *Commerce*, juillet 2008 et Rapports annuels de Torstar et Shaw Communications.

* Le tableau ci-haut a été fait à partir d'une compilation des tableaux des « 500 plus grandes entreprises du Québec » et des « 100 plus grandes entreprises au Canada » de la revue *Commerce* de juillet 2008, à l'exception des données concernant Torstar et Shaw Communications. Les données fournies dans chacun des tableaux et la méthodologie de classement différent; le rang québécois est fixé à partir du nombre d'employés, alors que le rang canadien est fixé en fonction des revenus.

Les débats sur la concentration

Les débats sur la concentration de la propriété des médias ont souvent été provoqués par des transactions ou par des velléités d'acquisition de médias de la part de personnes possédant déjà plusieurs médias. Ainsi en a-t-il été des premières inquiétudes sur la concentration dans les années 1960. L'attention s'est alors cristallisée autour de Paul Desmarais, qui a acheté *La Presse* en 1967, alors qu'il possédait déjà la chaîne de journaux Trans-Canada (*Le Nouvelliste* de Trois-Rivières, *La Tribune* de Sherbrooke et *La Voix de l'Est* de Granby, *Le Petit Journal, Le Photo Journal, Dimanche Matin, Dernière heure*) et la station de radio CKAC. Comme Desmarais possédait aussi des entreprises dans le secteur des transports, des pâtes et papiers et des assurances, les conflits d'intérêts dans la couverture de ces secteurs apparaissaient évidents. Desmarais a aussi acquis *Le Montréal-Matin* en 1973 et l'a fermé en 1979. Il a voulu acheter *Le Soleil* en 1973 et en 1987 mais ne l'a finalement acquis qu'en 2000. Il a voulu s'emparer de la station de télévision Télé-Métropole (TVA) en 1986 mais elle semble lui avoir définitivement échappé puisque c'est son principal concurrent, Quebecor, qui l'a acquise.

En réaction aux premiers signes de concentration de la propriété de la presse, les journalistes ont créé la Fédération professionnelle des journalistes du Québec en 1969. On dénonçait le phénomène à cause des risques de conflits d'intérêts dans la couverture journalistique et parce que « les chaînes influencent l'information non par la censure mais par l'établissement de politiques d'information, l'affectation des ressources, l'embauche de cadres et journalistes[69] », entre autres. Dans le mémoire présenté par la FPJQ à la Commission parlementaire sur la liberté de la presse (1969), on soutenait que « l'État doit favoriser l'émergence de nouvelles entreprises de presse, contrer la propriété étrangère et s'assurer que les médias comprennent leur rôle de service public ». La Fédération suggérait la création d'une régie de surveillance, semblable au CRTC, qui approuverait les transferts de propriété, établirait des normes générales de contenu et réglementerait la distribution. La FPJQ demandait une loi qui imposerait la clause de conscience et protégerait le droit des journalistes de ne pas faire de publicité. En 1972, revenant à la charge, elle proposait une loi visant la création obligatoire de conseils de gestion dans les entreprises de presse composés du public, des journalistes et des responsables de l'entreprise[70].

---

69. FPJQ, « La FPJQ et la concentration de la presse », 1997, <www.fpjq.org>.
70. FPJQ, *op. cit.*

Bien que la concentration de la propriété de la presse écrite n'ait fait l'objet d'aucune loi, les gouvernements se sont montrés préoccupés par cette question à plusieurs reprises. En 1973, lorsque Paul Desmarais a manifesté son intention d'acheter *Le Soleil*, le premier ministre de l'époque, Robert Bourassa, l'en a dissuadé. Puis en 1987, l'intervention du gouvernement du Québec dans la vente du même journal à Conrad Black (Hollinger) a mené à la conclusion d'une entente prévoyant, pour une éventuelle revente du journal, un droit de préférence pour une entreprise québécoise ou canadienne, la Société générale des industries culturelles s'engageant à trouver un tel acheteur[71].

Sur la scène fédérale, plusieurs comités, parlementaires ou indépendants des instances législatives, se sont penchés sur le problème de la concentration de la presse. En 1970, le rapport Davey constatait la tendance à la concentration et déplorait que l'intérêt public, dans le domaine de l'information, soit « à la merci de la cupidité ou du bon vouloir d'un groupe extrêmement privilégié d'hommes d'affaires ». Sa principale recommandation était d'enrayer la concentration dans l'industrie des quotidiens et d'établir un comité de surveillance de la propriété de la presse dont le principe directeur serait que « toutes les transactions qui augmentent la concentration de la propriété des moyens d'information sont indésirables et contraires à l'intérêt public – à moins de preuve du contraire[72] ».

Bien que le rapport Davey ait vite sombré dans l'oubli, la concentration a fait l'objet de nombreuses discussions dans les années 1970. Deux avant-projets de loi visant à limiter la concentration de la propriété de la presse ont vu le jour au Québec (aucun débattu à l'Assemblée nationale), et Ottawa et Québec se sont intéressés à la question (le premier par l'intermédiaire de la commission sur la concentration des pouvoirs des corporations et le second en créant un groupe de travail sur la concentration des médias au ministère des Communications). La décennie 1970 a aussi été fertile en transactions financières ; soulignons, entre autres, l'achat de tous les journaux du nord-ouest du Québec par Quebecor et la fermeture de *Montréal-Matin* et du *Montreal Star* en 1979. Trois ans auparavant, la FPJQ avait publié *Conséquences et remèdes à la*

---

71. M. Raboy, *Les médias québécois. Presse, radio, télévision, câblodistribution*, Boucherville, Gaëtan Morin, 1992, p. 82 et 87.
72. Canada, *Commission royale sur les quotidiens*, ministre des Approvisionnements et Services Canada, 1981, p. 19.

concentration des entreprises de presse, qui dénonçait « l'utilisation démagogique de la notion de liberté de presse par des hommes d'affaires "avant tout soucieux d'empêcher l'État de scruter leurs livres[73] ».

> *L'État, écrit-on, doit s'assurer que les citoyens aient partout accès à de multiples sources d'informations, que de nouvelles entreprises puissent émerger partout sans se faire étouffer par la concurrence trop forte des chaînes, qu'une entreprise qui répond aux besoins de la population ne puisse disparaître pour des raisons strictement économiques, que les transferts de propriété ne soient pas contraires à l'intérêt public (contrôle par une Régie). Que les entreprises servent le public et non les intérêts particuliers de leurs propriétaires[74].*

Au seuil des années 1980, la Commission royale sur les quotidiens, aussi appelée commission Kent, est « née de la stupéfaction et du choc » après la fermeture de deux journaux presque centenaires, des gestes qui accéléraient la concentration de la presse. Le 27 août 1980, le *Tribune* de Winnipeg et le *Journal* d'Ottawa fermaient leurs portes, permettant ainsi à Thomson et à Southam d'exercer un monopole respectivement à Winnipeg (par le *Free Press*) et à Ottawa (par le *Citizen*). Le rapport Kent faisait état de l'augmentation de la concentration de la propriété dans la presse écrite : dans la presse quotidienne francophone, les chaînes détenaient 48,9 % du marché en 1970 et 90 % en 1980, tandis que dans le marché anglophone les chaînes se partageaient 41,4 % du marché en 1970 et 74,3 % en 1980. De plus, 94 % des quotidiens francophones et 83 % des quotidiens anglophones provenaient de firmes ayant leur siège social respectivement à Montréal et à Toronto[75]. Le rapport Kent établissait des liens entre la concentration de la propriété de la presse et l'homogénéisation du contenu rédactionnel et une uniformisation du produit offert[76]. Si la diversité de l'information rend possible la fonction de service public des médias, à l'inverse la concentration de la propriété de la presse exerce un effet homogénéisant :

> *L'expansion des entreprises par la concentration en groupes nombreux s'est accompagnée d'une réduction dans la diversité de la nouvelle et de l'opinion, élément vital d'une société libre. La qualité de ce qui reste ne s'est pas améliorée, elle s'est même dégradée à certains égards. Ce déclin est attribuable, au moins dans une certaine mesure, à l'influence normalisatrice des grandes sociétés, que l'on applique ici à une*

---

73. FPJQ, *op. cit.,* p. 4.
74. *Ibid.*
75. Canada, *Commission royale...,* op. cit., p. 14.
76. *Ibid.,* p. 177-181.

profession essentiellement individualiste et intuitive. L'innovation, la créativité et même un degré souhaitable d'excentricité cèdent le pas aux pressions normalisatrices[77].

Les auteurs du rapport Kent ont examiné le contenu des journaux et découvert des liens entre le type de propriété et la qualité de l'information. Les journaux indépendants accordaient le plus d'importance aux nouvelles et à l'analyse, les chaînes produisaient une qualité variable et les conglomérats diversifiés fabriquaient des journaux dont le contenu rédactionnel laissait à désirer. Thomson, par exemple, appartenait au troisième cas, si l'on fait exception du fleuron de l'entreprise, le *Globe and Mail*. Entreprise la plus rentable au Canada au moment de l'enquête de la commission Kent, elle accordait une proportion du revenu total consacré à la nouvelle et au contenu rédactionnel de 24 % inférieure à la moyenne de l'ensemble de l'industrie. Le succès financier n'incite donc pas à l'amélioration du produit. On a qualifié les journaux monopolistes de Thomson dans les petites villes de « morne ramassis de boîtes à sous » et les journaux Irving au Nouveau-Brunswick ont été « particulièrement reconnus pour leur assujettissement le plus complet aux intérêts industriels[78] ».

Le rapport Kent a suggéré une série de mesures correctives destinées à freiner la concentration de la propriété de la presse: le renforcement des lois sur la concurrence et les coalitions, l'abolition des chaînes, l'interdiction de la propriété mixte[79], l'aide aux journaux en difficulté et la création d'un organisme de réglementation pouvant assurer un certain contrôle sur les contenus, obliger la mise sur pied de conseils de presse et examiner les transactions financières[80].

Aucune des mesures du rapport Kent n'a été appliquée, sauf en ce qui concerne la propriété mixte (de journaux et d'entreprises audiovisuelles); en 1982, un décret gouvernemental adressé au CRTC visait à restreindre les intérêts d'Irving au Nouveau-Brunswick. Ce décret a toutefois été abrogé en 1985[81].

L'atmosphère libre-échangiste des années 1980 va contribuer à diminuer les préoccupations reliées à la concentration de la presse. Vers la fin de la décennie, le Forum sur la concentration organisé par le ministère des Communications du Québec jugeait les craintes sur

---

77. Canada, *Commission royale...*, *op. cit.*, p. 196.
78. *Ibid.*, p. 193-196.
79. Par exemple, des journaux et des stations de radio.
80. Canada, *Commission royale...*, *op. cit.*, p. 251.
81. Raboy, 1992, *op. cit.*, p. 86.

l'uniformisation des contenus non justifiées, le recours aux agences de presse et les études de marketing contribuant davantage que la concentration à homogénéiser les journaux. La perspective affairiste convainquant bon nombre d'intervenants dans le milieu, on en vient à penser que la concentration « peut être favorable financièrement » et qu'elle peut être limitée par : « la présence de concurrents assez nombreux, les conventions collectives, la vigilance des journalistes et l'opinion publique[82] ». Cette position n'empêchait pas la FPJQ, quelques années plus tard, de répéter que « la concentration de la presse est une tare pour la qualité de la vie démocratique », tout en approuvant la demande de Vidéotron d'acheter la station de télévision TQS en 1996, puis une demande semblable de Quebecor Inc.[83] en 1997.

Il semble que l'argument massue de la fermeture des médias, qu'on utilisait pour s'opposer à la concentration, se soit « retourné »; la survie de TQS était en jeu et les approbations de la FPJQ visaient à maintenir la station en vie. En 1997, la fédération approuvait donc la transaction avec Quebecor, tout en déplorant l'éventuelle propriété croisée; la moitié de la transaction, c'est-à-dire les rédactions du *Journal de Montréal* et du *Journal de Québec*, échappait à la compétence du CRTC. Elle demandait par ailleurs au CRTC que parmi les conditions d'attribution de licence se trouvent des investissements accrus en information, des salles autonomes en région, un comité de sages pouvant vérifier s'il y a interpénétration des salles de nouvelles de TQS, du *Journal de Montréal* et du *Journal de Québec* et une licence de trois ans et non de sept comme le demandait Quebecor[84]. Dans sa décision, le CRTC a souhaité l'indépendance éditoriale de TQS par rapport à Quebecor, mais n'en a pas fait une condition d'attribution de licence. Il a exigé un code de déontologie ainsi que la mise sur pied d'un comité de surveillance pouvant entendre les plaintes[85]. Il a fixé des sommes pour le budget de programmation destiné aux producteurs indépendants ainsi qu'un nombre minimal d'heures de nouvelles locales et d'émissions destinées aux enfants. Le CRTC a accordé à Communications Quebecor Inc.

---

82. FPJQ, *op. cit.*, p. 6.
83. Plus précisément de Communications Quebecor Inc., un consortium formé de Quebecor (58) et des actionnaires minoritaires Cancom (19), Cogeco (19) et des stations affiliées de TQS.
84. FPJQ, *Mémoire sur le projet d'acquisition*, 1997, p. 5-7.
85. La nomination des membres du comité relève de Quebecor.

une licence de quatre ans[86]. Selon la chroniqueuse de *La Presse* Louise Cousineau, Pierre Péladeau jubilait en apprenant sa victoire : « J'aurais été président du CRTC, j'aurais pas fait mieux[87] ! »

En 2001, la FPJQ faisait son *mea culpa* et reconnaissait s'être trompée en croyant qu'on pouvait autoriser la propriété croisée en imposant certaines conditions. L'expérience avait démontré la mauvaise foi de Quebecor au sujet du comité de surveillance devant veiller à l'indépendance des salles de rédaction de TQS et du *Journal de Montréal* ; dès la première plainte, le comité de surveillance n'a pas pu enquêter, faute de collaboration de Quebecor[88].

La vague de débats sur la concentration a repris au tout début des années 2000, suite aux transactions dont nous avons fait état plus haut. En 2001, la Commission de la culture de l'Assemblée nationale tenait des audiences publiques sur la concentration de la presse et recommandait un mécanisme de vigie de la concentration dans le monde médiatique, le renforcement du Conseil de presse, des ombudsmans dans les médias, des comités internes de surveillance dans les conglomérats et des crédits d'impôts pour les médias indépendants, entre autres[89]. En 2003, un Comité conseil sur la qualité et la diversité de l'information mandaté par le gouvernement du Québec et dirigé par Armande St-Jean remettait un rapport qui favorisait une intervention de l'État respectueuse du principe de la liberté de presse. Parmi les recommandations du Comité, on trouve : l'étude en commission parlementaire de toutes les transactions dans le monde des médias, la mise en place d'un Conseil de l'information qui serait à la fois un observatoire des médias, un lieu d'animation pour l'éducation aux médias, un mécanisme de gestion du Fonds d'aide à l'information et un greffe où seraient déposés les rapports annuels des entreprises en matière d'information[90]. Tant les recommandations de la Commission de la culture que celles du Comité conseil sur la qualité et la diversité de l'information sont restées lettre morte, le gouvernement québécois n'ayant pas la volonté politique

---

86. Décision CRTC 1997-482.
87. L. Cousineau, « Pierre Péladeau veut faire de la télé proche du peuple et pas trop chère », *La Presse*, 23 août 1997, p. D2.
88. FPJQ, Mémoire de la Fédération professionnelle des journalistes du Québec sur la demande d'acquisition de Vidéotron et TVA par Quebecor. Audience publique CRTC 2001-2, p. 14-15.
89. Assemblée nationale, Commission de la culture, Mandat d'initiative portant sur la concentration de la presse, novembre 2001.
90. Comité conseil sur la qualité et la diversité de l'information, Rapport final, 2003.

d'intervenir en matière d'information[91]. Il n'est certes pas dans l'air du temps de privilégier la liberté d'expression et la diversité des voix aux dépens de la liberté d'entreprise.

Toujours en 2003, le Comité du Patrimoine canadien de la Chambre des communes publiait un volumineux rapport intitulé *Notre souveraineté culturelle. Le deuxième siècle de la radiodiffusion canadienne* dans lequel il émettait de sérieuses inquiétudes quant à la concentration de la presse au Canada. Il identifiait trois types de problèmes pour lesquels il faisait un bilan fort négatif: intégration horizontale (dans les mêmes secteurs d'activité), intégration verticale (dans des étapes de production diverses) et propriété croisée (propriété d'au moins deux types de médias, voir tableau 3.3). En matière d'intégration horizontale, il expliquait entre autres que le nombre de propriétaires de stations de télévision conventionnelle avait diminué de moitié depuis 1970 et que les cinq plus grands propriétaires de ces stations[92] détenaient 68 % du marché en 2000, contre 48 % en 1990, 30,7 % en 1980 et 28,6 % en 1970[93]. Même problème en matière de câblodistribution où les cinq entreprises dominantes[94] se partageaient 80 % du marché[95]. En matière d'intégration verticale, il soulignait les inquiétudes légitimes en ce qui avait trait à la préférence indue accordée aux productions d'entreprises d'un même propriétaire; il expliquait aussi que le CRTC avait renouvelé les licences de CTV et de Global en 2001 en exigeant « que seulement 25 % de leur contenu canadien aux heures de grande écoute pouvait provenir des maisons de production qui leur appartenaient[96] ». Enfin, en ce qui concerne la propriété croisée, le Comité du Patrimoine canadien fait état des transactions de l'année 2000 en soulignant que Quebecor était désormais le champion canadien et détenait des intérêts dans tous les secteurs des médias: radio, télévision, distribution de radiodiffusion,

---

91. Rares sont les journalistes capables d'admettre cette absence de volonté politique. Une exception: Paul Cauchon qui fait état du malaise des deux principaux partis politiques québécois devant une loi qui limiterait la propriété des médias au sein d'une entreprise ou encore qui obligerait les propriétaires de journaux à divulguer certaines informations. Voir Paul Cauchon, « La commission silencieuse », *Le Devoir*, 12-13 mai 2001, p. C7.
92. Ce sont présentement CanWest Global, Quebecor, Bell Globemedia, Rogers et Corus Entertainment/Shaw.
93. Comité permanent du Patrimoine canadien, *Notre souveraineté culturelle. Le deuxième siècle de la radiodiffusion canadienne*, Chambre des communes, 2003, p. 425.
94. Ce sont présentement Rogers, Shaw, Vidéotron, Cogeco et Moffat.
95. Comité permanent..., *op. cit.*, p. 424.
96. Comité permanent..., *op. cit.*, p. 426.

maisons de production, journaux, magazines, Internet, téléphonie/ réseautage, communications sans fil et commerce électronique[97]. Le comité écrit :

> Des témoins préoccupés par les dangers de la propriété croisée ont déclaré au Comité que le risque réside dans le fait que trop de pouvoir pourrait être concentré entre les mains de quelques personnes qui n'ont aucune obligation de rendre compte. Les propriétaires de multiples entreprises médiatiques dans un marché local ou national détiennent le pouvoir extraordinaire de modeler l'opinion des citoyens. Dans ces circonstances, le nombre et la variété des voix et des perspectives offertes aux lecteurs et aux téléspectateurs sont considérablement réduites [sic]. La promotion croisée d'un média par un autre fait que les nouvelles et les commentaires se transforment en publicité ou en stratégie de marketing. Cela ne peut qu'éroder la confiance des citoyens dans les agences d'information[98].

Le Comité a recommandé au gouvernement de publier « un énoncé de politique clair et sans équivoque concernant la propriété croisée au plus tard le 30 juin 2004 », proposition que le gouvernement canadien a ignorée. Le Comité a aussi recommandé au gouvernement « d'ordonner au CRTC de renforcer sa politique sur la séparation des activités des salles de presse dans les situations où il y a propriété croisée des médias afin d'assurer l'indépendance rédactionnelle », et demandé que le CRTC « mette en place un mécanisme pour assurer l'indépendance rédactionnelle des activités de radiodiffusion et qu'il présente un rapport annuel à cet égard[99] ». Aucune action n'a été entreprise en ce sens.

Enfin, en 2004, le Comité sénatorial permanent des transports et des communications remettait un Rapport intérimaire sur les médias canadiens d'information après une première vague d'audiences publiques. Il a recueilli de nombreuses données illustrant la concentration et la propriété croisée, données qui nous servent à faire le point sur ces problèmes.

---

97. Comité permanent..., *op. cit.*, p. 427.
98. Comité permanent..., *op. cit.*, p. 437.
99. Comité permanent..., *op. cit.*, p. 442-443.

TABLEAU 3.3
Propriété croisée des médias canadiens, juillet 2003

	Astral	BCE	Brunswick	CanWest	CHUM	Cogeco	Corus	Craig	Power Corp.	Quebecor	Rogers	Shaw	Torstar	Trans-continental
Presse écrite														
Quotidiens		■		■					■	■			■	■
Hebdomadaires		■								■			■	■
Magazines	■									■			■	■
Radiodiffusion														
Télévision : conventionnelle				■	■			■		■	■			
Télévision : chaînes payantes et spécialisées	■			■	■		■			■	■		■	
Production¹		■		■		■	■			■	■		■	
Radio	■				■	■	■				■			
Distribution														
Câble						■				■	■	■		
Satellite		■										■		
Autre²		■										■		
Autres médias														
Internet³	■	■		■	■		■	■	■	■	■		■	■

Source : Information obtenue auprès des sociétés.

1. Par production, on entend les installations nécessaires pour produire des émissions de télévision.
2. Notamment les services Internet.
3. Portails et sites Web.

Tableau tiré du *Rapport intérimaire sur les médias canadiens d'information* du Comité sénatorial permanent des transports et des communications, <www.parl.gc.ca/37/3/parlbus/commbus/senate/com-f/tran-f/rep-f/rep04apr04-f.htm>, consulté le 23 janvier 2006.

Au-delà de la fermeture des médias, ou de leur survie, la concentration a d'autres effets, moins évidents mais tout de même cruciaux. D'abord, la concentration multiplie les occasions de conflits d'intérêts, comme nous l'avons souligné plus haut[100]. Dans son mémoire sur la concentration de la presse déposé au Sénat en 2004, la FPJQ écrit :

> Les nombreux champs d'activité des conglomérats ont pour conséquence de créer un conflit d'intérêt de plus en plus sérieux entre l'information et la protection des intérêts des propriétaires. La quantité de secteurs de l'activité humaine que les journalistes ne peuvent aborder qu'avec certaines précautions s'étend sans cesse, au rythme de l'extension des activités commerciales des groupes [...] On l'a constaté en l'an 2000, alors que toutes les nouvelles concernant la lutte des journalistes pigistes pour faire reconnaître leurs droits d'auteur n'ont trouvé presque aucun écho dans les médias... qui sont eux-mêmes poursuivis en justice par ces pigistes. Les médias ont privilégié leurs intérêts corporatistes, leurs intérêts d'entreprise, les intérêts de leurs propriétaires, à l'information du public sur une question importante qui agite tous les pays occidentaux [...] La chaîne américaine ABC n'a-t-elle pas empêché certains de ses journalistes d'enquêter sur la sécurité des parcs thématiques, où on avait déploré une douzaine de morts, parce qu'un tel reportage aurait porté atteinte à Disney, le propriétaire d'ABC ? C'est ce que révélait Molly Gordy, professeur de journalisme à l'université Columbia, sur les ondes de la radio de Radio-Canada, le 5 janvier 2001[101].

Ensuite, la concentration de la presse porte atteinte au pluralisme idéologique, c'est-à-dire à la diffusion d'un large éventail de positions sur une question donnée. Puisque le pluralisme est censé permettre la constitution d'une opinion éclairée sur les enjeux politiques, la concentration de la presse porte ombrage au bon fonctionnement de la sphère publique. La question du pluralisme comprend aussi la diversité des atmosphères (orientation idéologique et genre).

Dans ses prises de position, la FPJQ distingue le pluralisme des titres ou des sources de celui des contenus et de celui lié à la représentation[102]. Le premier constitue souvent le seul dont il est question dans les débats sur la diversité de la presse ; plus facile à évaluer

---

100. Voir p. 113.
101. FPJQ, *Mémoire présenté au Sénat sur la propriété des médias*, 16 décembre 2004, <www.fpjq.org/index.php ?id=single&tx_ttnews[pS]=137591308&tx_ttnews[pointer]=1&tx_ttnews[tt_news]=415&tx_ttnews[backPid]=42&cHash=f5e3e747ae>, consulté le 18 janvier 2006.
102. *Ibidem*.

que les autres types, le pluralisme des titres influence fortement les autres. « La multiplicité des titres indépendants les uns des autres et leur concurrence constituent en soi un facteur structurel central qui rend possible le pluralisme des contenus[103]. » Quant au pluralisme des contenus, il « permet d'éviter la pensée unique et l'uniformisation. Il découle d'un grand nombre de mesures internes au milieu journalistique comme la formation des journalistes, les ressources attribuées à la rédaction, le courage individuel de faire autrement, l'indépendance d'esprit de chacun, l'adoption des codes de déontologie, l'indépendance de la rédaction par rapport à la publicité, les politiques rédactionnelles judicieuses, etc.[104] ». Enfin, le pluralisme de représentation renvoie à la présence des minorités (ethniques, linguistiques, sociopolitiques, etc.) comme producteurs d'information ou comme sujets.

La question du pluralisme idéologique dans les médias est éminemment complexe. Si la concentration de la presse nuit au pluralisme, d'autres facteurs ont aussi un impact majeur sur le pluralisme, dont le recours fréquent aux agences de presse, les exigences professionnelles (ce qu'on attend du journaliste) et la course à l'auditoire. Dans ce contexte, définir précisément l'impact de la concentration sur le pluralisme n'est pas simple ; certains soulignent avec raison que la question du pluralisme dépend beaucoup du style de gestion des patrons de presse. Il reste que la concentration offre un potentiel extraordinaire de « rationalisation » des ressources, donc de limites au pluralisme, comme l'illustrent les exemples suivants cités par la FPJQ dans son mémoire sur la concentration de la presse devant le Sénat canadien en 2004 :

> *Malgré les dénégations des dirigeants actuels de Gesca, comment ne pas pressentir une éventuelle rationalisation des effectifs journalistiques pour créer, par exemple, une seule équipe de courriéristes parlementaires à Québec et à Ottawa, là où il y en a deux actuellement (Le Soleil et La Presse) ? Se souvient-on que* Le Nouvelliste, La Tribune *et* La Voix de l'Est *avaient leurs propres correspondants parlementaires à Québec, avant d'être achetés par Power Corporation à la fin des années 60 ? [...] En fait, l'imposition, par* La Presse, *de la chronique de l'ex-éditeur du* Soleil, *Alain Dubuc, à tous les quotidiens de la chaîne, en dépit d'un engagement contraire pris en commission parlementaire à Québec, a constitué un dangereux précédent. L'obligation* [de publier cette chronique] *devrait prendre fin en 2005, mais il faudra rester vigilant. Elle rappelle, d'une certaine*

---

103. *Ibid.*, p. 6.
104. *Ibidem.*

> *façon, la décision de CanWest d'imposer des éditoriaux hebdomadaires uniques à tous ses quotidiens, en 2002. Là aussi, l'entreprise avait dû reculer, mais ces deux événements témoignent avec force de l'attrait qu'exerce chez certains propriétaires et dirigeants l'uniformisation de l'information*[105].

Prise du point de vue du monde des affaires, la concentration permet de faire jouer la complémentarité et la synergie et de réaliser des économies d'échelle. Peu étonnant, alors, que la concentration aboutit dans certains cas à la fermeture de médias et à la réduction de postes. Plusieurs exemples le démontrent. La fusion des réseaux AM de Télémédia et Radiomutuel, mentionnée plus haut, a mené à la fermeture de six stations, et la promesse de la nouvelle entreprise Radiomédia de créer une agence de presse – qui élargirait le bassin des « serveurs » d'information et permettrait de réembaucher des journalistes – ne s'est pas réalisée. De plus, la nouvelle entreprise n'a pas rétabli les postes de correspondants parlementaires éliminés peu avant la transaction. Autre exemple : la force de Conrad Black à la fin des années 1990 (par l'intermédiaire d'Hollinger et Southam) lui a permis de laisser planer l'idée de la fermeture de l'agence Presse canadienne et d'exiger par la suite d'importantes réductions de personnel. En région, la concentration mène souvent à la réduction des ressources, comme l'illustrent les salles de rédaction communes entre Radio-Canada et TQS à Sherbrooke et à Trois-Rivières[106] et entre Radio-Canada, TVA et TQS en Abitibi. Dans cette dernière région, la concentration se traduit par un quasi-monopole, et Radio-Nord (qui comprend des stations de télévision affiliées de Radio-Canada, TQS et TVA et des stations de radio) a dans les années 1990 réduit sa couverture régionale sans que la compétition puisse prendre la relève. La grève de l'automne 1998 a permis de rappeler les difficiles conditions de travail du personnel de Radio-Nord : le nombre de postes permanents est passé de 90 à 53 entre 1987 et 1998 ; une seule caméra desservait trois journalistes travaillant à Val-d'Or et Amos ; les cinq animateurs radio à temps complet (ils étaient 17 dix ans plus tôt) consacraient une partie de leur temps à réaliser des capsules publicitaires et se substituaient aux journalistes pour livrer des bulletins de nouvelles ; la moitié des journalistes (huit à temps complet et trois surnuméraires) ne faisaient pas de collecte d'information[107]. En 2004, la FPJQ décrivait ainsi la situation en Abitibi : « Radio-Nord règne sans partage sur la télévision et offre partout la même information locale

---

105. *Ibid.*, p. 12.
106. FPJQ, *Mémoire sur le projet d'acquisition* (de TQS par Quebecor), 1997, p. 6.
107. « Information sur la réduction du contenu local à Radio-Nord », <geocities.com/secat/communique_lettres_tracts/linformation_regionale.htm>.

et régionale puisque ses trois stations partagent la même salle de nouvelles. Le public, en l'absence d'un quotidien régional, y est l'otage d'une vision quasi-unique de l'information[108]. »

Les débats sur la concentration de la propriété de la presse ont évolué en fonction de son impact plus ou moins évident sur la qualité de l'information et sur les conditions de travail des journalistes. Il est aussi arrivé que la situation financière des médias influe sur l'évaluation qu'on fait des transactions menant à la concentration ; au milieu des années 1990, au moment où la fermeture de la station TQS était discutée, la FPJQ a donné son accord à son achat par Vidéotron puis par Quebecor, comme on l'a vu plus haut. En 1997, cette transaction était réalisée avec l'aval du CRTC. Un an plus tard, le moral était au plus bas dans la salle de rédaction de TQS ; bon nombre de journalistes, fatigués de se voir resservir le discours « toujours faire plus avec moins », avaient déserté[109] et la station s'orientait clairement, sans remords, vers l'exploitation des catastrophes et la « télé-poubelle », c'est-à-dire le spectaculaire voyeur et racoleur, et, dans ce cas-ci, faussement spontané[110].

À cause de l'impact clairement négatif de la concentration de la presse, la FPJQ a dans les années 2000 adopté un ton plus contestataire envers la concentration de la presse. Mais l'atmosphère clairement en faveur du libre marché au Canada et au Québec et la frilosité des gouvernements à réguler le secteur des médias laissent beaucoup de marge de manœuvre aux barons de la presse. De plus, la place grandissante de la Toile dans les modes de consommation médiatique et la culture de la gratuité qui y est promue obligent les médias à s'ajuster aux changements de l'industrie. En période d'incertitude économique, les barons de la presse plaident toujours pour plus de « flexibilité » tant auprès de leurs syndicats qu'auprès du régulateur. Certains conglomérats ayant un ou plusieurs quotidiens voient leurs ventes diminuer et choisissent la fermeture de postes comme moyen privilégié de régler la crise structurelle qui les affecte. Fin 2008, Paul Cauchon faisait le bilan suivant des pertes d'emplois dans l'industrie des quotidiens : annonce d'une perte de 500 emplois chez CanWest, plus de 100 à CTV, environ

---

108. FPJQ, *Mémoire présenté au Sénat sur la propriété des médias*, 16 décembre 2004, *op. cit.*, p. 3.

109. H. Dumas, « Des nouvelles de TQS : le moral sous zéro », *Trente*, octobre 1998, p. 7-8.

110. L'émission *Black-out* incluait des « gens du public appelés à s'exprimer spontanément » qui étaient en réalité des comédiens. L. Cousineau, « Black-out et ses comédiens payés pour vous faire enrager », *La Presse*, 3 octobre 1998, p. D2 ; P. Cauchon, « Le virage "télé-poubelle" », *Le Devoir*, 8 septembre 1998, p. A1.

40 postes chez Radio Nord, et 600 emplois chez Sun Media, entre autres[111]. Dans ces circonstances, il n'est pas étonnant que les règles de transfert de propriété soient peu nombreuses et qu'elles laissent les entreprises relativement libres.

La réglementation sur les transferts de propriété

Si la concentration de la presse écrite et audiovisuelle et la propriété croisée vont croissant, il est clair que la réglementation canadienne favorise grandement cette évolution. En effet, le Canada possède peu de règles pour limiter la concentration dans les industries des médias, contrairement à d'autres pays, et celles qu'il a adoptées en janvier 2008 sont fort peu contraignantes. En presse écrite, la loi du marché a cours, sans limite aucune sauf en ce qui concerne les interventions politiques conjoncturelles comme celles de 1973 et 1987 décrites plus haut. La radio et la télévision sont régies par le CRTC mais la propriété croisée ne faisait l'objet d'aucune limite avant 2008.

Pour le transfert de propriété menant à des changements dans le contrôle effectif des entreprises, c'est le « critère des avantages », concept élaboré en 1977, qui guidait l'évaluation du CRTC avant 2008. Dans les cas de transfert de propriété,

> *les requérants doivent démontrer que l'approbation des transferts* [est] *dans l'intérêt du public, des communautés desservies par les titulaires, y compris les auditeurs, les téléspectateurs et les abonnés du câble et qu'ils* [servent] *les intérêts du système de la radiodiffusion canadienne* [...] *on doit démontrer qu'il y a des avantages significatifs et non équivoques qui sont dans l'intérêt public*[112].

Le concept de « critère des avantages » a toujours servi à calmer les inquiétudes relatives à la concentration de la presse. Il a permis de justifier l'existence de grandes entreprises « [...] suffisamment fortes pour concurrencer les entreprises étrangères et qui [avaient] la capacité de produire des émissions canadiennes de qualité concurrentielles[113] ». Les transactions menant à une plus grande concentration de la presse étaient examinées en fonction des « avantages » qu'elles permettaient. Cette politique a été précisée dans des avis ultérieurs à 1977 et prévoyait que l'entreprise requérant un transfert de propriété devait faire la preuve qu'il y aurait amélioration de service dans les

---

111. Paul Cauchon, « Du papier encore en 2009 », *Le Devoir*, 22 décembre 2008, p. B7.
112. Avis CRTC 77-456.
113. Décision CRTC 86-367.

localités desservies et pour le système de radiodiffusion canadien. Étaient acceptées comme avantages tangibles les dépenses d'exploitation ou d'immobilisation, les contributions visant à développer les talents canadiens, les subventions et les contributions, et les investissements dans la recherche et le développement[114]. On précisait :

> Le Conseil doit être convaincu que le bloc d'avantages proposé correspond à l'ampleur et à la nature de la transaction, aux responsabilités à assumer, aux caractéristiques et à la viabilité des entreprises de radiodiffusion en cause et au niveau des ressources dont l'acheteur peut disposer aux chapitres de la programmation, de la gestion, des finances et des techniques[115].

Là où le bât blessait, c'est que les éléments mentionnés – l'ampleur et la nature des transactions, la viabilité des entreprises, les niveaux de ressources, etc. – n'étaient nullement définis. Les avis 1992-42 et 1993-68 expliquaient clairement qu'il n'y avait ni point de référence, ni formule, ni point de repère, ni rapport entre la somme du bloc d'avantages et l'ampleur de la transaction. Autrement dit, le critère des avantages ne se mesurait pas, il s'évaluait au cas par cas sans aucune référence. En l'absence de mesure, on refusait peu de transactions.

Ainsi, dans la décision du CRTC permettant à Quebecor d'acheter TQS en 1997, les avantages se sont résumés à la recherche de la santé financière, voire à la survie de la station. L'apport de Quebecor à l'amélioration de la programmation de TQS, non défini, a été jugé secondaire. Dans la décision du CRTC, on pouvait lire : « Le projet de programmation déposé et les prévisions financières relatives à la programmation sont embryonnaires et ne permettent pas de voir clairement l'évolution escomptée de TQS à long terme et de prévoir sa contribution exacte au secteur de la télédiffusion de langue française dans l'avenir[116]. » Le principal avantage de la transaction était – en principe – de « permettre à TQS de trouver le chemin de la rentabilité[117] » et cet objectif a servi, seul, à faire pencher la balance, bien qu'il y ait aussi eu des engagements financiers pour la production ou des contributions à des centres de recherche[118].

---

114. Avis public 1993-68.
115. *Ibidem*.
116. Décision CRTC 97-482, paragraphe 27.
117. *Ibid.*, paragraphe 36.
118. Décision CRTC 97-482, paragraphe 38. Il s'agit de 250 000 $ pour le Centre d'études sur les médias de l'Université Laval, 50 000 $ pour l'Alliance pour l'enfant et la télévision et 150 000 $ pour le Regroupement québécois du sous-titrage.

Dans l'avis public CRTC 1999-97, le CRTC écrit qu'il limite la propriété ou le contrôle à «une seule station de télévision en direct, dans une langue, dans un marché donné» de même qu'à trois ou quatre stations de radio (selon la taille du marché), dans une langue, dans un marché donné. Il s'agit là de concentration verticale. Le tableau 3.4 illustre les règles sur ce type de concentration au Canada et dans des pays auxquels on se compare normalement en termes de politiques publiques et de système politique en vigueur en 2004.

Historiquement, le CRTC n'avait pas de politique précise sur la concentration verticale. Il s'attendait cependant à ce que, lorsqu'un projet de transaction lui était présenté, les demandeurs discutent des problèmes liés à l'intégration verticale[119], sachant que ce type de transaction est le plus susceptible de produire des effets pervers. En 2001, lors du renouvellement de la licence de CTV et de Global, le CRTC s'était préoccupé de l'intégration verticale et avait limité à 25% du contenu de radiodiffusion les produits de leur maison de production respective[120]. Le tableau 3.5 fait état des normes d'intégration verticale en vigueur avant 2008 au Canada, en France, au Royaume-Uni, aux États-Unis et en Australie.

Influencé par les nombreuses critiques à l'égard de la propriété croisée, le CRTC a adopté en janvier 2008 une série de balises aux transferts de propriété à la suite d'une audience publique portant sur la «diversité des voix». Les préoccupations soulevées lors de cette audience concernaient surtout la qualité des nouvelles et des informations offertes à la population canadienne, particulièrement au niveau local, ainsi que la dominance des marchés par quelques conglomérats. Cette dominance renvoie d'une part à leur capacité de contrôle du marché publicitaire, et d'autre part à une série de rapports de forces inégaux: les radiodiffuseurs avec les producteurs indépendants, les entreprises de distribution qui possèdent une station de télévision avec les stations concurrentes, les propriétaires avec leurs journalistes qui voient leurs possibilités d'emploi se restreindre.

La lecture de l'avis laisse voir que durant les audiences, des points de vue divergents sur le degré de réglementation (ou au contraire le degré de confiance envers les règles du marché) se sont manifestés, les grands radiodiffuseurs privés (à l'exception de Pelmorex) et l'Association canadienne des radiodiffuseurs plaidant pour le maintien en place

---

119. Comité permanent du Patrimoine canadien, *Notre souveraineté culturelle. Le deuxième siècle de la radiodiffusion canadienne*, Chambre des communes, 2003, p. 41.

120. *Ibid.*, p. 47.

TABLEAU 3.4
**Règles sur la concentration horizontale au Canada,
en France, au Royaume-Uni, en Australie et aux États-Unis**

Canada	France	Royaume-Uni	États-Unis	Australie
Radiodiffuseurs, en général, au cas par cas (le CRTC approuve les fusions ou délivre une licence en tenant compte de la viabilité financière du détenteur). Restrictions sur la propriété multiple de stations de radio dans un même marché (selon la taille du marché en termes de nombre de stations).	Limites sur la propriété et l'octroi de licences pour les services de télévision en direct, nationaux et régionaux. Limites sur l'octroi de licences pour les services de télévision numérique et par câble. Limites sur la propriété de services de télévision par satellite. Limites sur la propriété des réseaux de radiocommunication terrestres. Limites sur le tirage des quotidiens.	Restrictions sur l'octroi de licences de radio multiplex. Restrictions possibles sur l'octroi de licences de radio locale (conventionnelle et numérique) selon certains facteurs comme les zones de couverture qui se chevauchent, la taille de l'auditoire, le nombre de services fournis dans la zone et, dans le cas des radios conventionnelles, la propriété de journaux ou de services canal 3 régionaux desservant la même zone.	Les quatre plus grands radiodiffuseurs nationaux ne peuvent fusionner. Limites sur la propriété multiple de chaînes de télévision dans les marchés locaux (selon la taille du marché). Limites sur la propriété de stations de radio dans les marchés locaux (selon la taille du marché). Limites sur la propriété de chaînes nationales de télévision (une entreprise peut détenir des stations de télévision jusqu'à concurrence de x p. 100 des foyers américains munis d'un téléviseur. Une proposition déposée en juin 2003 visait à faire passer ce pourcentage de 35 à 45 p. 100 ; le Congrès l'a fixé à 39 p. 100).	Une personne ne peut détenir des licences de radiodiffusion dont les zones combinées visent plus de 75 p. 100 de la population de l'Australie. Une personne ne peut détenir plus d'une licence de télévision dans une même zone. Une personne ne peut détenir plus de deux licences de radio dans une même zone.

Source : Comité sénatorial permanent des transports et des communications, *Rapport intérimaire sur les médias canadiens d'information*, avril 2004, <www.parl.gc.ca/37/3/parlbus/commbus/senate/com-f/tran-f/rep-f/rep04apr04-f.htm>, consulté le 23 janvier 2006.

du critère des avantages pour évaluer les transactions soumises au CRTC et d'autres parties plaidant au contraire pour une réglementation plus stricte. Parmi ces dernières, on retrouve la Société Radio-Canada, l'Association canadienne des producteurs de films et de télévision, la Guilde des écrivains du Canada, l'Alliance Canadian Cinema, Television and Radio Artists, l'Association québécoise de l'industrie du disque, l'Association des producteurs de films et de télévision du Québec, l'Association des réalisateurs et réalisatrices du Québec, la Société des auteurs de radio, télévision et cinéma et l'Union des artistes.

Le CRTC a adopté une «politique sur la diversité des voix» non contraignante, qui a pour effet d'entériner le statu quo en matière de propriété, ce qui a suscité l'ire de plusieurs organisations comme la FPJQ et la Fédération nationale des communications[121]. À partir d'un examen de 31 marchés locaux[122] représentatifs des marchés dans les dix provinces et les trois territoires, il se dit convaincu que «les Canadiens ont actuellement accès à une pluralité raisonnable de voix éditoriales commerciales dans la plupart des marchés locaux». En conséquence, il adopte quelques règles qui ne modifient en rien la situation actuelle et va même jusqu'à entériner la propriété dans un même marché des deux médias les plus importants dans celui-ci, soit le quotidien et la télévision. La FPJQ et la Fédération nationale des communications font remarquer à juste titre que la politique du CRTC facilite même les pratiques de concentration; en effet, le CRTC entérine le Code d'indépendance journalistique proposé par Conseil canadien des normes de la radiodiffusion, un organisme composé de radiodiffuseurs, et lui en attribue l'administration. Comme ce code n'inclut pas la cueillette d'information, cette activité n'est plus règlementée du tout, ce qui a pour effet de permettre une cueillette conjointe pour les entreprises mixtes (comme *Le Journal de Montréal* et TVA), une pratique auparavant régulée – et interdite – par le CRTC. De plus, l'organisme ne s'est pas intéressé à la couverture locale, ce qui fait dire à la FPJQ qu'il s'agit d'une «occasion ratée[123]».

---

121. Voir le communiqué de presse de la FNC, 15 janvier 2008, <www.fncom.org/accueil/index_accueil.asp>, consulté le 26 décembre 2008.
122. Marché local selon la définition qu'en donne BBM/Nielsen.
123. Communiqué de la FPJQ «La politique sur la diversité des voix: plus de pertes que de gains», 15 janvier 2008, <www.fpjq.org/index.php?id=single&tx_ttnews[pS]=1230327743&tx_ttnews[pointer]=1&tx_ttnews[tt_news]=3632&tx_ttnews[backPid]=42&cHash=bb49e246a2>, consulté le 26 décembre.

**Résumé de la politique cadre sur la diversité des voix
Avis public de radiodiffusion CRTC 2008-4
15 janvier 2008**

1. Dans les marchés comptant moins de huit stations commerciales exploitées dans une langue donnée, une personne peut être autorisée à posséder ou contrôler jusqu'à concurrence de trois stations exploitées dans cette langue, dont deux stations au plus sont dans la même bande de fréquences.

2. Dans les marchés comptant plus de huit stations commerciales exploitées dans une langue donnée, une personne peut être autorisée à posséder ou contrôler jusqu'à deux stations AM et deux stations FM dans cette langue.

3. Le Conseil permet à une personne de posséder ou de contrôler une entreprise de radio numérique pour chaque entreprise de radio analogique autorisée en vertu de la politique concernant la propriété commune définie dans la Politique de 1998 sur la radio commerciale.

4. Le Conseil permet généralement à une partie de ne posséder qu'une station de télévision conventionnelle de même langue dans un marché donné.

5. De façon générale, le Conseil n'approuvera pas une demande de changement de contrôle effectif d'entreprises de radiodiffusion qui feront [sic] en sorte qu'une seule et même personne détiendra ou contrôlera une station de radio locale, une station de télévision locale et un journal local desservant le même marché.

6. De façon générale, le Conseil n'approuvera pas toute transaction donnant à une seule personne le contrôle de plus de 45 % de l'ensemble de l'écoute de la télévision, y compris les auditoires tant des services en direct que des services facultatifs; [il] examinera attentivement toute transaction donnant à une seule personne le contrôle entre 35 % et 45 % de l'ensemble de l'écoute de la télévision, y compris les auditoires tant des services en direct que des services facultatifs; sous réserve d'autres questions de politique, [il] traitera sans délai toute transaction donnant à une seule personne le contrôle de moins de 35 % de l'ensemble de l'écoute de la télévision, y compris les auditoires tant des services en direct que des services facultatifs.

7. En règle générale, le Conseil n'approuvera pas une demande qui vise à changer le contrôle effectif d'une entreprise de distribution de radiodiffusion (EDR) dans un marché si ce changement a pour effet de faire en sorte qu'une personne exerce un contrôle sur la distribution des services de programmation dans ce marché. En d'autres mots, le Conseil ne permettra pas à une seule et même personne de contrôler l'ensemble des EDR dans un marché donné.

Par ailleurs, en ce qui concerne les règles relatives à la propriété étrangère dans la radiodiffusion et la câblodistribution, elles ont été assouplies dans des lignes directrices données par le Gouverneur général en conseil au CRTC en avril 1996. Tout en souhaitant que le contrôle réel des entreprises demeure canadien, une participation étrangère accrue est admise, selon la logique en vertu de laquelle une telle participation suscitera un afflux de capitaux dans les entreprises médiatiques. Ces règles, différentes pour les consortiums et les titulaires d'une licence d'exploitation, rendent la concentration plus aisée. Le tableau 3.6 illustre les règles relatives à la propriété étrangère dans plusieurs pays.

Pour les consortiums, la proportion des investissements admissibles dans des actions avec droit de vote est passée de 20 % à $33^1/_3$ %. On a éliminé la limite de 20 % du nombre de non-Canadiens pouvant siéger aux conseils d'administration ainsi que l'exigence voulant qu'une personne de nationalité canadienne soit PDG. Pour les titulaires d'une licence de radiodiffusion, on maintient à 20 % le maximum des investissements étrangers dans des actions avec droit de vote, on porte de 0 % à 20 % la limite maximale du nombre de personnes de nationalité autre que canadienne autorisées à devenir membres de la direction ou administratrices tout en maintenant l'exigence d'un ou d'une PDG de nationalité canadienne. Enfin, pour les consortiums et les titulaires d'une licence d'exploitation, la vérification annuelle de capitaux étrangers est abolie, mais le CRTC peut en tout temps vérifier la nationalité du contrôle des entreprises. Cette vérification devrait donc s'effectuer uniquement si le CRTC soupçonne un problème.

Le caractère technique des avis et des décisions du CRTC ne permet pas souvent de lier les règles sur la propriété à leur impact sur les médias. Il en va de même pour les considérations financières concernant les médias, normalement jugées non pertinentes pour saisir le rôle du journalisme et des médias dans la société. Un examen attentif de l'action des propriétaires ainsi que des logiques économiques auxquelles sont soumis les médias montre au contraire que faire fi de l'aspect économique des médias revient à occulter une part essentielle de leur fonctionnement.

TABLEAU 3.5
Règles sur l'intégration verticale et la propriété croisée au Canada, en France, au Royaume-Uni, aux États-Unis et en Australie

Canada	France	Royaume-Uni	États-Unis	Australie
Pratiquement aucune limite (le CRTC examine les demandes des radiodiffuseurs au cas par cas ; les conditions d'une licence peuvent exiger une séparation des activités éditoriales du radiodiffuseur et du journal).	Selon certaines conditions, possibilité de propriété dans deux secteurs sur quatre (télévision, radio, câble, quotidiens) aux échelons national et régional.	Propriété croisée interdite pour les journaux (avec plus de 20 p. 100 du tirage total) et les services canal 3 ; restrictions sur la participation dans ces cas.	Interdiction dans les petits marchés (de 1 à 3 stations de télévision), mais des exemptions sont possibles.	Une personne ne peut détenir (avoir un intérêt de plus de 15 p. 100) plus d'un des trois médias de base (télévision, radio, journal) dans une même zone.
Loi sur la concurrence (le Bureau de la concurrence examine les acquisitions au cas par cas).	*Droit de la concurrence.*	Interdiction possible entre la radio et les journaux ou la radio et la télévision, à la discrétion du secrétaire d'État, compte tenu du chevauchement des zones de couverture, de la taille de l'auditoire, etc.	Certaines permissions sont accordées dans les marchés moyens (de 4 à 8 stations de télévision).	*Trade Practices Act.*
Par voie de décret, le gouvernement peut imposer des limites sur la propriété des médias.		Le secrétaire d'État peut intervenir dans l'intérêt public, si la fusion ou la fusion croisée menace la pluralité de la propriété, la diversité du contenu et la liberté d'expression.	Autorisation dans les grands marchés (plus de 9 stations de télévision).	
			La Federal Trade Commission examine les incidences antitrust possibles des fusions.	

Source : Comité sénatorial permanent des transports et des communications, *Rapport intérimaire sur les médias canadiens d'information*, avril 2004, <www.parl.gc.ca/37/3/parlbus/commbus/senate/com-f/tran-f/rep-f/rep04apr04-f.htm>, consulté le 23 janvier 2006.

TABLEAU 3.6
Règles sur la propriété étrangère au Canada, en France, au Royaume-Uni, aux États-Unis et en Australie

Canada	France	Royaume-Uni	États-Unis	Australie
La *Loi sur la radiodiffusion* limite la propriété étrangère (20 p. 100 directement, 33,3 p. 100 indirectement). Journaux (propriété étrangère limitée à 25 p. 100 par la *Loi de l'impôt sur le revenu*).	Les entreprises non européennes sont limitées à 20 p. 100 pour ce qui est de la radio, de la télévision et des publications, sous réserve de la réciprocité.	Les non-résidents de l'Espace économique européen peuvent désormais détenir des licences de radiodiffusion.	Pour les radiodiffuseurs (qui comprennent aux États-Unis les radiodiffuseurs de services de télévision et de radio en direct), la propriété étrangère est limitée à 20 p. 100. Aucune restriction n'est imposée pour la télévision par câble, la DTH, les chaînes spécialisées et les journaux.	Toutes les propositions d'investissement direct dans les médias par des étrangers sont soumises à un examen. Des limites existent quant à la proportion d'un radiodiffuseur qui appartient à un même radiodiffuseur et du total d'étrangers ayant un intérêt dans l'entreprise de radiodiffusion. Les étrangers ne peuvent pas contrôler une licence de diffusion.

Source: Comité sénatorial permanent des transports et des communications, *Rapport intérimaire sur les médias canadiens d'information*, avril 2004, <www.parl.gc.ca/37/3/parlbus/commbus/senate/com-f/tran-f/rep-f/rep04apr04-f.htm>, consulté le 23 janvier 2006.

Conclusion

Nous avons tenté dans ce chapitre de cerner un aspect des conditions matérielles qui influent sur les médias : les contraintes de nature économique. Nous voulions ainsi éclairer un volet du rôle politique des médias, c'est-à-dire leur capacité à agir sur l'évolution des rapports de force en société. Ces contraintes constituent en fait des contrôles imposés dans une structure hiérarchique, celle de l'entreprise privée. Une partie des contrôles décrits ici est fort visible, tandis que la majorité s'inscrit dans le fonctionnement même des médias et est relativement peu visible.

Les contrôles les plus visibles correspondent aux interventions ponctuelles des propriétaires ou de leurs cadres qui remettent en cause l'autonomie journalistique. Il peut s'agir d'une « commande spéciale » qui transite par la chaîne d'autorité : faire interviewer un leader politique, en ménager un autre, couvrir un sujet particulier, ou un sujet habituel avec un angle privilégié à adopter, ou encore éviter une question. Il peut aussi s'agir de commander un sondage ou de dicter l'orientation idéologique à son équipe d'éditorialistes. Enfin, le contrôle se manifeste le plus nettement et le plus brutalement dans la sanction ou le renvoi d'un journaliste dont le travail déplaît au patron ou à ses amis. Ces contrôles se traduisent par des effets immédiats et clairs sur les contenus, mais comme les interventions se font de manière discrète, seuls les principaux intéressés, les journalistes, sont en mesure de témoigner de ces événements[124].

Ces interventions dans le travail journalistique ne peuvent être dissociées des amitiés particulières que les patrons de presse entretiennent avec des personnages en autorité, comme le montre bien l'exemple de Chantal Hébert. Bien que les contacts que les propriétaires et les cadres entretiennent avec la classe politique ne résultent pas constamment en informations tendancieuses (à cause de la syndicalisation des journalistes, de leur éthique, de la tradition du média, entre autres), des interventions ponctuelles peuvent exercer une influence sur l'évolution des rapports de force entre les divers acteurs sociaux.

Quant aux contrôles invisibles, ils abondent et s'inscrivent non pas dans des interventions quotidiennes, mais plutôt dans le fonctionnement routinier et à long terme des médias. Un premier niveau d'organisation matérielle est dicté par les propriétaires ; il s'agit de

---

124. Peu le font, parce que ces dénonciations nuiraient à leurs rapports avec leurs supérieurs et que, pour certains journalistes, ces commandes ne sont pas des intrusions, mais des interventions normales des patrons dans leur travail.

déterminer le rendement financier, les sources de financement, les revenus et les dépenses. Vient ensuite un second niveau correspondant à l'affectation des ressources humaines et matérielles qui détermine le cadre de travail des journalistes; le ton du média, ses manchettes, ses priorités, la longueur de ses textes ou le temps accordé à ses reporters constituent autant de caractéristiques à l'intérieur desquelles les journalistes apprennent à travailler « naturellement ». L'orientation idéologique finit également par être considérée comme une donnée inéluctable par les journalistes, de telle sorte qu'on oublie qu'elle a un jour été déterminée par un être en chair et en os! La *Gazette*, *La Presse* et le *Journal de Québec* constituent bien les journaux que veulent les Asper, Desmarais et Péladeau.

De plus, l'impact des logiques de marchandisation et de concentration n'apparaît pas clairement, parce que ces logiques sont naturellement intégrées à notre façon de concevoir le monde. Tous les types de production journalistique constituent de la marchandise (sauf les nouvelles et les affaires publiques de la radio de Radio-Canada), à vendre aux annonceurs les plus offrants. Nul besoin d'une grande imagination pour concevoir qu'une programmation ou un contenu écrit qui s'adapte à ses annonceurs risque davantage de trouver preneur que des productions plus originales, osées sur le plan des idées et peu orthodoxes dans leur traitement.

Quant à la concentration de la propriété des médias, elle est décriée par les observateurs de la scène médiatique mais relativement protégée par les gouvernements. L'idée que la mondialisation économique oblige la constitution d'empires médiatiques prêts à affronter les entreprises transnationales sert d'interdit à une réglementation plus stricte de la concentration de la propriété des médias, même au nom de la qualité de l'information, même au nom du droit du public à une information variée. Cette idée s'oppose manifestement au concept d'information comme nourriture essentielle à la démocratie. La concentration place les médias en conflits d'intérêt et a un extraordinaire potentiel de réduction du pluralisme.

Au terme de ce chapitre, une constatation s'impose; il ne saurait être question de poser la majorité des médias à côté ou en face des pouvoirs économiques, comme nous l'avons fait pour les pouvoirs politiques au chapitre précédent. Il est plus exact de les situer à l'intérieur des entreprises privées, quoique leurs fonctions ne se limitent évidemment pas aux objectifs de rentabilité de l'entreprise. Le rôle politique des médias concerne au premier chef le rôle politique des entreprises propriétaires des médias. L'examen des aspects économiques des médias nous éloigne fort de la sphère publique de Habermas;

l'appartenance de la majorité des médias à des entreprises privées soucieuses de protéger leurs intérêts et les logiques de marchandisation et de concentration font des médias des appareils au service de causes (le libéralisme et le capitalisme), et non des lieux où sont débattues en toute liberté les grandes questions économiques ou politiques.

Cela dit, il nous semble important de préciser que pour chacun des médias existe une configuration particulière de contrôles liée au type d'entreprise, à la personnalité du propriétaire, au contexte politique et à l'état de santé économique du média. Enfin, ce qui vaut pour le média ne s'applique pas tel quel aux journalistes. Leur marge de manœuvre est certes réduite par les contrôles économiques qui façonnent leur milieu de travail, mais, tout comme pour les liens que les journalistes entretiennent avec les pouvoirs politiques, une capacité de réaction s'inscrivant à contre-courant des contrôles économiques peut exister. Grâce à leur conscience de la situation, à leur dynamisme et à leur bagage culturel, certains journalistes peuvent, de temps en temps et parfois à longue échéance, arriver à défier l'encadrement rigide imposé par l'organisation économique des médias.

CHAPITRE **4**

L'opinion publique et les sondages comme outils de gestion publique

Jusqu'ici, le rôle politique des médias a été considéré à partir de leurs conditions matérielles et des aspects symboliques associés aux médias et à la communication politique dans deux relations particulières, soit avec les pouvoirs politiques et économiques. La situation des médias au regard de ces pouvoirs a mis en évidence leur situation de relative subordination. Face aux pouvoirs politiques, les médias et les journalistes se trouvent désavantagés; les personnages politiques connaissent le travail journalistique, leur marge de manœuvre temporelle est plus grande que celle des journalistes et leur position de source leur permet de contrôler l'agenda. Face aux pouvoirs économiques, les médias occupent une position très particulière; la majorité appartiennent à des entreprises privées, c'est-à-dire à des organisations à la recherche de profit, et tous doivent fonctionner en vertu de logiques économiques comme la marchandisation et la concentration de la propriété de la presse. C'est dans ce contexte que la fonction théorique d'agora libre peut sérieusement être remise en cause. Par ailleurs, le rôle politique des médias, c'est-à-dire leur capacité à influencer l'évolution des rapports de force en société, se comprend aussi en fonction de l'opinion publique et des sondages, reconnus pour être des reflets de l'opinion de la population. En rapportant les résultats de sondages, les médias feraient œuvre utile dans le débat démocratique; ils permettraient à la population de se faire entendre des élites, et à celles-ci de prendre en considération les volontés populaires. Les médias correspondraient alors à l'idéal d'une sphère publique transparente et le lien social serait admirablement tissé.

Cette perspective ne résiste cependant pas à l'examen. Ce qu'on appelle «opinion publique», souvent le résultat de sondages, n'est pas un reflet de l'opinion de la population; le sondage ne constitue pas un outil assez performant – qualitativement – pour appréhender la complexité de l'opinion, qui ne se laisse d'ailleurs pas aisément cerner. En fait, les sondages varient dans leur fabrication, leur contexte, leur administration et leur interprétation. Si quelques-uns représentent vaguement la volonté populaire (les sondages en situation réelle), ou à tout le moins une humeur diffuse, la majorité des sondages sont menés en situation artificielle. Il s'agit donc plutôt d'artefacts, c'est-à-dire de produits fabriqués par les élites et les acteurs sociaux. Ceux-ci publient leurs sondages dans les médias pour démultiplier l'impact de l'apparence d'appui populaire, argument suprême pour persuader en régime démocratique. Dans tous les cas, la fonction politique des sondages rendus publics ressort et laisse voir leur instrumentalisation, d'où l'expression «outils de gestion publique». Nous soutenons que la majorité des sondages et l'opinion publique qu'on en déduit constituent des instruments servant à légitimer des acteurs, des politiques publiques ou des projets de toute nature, des instruments plus symboliques que réels. À l'encontre de l'acception populaire, nous considérons donc comme une fiction l'idée que l'opinion publique et les sondages reflètent l'opinion réfléchie de la population sur une question donnée.

L'expression «outils de gestion publique» dénote un volontarisme, une conscience, et même une sorte de manipulation délibérée, mais il faut cependant nuancer. Bien que la fabrication de l'opinion publique relève dans une certaine mesure d'un «travail» qu'accomplissent les personnages politiques et les acteurs économiques avec l'aide de leurs faiseurs d'image (les experts en relations publiques et les sondeurs), on ne saurait y voir des complots perpétuels; cela supposerait un trop grand degré de cohérence et une trop grande qualité d'organisation. Entre le hasard pur et le complot machiavélique, il y a un éventail de situations intermédiaires qui comprennent une part plus ou moins grande de tentatives d'influence et une part de hasard. Dans notre perspective, la volonté des élites de fabriquer l'opinion publique se réalise à certains moments, mais pas constamment. S'il arrive qu'on réussisse à fabriquer l'opinion publique, à d'autres occasions l'opinion semble relever d'une activité chaotique et confuse, car plusieurs acteurs agissent sur un même terrain et ont des objectifs contradictoires. Aussi l'expression « outil de gestion publique » doit-elle être comprise comme une volonté affirmée de légitimer ou de délégitimer un passé, une action présente ou un projet, mais une volonté qui ne peut s'affirmer constamment.

La première section du chapitre servira à poser les jalons de la réflexion sur les liens qui unissent l'opinion publique à la démocratie et aux médias. L'opinion publique, bien qu'elle soit un artefact, renvoie au principe du consentement du peuple, à la force de la société civile face à l'État. Ce rapport touche à l'essence de la démocratie, le gouvernement du peuple par le peuple. Depuis la nuit des temps, cette force (relative) de la société civile a dû être prise en compte par ceux et celles qui dirigent. En corollaire, l'idée de manipuler le sentiment populaire en faveur des élites gouvernantes a rapidement surgi. Cette idée est plus vivace que jamais grâce à la possibilité de créer une apparence d'appui populaire par les sondages et les médias.

Les deuxième et troisième sections porteront sur les sondages, censés représenter les sciences sociales au service de la démocratie. Depuis qu'on a chiffré les opinions, depuis qu'une apparence d'exactitude a enveloppé ces enquêtes, les sondages ont acquis une immense crédibilité. Les analyses technique et langagière des sondages feront ressortir combien les chiffres et les mots influent sur les réponses obtenues. Il s'agit du premier niveau de fabrication des sondages, dans lequel l'usage des symboles et l'ambiguïté des expressions laissent déjà entrevoir l'aspect déformant des sondages. L'analyse politique des sondages nous fait passer au second niveau, celui qui remet en cause leur sens officiel et leur attribue un sens différent, variable en fonction des sujets abordés. Ce sens varie aussi selon qu'il est considéré par les commanditaires de sondages (les élites et les acteurs sociaux disposant d'un capital symbolique minimal) et la population, deux groupes qui n'ont pas les mêmes intérêts et ne partagent pas toujours la même culture politique.

La quatrième section du chapitre portera sur la publication des sondages. Nous examinerons le rapport bien spécial des médias aux sondages; la publication de ces derniers bénéficie politiquement et économiquement aux médias, en plus d'être fort utile à la fois aux journalistes individuellement et à leur organisation médiatique. La question du rapport entre liberté d'expression et publication des sondages sera aussi examinée à partir des travaux de la Commission royale d'enquête sur la réforme électorale et le financement des partis et de la plus récente décision juridique sur le sujet.

4.1. L'opinion publique et la démocratie

L'expression «opinion publique», entrée dans le langage populaire à partir de la Révolution française, provient de Jacques Necker, le ministre des Finances de Louis XVI. L'idée a cependant précédé l'expression et a été longuement étudiée depuis quatre siècles. Dans l'histoire des idées politiques, l'opinion publique est désignée par une kyrielle d'expressions: loi de l'opinion, majorité silencieuse, jugement populaire, tribunal populaire, approbation publique, sentiment général, opinion universelle, cour publique et «expression émanant du public dont le gouvernement juge prudent de tenir compte[1]».

L'assimilation entre l'opinion publique et les sondages date des années 1930 et s'est faite d'abord aux États-Unis[2]; la pratique généralisée dans le monde politique doit pour sa part être située dans les années 1970 au Canada et en France. Mais avant que s'imposent les sondages comme mode privilégié d'interprétation des opinions, l'expression «opinion publique» possédait de multiples sens; Childs en avait d'ailleurs répertorié une cinquantaine en 1965. Le concept recouvrait (et recouvre encore) un nœud de questions touchant le rôle de la population dans la gouverne, la sphère publique, la persuasion, la cohésion de la collectivité, etc. Tous ces sujets ont été occultés (mais non éliminés) avec l'avènement du sondage, et surtout les considérations stratégiques qui entourent leur publicité dans les médias.

Historiquement, l'opinion publique signifiait l'opinion des collectivités et renvoyait plus ou moins explicitement à leur influence sur leurs gouvernants. Même avant que naisse la démocratie, le rapport des communautés à leurs dirigeants déterminait la cohésion ou l'instabilité d'une société. À long terme, dans tous les types de régimes, la gouverne

---

1. E. Noelle-Neumann, *The Spiral of Silence. Public opinion – Our Social Skin*, Chicago, University of Chicago Press, 1984, p. 65-91 et *International Encyclopedia of Social Sciences*, vol. 1, 1968, p. 192.
2. Le gouvernement américain a eu recours aux sondages dès les années 1940, mais les partis et les personnages politiques se sont montrés plus réticents. Pour une histoire de l'association sondages-opinion publique, voir Loïc Blondiaux, *La fabrique de l'opinion. Histoire sociale des sondages*, Paris, Presses universitaires de France, 1998. Les débuts de la pratique des sondages par l'administration américaine se trouvent aux pages 267-270.

n'est possible que s'il y a consentement, et une certaine correspondance entre lois et sentiments populaires doit exister pour que vivent de manière minimalement sereine les sociétés. Dans l'histoire des idées politiques, on s'est interrogé sur le poids et la pertinence politiques de l'opinion publique : jusqu'à quel point doit-on tenir compte de l'opinion de ses sujets, comment peut-on la modifier, quelle valeur attribuer à l'opinion de la majorité ?

Machiavel, par exemple, explique au Prince comment se conduire avec son peuple ; il faut prendre soin des apparences, sauvegarder sa réputation, éviter la haine et le mépris. La gouverne et le maintien au pouvoir exigent l'appui des populations. N'être point haï protège plus sûrement qu'une forteresse, soutient le stratège italien ; aussi faut-il être attentif à l'opinion de son peuple[3]. D'autres, comme Montaigne et Rousseau, identifient une loi de l'opinion, ou une loi gravée dans le cœur des citoyens, à côté des lois divines, civiles et criminelles[4]. Habermas pose l'opinion publique comme le résultat du raisonnement public qui s'accomplit dans la sphère publique où la critique s'exerce contre le pouvoir d'État[5]. Certains philosophes, comme Aristote, ont fait ressortir la sagesse qui se dégage d'un choix collectif et d'autres, comme Platon et Hegel, ont plutôt conclu que rien de fructueux ne saurait surgir des masses ignorantes.

De cette opposition entre sagesse et ignorance on a choisi le premier terme, la sagesse pouvant davantage rassurer, puisqu'en démocratie la source suprême de légitimité s'incarne dans le peuple. Croire qu'émanent de la population ignorance et passions reviendrait à dévaloriser la démocratie. Aujourd'hui, les choix collectifs commandent l'ultime respect, comme autrefois les volontés divines ou les décisions royales. L'opinion publique, conçue comme ce que pense le peuple, renvoie au fonctionnement même de la démocratie ; la constitution d'une opinion publique éclairée et rationnelle permettrait à la population de se faire entendre et de réaliser le gouvernement du peuple par le peuple. L'opinion publique participe ainsi aux croyances fondamentales de la démocratie libérale, celles voulant que le peuple soit capable d'édicter des choix valables pour la gouverne et que ses décisions orientent véritablement la gestion publique.

---

3. N. Machiavel, *Le Prince*, Paris, Flammarion, p. 176.
4. Noelle-Neumann, *op. cit.*, p. 70 et p. 80-81.
5. Habermas, *op. cit.*, p. 61.

L'existence de l'opinion publique signifierait donc qu'une collectivité peut se gouverner, la délibération collective servant de processus de gouverne. Les élections cristallisent cette capacité de s'autogouverner. Mais une voix populaire ne s'exprimant qu'une fois par quatre ou cinq ans ne permet pas d'illustrer adéquatement la volonté du peuple. Entre les scrutins, une autre méthode d'évaluation des opinions semble nécessaire, et ce besoin a favorisé la multiplication des sondages dans le débat public. Comme les sondages politiques sont faits à partir d'échantillons représentant l'ensemble de la population, la comparaison avec les élections s'est tout de suite imposée, donnant ainsi une crédibilité aux sondages qui « ressembleraient » aux élections. L'opinion publique « parlerait » plus souvent dans les sondages que par les urnes, d'où l'idée d'associer sondages et démocratie. C'est sur la parenté de l'opinion publique avec les élections que misent les instituts de sondage pour s'imposer, sur le principe que tous et toutes ont le droit d'avoir des opinions.

Mais l'assimilation des sondages aux élections télescope la fiction et la réalité. Les conditions très différentes dans lesquelles se déroulent les uns et les autres ne permettent aucune comparaison sérieuse. Lors d'élections ou de référendums, un débat public a lieu, les acteurs sociaux s'expriment publiquement, les projets politiques présentés atteignent leur plus haut degré de précision[6], et les citoyens et les citoyennes sont appelés à réfléchir et à soupeser les arguments des partis à la lumière du débat public. Les sondages se déroulent dans des conditions fort différentes : souvent dans des contextes non électoraux, alors qu'un regard très distrait est accordé aux questions politiques, sans que les acteurs sociaux et les personnages politiques qui animent la scène politique ne se présentent ni se défendent.

Le télescopage entre la réalité et la fiction ne s'explique pas uniquement par le contexte de production des sondages, mais aussi par leur construction même. Les sondages sont des outils beaucoup moins performants que le laissent entendre les maisons de sondages et politologues (souvent associés à des maisons) du point de vue de leur fidélité à une opinion réelle de la population. Les sondages sont éminemment malléables, comme les analyses technique et langagière le laisseront voir, et une même réponse recouvre un éventail de significations qui, amalgamées, n'ont plus aucun sens. Les sondages donnent des réponses simples, claires et chiffrées à des questions complexes et souvent confuses...

---

6. Bien que les projets politiques se caractérisent souvent par leur ambiguïté, ils doivent posséder une certaine cohérence en campagne électorale.

Justement parce qu'ils sont aisément malléables et qu'on peut susciter des réponses soit en présentant les questions dans un certain ordre, soit en utilisant certaines expressions, les sondages comptent parmi les meilleurs outils de gestion publique qui soient. Comme l'appui populaire constitue l'argument ultime pour persuader, on créera des sondages qui permettront de positionner favorablement dans l'espace public un acteur, une politique, un projet de toute nature.

Dans les faits, les populations sont souvent divisées sur des enjeux politiques, mais celui ou celle qui insisterait sur ces divisions ne récolterait aucun soutien supplémentaire. Le cas de la souveraineté du Québec éclaire bien la question; faire état de la lutte serrée ne convainc pas en soi les personnes indécises. Il faut au contraire faire état d'un vaste appui à une cause pour que des soutiens supplémentaires puissent être accumulés. Les sommets socioéconomiques illustrent ce besoin de dégager des majorités que certains personnages politiques appellent à tort des «consensus» pour asseoir la légitimité de certains projets gouvernementaux. Il en va de même des sondages commandités par des acteurs politiques; les maisons de sondage cherchent à dégager des majorités, quitte à utiliser toutes les astuces possibles pour le faire. En effet, si on fait appel à elles, c'est en partie pour connaître les vues de la population sur la cause et en partie pour susciter ou encourager le soutien populaire; le premier objectif (le seul avoué) n'est pas toujours le plus important aux yeux du commanditaire. Les sondeurs dégageront donc une «opinion publique» la moins défavorable possible pour leurs commanditaires. Ce faisant, on survalorise la cohésion de la société et son unité (il n'y a pas une demi-opinion publique), créant une fiction oublieuse des stratifications sociales.

Aujourd'hui, même si les sondages sont censés représenter les sciences sociales au service de la démocratie, il subsiste un faisceau d'interrogations sur la rationalité de l'opinion, sur sa volatilité, sur sa capacité à être manipulée, sur son ambiguïté et même sur sa réalité. Ces interrogations exigent un regard critique sur les sondages, ce qui mène à trois types d'analyse. Le premier, technique, situe les sondages dans le monde des mathématiques et fait ressortir leur caractère probabiliste. L'analyse langagière renvoie au monde des symboles et à l'ambiguïté des expressions politiques; elle laisse déjà entrevoir l'usage politique qu'on fait des sondages. Quant à l'analyse politique, elle permet de comprendre comment les acteurs politiques utilisent des sondages à leurs fins et combien leur vision et leur interprétation des enjeux diffèrent de celles de la population.

4.2. Les analyses technique et langagière des sondages
4.2.1. L'analyse technique

L'analyse technique des sondages permet de replacer les résultats dans leur univers mathématique. Bien que les chiffres aient l'apparence de la précision, les données d'un sondage ne doivent pas être pris au pied de la lettre. Les chiffres ne représentent pas des opinions, mais une probabilité statistique d'opinions. Un sondage est constitué d'un ensemble de procédures mathématiques et la conformité (variable) des données inscrites dans ces procédures avec la réalité statistique permet aux résultats de représenter plus ou moins justement les réponses produites. Le sondage consiste en une série de procédures mathématiques comme l'échantillonnage, la pondération ou la répartition des refus de répondre. Il ne sera question ici que des éléments à surveiller pour interpréter correctement les résultats d'un sondage et faire ressortir l'incertitude inhérente aux données de sondage : la représentativité de l'échantillon, la marge d'erreur, le degré de confiance et la répartition des personnes indécises.

La représentativité des échantillons dans les sondages politiques n'est plus guère remise en cause. L'âge, le sexe, la provenance géographique et la langue comptent parmi les catégories d'analyse qui permettent de choisir un échantillon correspondant à la population cible, celle qu'on « fait parler ». Or, il n'est pas certain qu'on puisse rendre compte adéquatement de la complexité d'une population en quatre, six ou huit catégories d'analyse. Un certain nombre de variables comme la sécurité d'emploi, la maîtrise de la langue écrite, le capital culturel ou encore le fait d'accepter ou de refuser de répondre à un sondage, qui exercent probablement aussi une fonction structurante sur les opinions, ne sont pas prises en compte. La représentativité n'est pas totale, elle est au contraire toujours construite par les variables qu'on jugera utile de choisir. L'honnêteté exige que cette représentativité soit caractérisée et considérée comme partielle. Ce n'est pourtant pas ainsi qu'on présente les sondages d'opinion lorsqu'on prétend qu'ils constituent une photographie de l'opinion à un moment donné :

> Dans la pratique commerciale et médiatique des sondages, on relève un glissement presque systématique entre le relevé d'une opinion majoritaire et l'assimilation de cette opinion à l'échantillon entier, puis

> *à la population qu'il est censé représenter. Ainsi s'autonomise la notion de représentativité, autonomisation qui occulte la caractérisation de cette représentativité*[7].

Un deuxième élément technique à surveiller est la marge d'erreur, qui dépend de la méthode d'échantillonnage (la manière de choisir des répondants) et du nombre de personnes interviewées. Contrairement à la croyance populaire, les marges d'erreur ne correspondent pas au rapport entre l'échantillon et la population cible (celle qu'on prétend représenter); qu'un sondage porte sur 1 000 personnes de la région de Québec (comprenant 600 000 personnes) ou de la région de Montréal (3 millions de personnes) importe peu. Des considérations financières limitent normalement le nombre de personnes interviewées, de sorte que les marges d'erreur pour la majorité des sondages politiques se situent autour de plus ou moins 3%. Les chiffres donnés à une réponse peuvent donc être plus grands ou plus petits de trois points, ce qui donne un intervalle de six. Dans un contexte où deux options s'affrontent dans une lutte serrée, les sondages ont ainsi une utilité fort marginale, mais, paradoxalement, de telles luttes suscitent souvent la production d'une kyrielle de sondages. Les faibles avances peuvent dynamiser ou déprimer les militants et les militantes, alors qu'elles ne signifient souvent pas plus qu'un nez à nez, ou même que l'avance d'un camp n'est pas celle qu'on croit! Dans les sous-groupes qui comprennent un nombre restreint de personnes, les marges d'erreur sont plus grandes et enlèvent quelquefois tout leur sens aux données présentées.

Un troisième élément technique à considérer est l'intervalle de confiance. Les sondages sont normalement fabriqués à partir d'un intervalle de confiance de 95%, c'est-à-dire que d'un point de vue technique (et en oubliant l'ensemble des autres considérations techniques), il y a 19 chances sur 20 que les données soient exactes. Il arrive fréquemment que plus de 20 sondages soient effectués durant les périodes de grande fébrilité politique sans qu'un rappel soit effectué au sujet du sens de l'intervalle de confiance. Lors de la publication d'un sondage aux résultats étonnants, rarement pense-t-on à évoquer la marge de confiance. En fait, la justesse d'un sondage relève d'une probabilité et non d'une assurance.

L'interprétation des sondages se moque généralement de ces précautions, surtout dans les médias. Quand un sondage présente des résultats inhabituels, rares sont les analystes ou les journalistes qui osent faire état de cette marge de confiance, car un commentaire précisant que

---

7. J. de Legge, *Sondages et démocratie*, Paris, Flammarion, 1998, p. 37.

les marges pourraient être totalement fausses provoquerait une certaine méfiance à l'égard du sondage et du média. On préfère spéculer plutôt que de miner la confiance vis-à-vis des sondages. On voit les sondages comme un état des opinions valable à un moment précis, et on donne à entendre que les variations dans les résultats reproduisent les variations dans les opinions. L'idée de probabilité est complètement étrangère à l'interprétation faite des sondages dans les médias ; cela viendrait d'ailleurs enlever aux résultats de sondages spectaculaires mais serrés tout leur intérêt. L'interprétation des sondages dans les médias pèche donc par excès de confiance ; en excluant le « contexte » d'un sondage, c'est-à-dire en faisant fi des données techniques qui peuvent nuancer les résultats, on présente une information très contestable.

Enfin, un dernier élément technique à prendre en considération est la répartition des personnes indécises ou discrètes. Pour de multiples raisons, bon nombre de personnes ne veulent indiquer leur opinion aux maisons de sondage : on peut vouloir garder pour soi son opinion, on peut vouloir éviter d'exprimer une opinion marginale, on peut manquer de confiance pour s'exprimer, on peut désirer plus de temps pour penser à sa réponse, on peut vouloir accélérer l'entretien et éviter des questions supplémentaires[8]. Un certain nombre de personnes n'ont tout simplement pas d'opinion, soit parce qu'elles ne connaissent pas les données associées à la question, soit parce qu'elles n'y ont pas pensé ou qu'elles ne s'y intéressent pas.

Il ressort de plusieurs travaux que si on légitime la réponse « ne sais pas », c'est-à-dire qu'on la présente comme tout aussi valable que les autres réponses, la proportion d'indécis augmente[9]. Mais les sondeurs tentent de trouver des personnes qui savent ; aussi ne laissent-ils pas souvent le « choix de ne pas savoir ». De plus, ils attribuent aux personnes indécises des réponses dans une proportion semblable à celles des personnes qui se sont exprimées.

---

8. E.L. Gidengil, « Knowledge, Gender, and Opinion Expression », Communication présentée à la réunion annuelle de l'Association canadienne de science politique, juin 1995, p. 2.
9. P.E. Converse, « Nouvelles dimensions de la signification des réponses dans les sondages », dans J.G. Padioleau, *L'opinion publique, dimension critique, nouvelles directions*, Paris, Mouton, p. 199. Loïc Blondiaux précise que : « De nombreuses expériences [...] ont montré que l'absence de filtrage avait pour conséquence de gonfler artificiellement le pourcentage des réponses recueillies dans les enquêtes » ; voir « Ce que les sondages font à l'opinion publique », *Politix*, vol. 37, 1997, p. 131-132.

Cette méthode de répartition des personnes indécises se révélant complètement inadaptée dans le cas des choix partisans sur la scène québécoise, un professeur de sociologie de l'UQAM, Pierre Drouilly, suggère depuis plusieurs années une méthode différente de répartition des indécis. Sa méthode repose sur l'observation empirique uniquement; Drouilly attribue le tiers des indécis au PQ et les deux tiers au PLQ. Cette méthode a connu un certain succès, car les fédéralistes semblent plus discrets ou plus réticents à dévoiler leurs intentions que les souverainistes. Cependant, après les élections québécoises de 1998, Drouilly, comme plusieurs autres analystes, a constaté que les sondages n'avaient pu prévoir les résultats de manière fiable parce qu'un certain nombre d'électeurs avaient un comportement électoral différent de celui qu'ils disaient avoir. On constate non seulement que le problème des indécis se pose avec acuité, mais qu'on ne peut plus guère se fier à ceux et celles qui répondent... « Les sondages [...] nous ont induits en erreur en mesurant d'aussi irréelles qu'improbables intentions de vote non francophones pour le PQ », écrivait Drouilly[10].

Le problème de la fidélité des réponses à l'opinion politique des répondants remet en cause la capacité du sondage à rendre compte adéquatement des opinions ou des intentions de vote. Mais plutôt que de tirer cette conclusion qui invaliderait les sondages, Drouilly propose une modification fondamentale de la technique des sondages : au lieu d'interviewer un nombre d'individus représentatif de la population cible, il suggère d'interroger certaines catégories de la population et pas d'autres, comme si l'opinion de certaines devait être tenue pour acquise...

> *il faudra à l'avenir, pour estimer les intentions de vote pour le Parti québécois, ne retenir que celles des répondants francophones en pondérant de manière réaliste les répondants discrets, puis simplement multiplier le résultat obtenu par le pourcentage de francophones, et reporter toutes les intentions de vote non francophones sur le Parti libéral : cela devrait donner une meilleure image de la réalité[11].*

Bien que cette suggestion soit faite dans un esprit pragmatique, nous ne pouvons nous empêcher de penser qu'elle montre le caractère inadapté de la technique traditionnelle des sondages et qu'elle a, en conséquence, une portée théorique que son auteur n'admet pas d'emblée. Drouilly écrit en effet que, pour les élections québécoises, interroger un nombre représentatif d'individus pour connaître les

---

10. P. Drouilly, « Sondages : il faudra à l'avenir attribuer tous les votes des non-francophones au PLQ », *La Presse*, 16 décembre 1998.

11. *Ibidem.*

intentions de vote de l'ensemble de la population est inutile; à partir de ce constat, ce serait toute la pratique des sondages qu'il faudrait remettre en cause.

La signification politique de l'indécision et des refus de répondre dans les sondages ne constitue pas un sujet très à la mode dans la recherche en sciences sociales. Les maisons de sondage ont intérêt à diminuer ces taux de sans-réponses, puisque les commanditaires paient pour savoir ce que pense la population. Les personnes indécises ou discrètes «nuisent» donc à l'industrie des sondages, et c'est pourquoi on leur attribue des réponses «contre leur gré». Bien qu'on ait tendance à associer l'ignorance ou l'indécision au sentiment d'incompétence politique plus fréquent chez des catégories socioéconomiques particulières comme les moins scolarisés et les femmes, la question est infiniment plus complexe. Les sans-réponses peuvent s'expliquer par une série de phénomènes comme l'exclusion volontaire par radicalisme politique, le manque de confiance dans les maisons de sondage ou encore l'ambivalence réelle chez des personnes éduquées, informées et nuancées.

4.2.2. L'analyse langagière

L'analyse langagière constitue le second niveau pour décortiquer les sondages. L'ambiguïté des mots utilisés dans les sondages, leur symbolisme et leur double sens servent à susciter des réponses particulières. Les acteurs politiques qui commandent des sondages ont des intérêts propres à défendre, et ils recherchent l'appui de la population pour légitimer (publiquement ou non) leurs projets et leurs idées; la manière de construire les questions d'un sondage, l'ordre des questions ainsi que les mots utilisés leur permettent d'influencer les réponses[12].

Tout d'abord, les questions de sondages comportent parfois plus d'une question. Dans *L'Actualité* de février 2006, un sondage de CROP amalgame trois questions en une: «On a demandé aux gens quel aspect du Canada les rendait le plus fiers. Que le Canada soit «un pays libre, indépendant et démocratique» est une valeur stable, qui rallie 40% des Canadiens et 25% des Québécois, à peu près comme il y a dix ans[13].»

---

12. Voir à ce sujet: J.-P. Grémy, «Questions et réponses: quelques résultats sur les effets de la formulation des questions dans les sondages», *Sociétés contemporaines*, 1993, n° 16, p. 165-176.
13. Impossible de savoir ce qui est mesuré ici: la liberté de la presse, la liberté d'expression ou celle des individus? L'indépendance face à quoi ou à qui? Quant au caractère démocratique du Canada, fait-on référence aux élections,

Ensuite, certains mots utilisés peuvent être porteurs de sens positif ou négatif et appeler, ne serait-ce que dans de faibles proportions, des réponses particulières. (Les faibles proportions peuvent faire la différence dans de chaudes luttes.) Certaines expressions constituent des symboles, c'est-à-dire qu'elles possèdent une valeur évocatrice, qu'elles font référence à des valeurs importantes, à une histoire chérie ou à un projet collectif porteur. Ainsi en est-il par exemple des expressions « intérêts du Québec » ou « acquis de la révolution tranquille ». Dans la question « Quel homme ou femme politique jugez-vous le plus apte à défendre les intérêts du Québec[14] ? », un nœud de significations surgissent plus ou moins consciemment: la défense de la langue française, celle des institutions économiques comme la Caisse de dépôt et placement du Québec, celle de son système juridique propre, etc. Dans la question « Quel parti peut le plus efficacement protéger les acquis de la révolution tranquille ? », ces acquis peuvent représenter le système d'éducation, la nationalisation de l'électricité et la création d'Hydro-Québec, les institutions culturelles et économiques dont s'est doté à l'époque l'État québécois, ou encore la création d'une fonction publique apolitique. Les réponses obtenues à ces questions renvoient à des sens différents pour chaque personne interviewée. L'amalgame de ces réponses identiques aux significations différentes ne peut que contribuer à entretenir la confusion.

De plus, certains mots, sans constituer des symboles, suscitent spontanément l'approbation, par exemple partenariat. Cette expression suggère l'entente cordiale, la coopération, la bonne volonté, le travail en équipe. Le mot partenariat est par ailleurs souvent utilisé pour décrire des projets de privatisation des services publics; le mot partenariat renvoie alors au partage des responsabilités entre l'administration publique et le secteur privé, à une entente contractuelle. Mais ce n'est pas dans ce sens qu'il est généralement compris. Le hiatus entre la défense des intérêts de certains groupes et l'image publique positive associée au mot partenariat apparaît très clair.

Dans une veine semblable, certains mots suscitent des niveaux d'appui différents, même s'ils renvoient au même projet politique. Les mots séparation, indépendance, souveraineté et souveraineté-

---

au droit d'association, au pluripartisme, à la séparation du pouvoir judiciaire face à l'exécutif et au législatif, à la fonction publique apolitique, aux consultations des organismes gouvernementaux ?

14. Cette question comporte aussi deux questions: Quels sont les intérêts du Québec?, et Que signifie l'aptitude: la combativité, la capacité de faire des compromis, la ruse?

association suscitent des attitudes différentes. Après avoir étudié une série de sondages entre 1988 et 1993, le sociologue Maurice Pinard concluait:

> L'indépendance suscite des appuis supérieurs à la séparation dans quatre cas sur cinq, avec des différences de + 6 à + 8 points de pourcentage, dans trois cas. Les appuis à la souveraineté, pour leur part, ont dépassé les appuis à l'indépendance par quelque 8 points de pourcentage, en moyenne depuis 1989, et l'écart en ce qui concerne la souveraineté et la séparation est en moyenne de + 11 points[15].

Il n'est pas étonnant, dans ces circonstances (qui n'ont guère changé depuis l'étude), que les fédéralistes privilégient le terme «séparation», voire «sécession» pour insister sur la coupure brutale, alors que leurs opposants utilisent plutôt la souveraineté, voire la souveraineté-association, qui renvoient à la fierté pour le premier, à la fierté et à l'assurance d'une entente cordiale avec le reste du Canada pour le second.

Les nuances dans l'appréhension d'une idée importent énormément. Les attitudes à l'égard d'un projet politique, d'une loi, d'une catégorie de personnes sont souvent imprégnées d'hésitations, de doutes. Loin d'entretenir des positions fermes et définitives sur une question, les citoyens et les citoyennes possèdent au contraire une gamme de sentiments et d'opinions qui peuvent paraître contradictoires, mais qui illustrent en fait la «complexité de la structure de l'opinion[16]». On peut par exemple souhaiter un projet et juger en même temps qu'il vaut mieux qu'il ne se réalise pas tout de suite. On peut aussi appuyer deux projets politiques différents qui vont proposer du changement (le fédéralisme renouvelé et la souveraineté-association), l'un étant plus restreint, l'autre plus audacieux; des considérations liées aux leaders politiques, aux circonstances économiques, aux débats du jour influent sur l'appui formel accordé à l'un ou l'autre projet au gré des sondages. On peut également se prononcer en faveur d'un principe (plus d'autonomie pour les provinces) et interpréter de manières diverses sa signification pratique.

L'ordre des questions influe aussi sur les réponses. On peut mettre en évidence tout au long d'un sondage les aspects de la gouverne qui suscitent le plus de réticences ou le plus de désapprobation dans la population avant de poser la question de confiance dans le gouver-

---

15. M. Pinard, «Séparation, indépendance, souveraineté: il y a beaucoup de confusion sur le sens des termes», *La Presse*, 27 mai 1994, p. B3.
16. C. Cayrol, «Du bon usage des sondages», *Pouvoirs*, n° 33, 1985, p. 12-13.

nement ou son chef. On peut, au contraire, insister sur les aspects de la gestion publique qui suscite le plus d'appuis avant de poser la même question de confiance. Dans un cas comme dans l'autre, on prédispose les répondants (défavorablement ou favorablement), de sorte que les personnes les moins décidées seront tentées d'effectuer un choix coloré momentanément par l'esprit (négatif ou positif) dans lequel elles se trouvent au moment du sondage.

Bref, les analyses technique et linguistique font ressortir le caractère probabiliste et construit des sondages. Les résultats des sondages ne doivent pas être pris pour des « miroirs fidèles de l'opinion valable à un moment précis » ; rien de très stable n'émerge des résultats. Par exemple, juste avant le déclenchement des élections fédérales en novembre 2005, le Parti libéral du Canada (PLC) avait 10 points d'avance sur son plus proche rival. Les appuis déclarés au PLC étaient de 38,7 %, ceux du Parti conservateur 29,4 %, ceux du NPD 16,9 % et ceux du Bloc québécois 10,6 %[17]. Les résultats de l'élection du 23 janvier 2006 « renversent » les données : 36,3 % pour le Parti conservateur, 30,2 pour le PLC, 17,5 % pour le NPD et 10,5 % pour le Bloc québécois. Plusieurs éléments de nature politique éclairent les « défaillances » des maisons de sondage.

4.3. L'analyse politique des sondages

Au-delà de l'analyse technique et linguistique, un regard plus critique sur les sondages remet en cause leur sens officiel et leur attribue un sens différent. Officiellement, il s'agit de mesurer l'opinion de la population sur une question, son appui envers un parti politique ou son adhésion à un projet, mais dans les faits, les sondages n'accomplissent cette fonction que dans certaines circonstances seulement, en situation réelle, et encore, en supposant que les personnes interviewées acceptent de collaborer pleinement et véridiquement. Dans cette section, nous expliciterons le sens des expressions « situations réelle et artificielle », ce qui permet de distinguer différents types de sondages et de constater que, théoriquement, leur validité se comprend en fonction d'un continuum. Ensuite, le rôle d'outil de gestion des sondages par les élites sera étudié ; les sondages s'inscrivent tout à fait dans le mode particulier de communication des personnages politiques, soit la plaidoirie. Enfin, la question de l'attitude de la population face aux sondages sera examinée ;

---

17. Il s'agit d'un sondage Ekos-*La Presse-Toronto Star* : Gilles Toupin, « 10 points d'avance pour les Libéraux », *La Presse*, 26 novembre 2005, p. A1.

elle n'a ni le même rapport aux sondages ni la même vision de la chose publique que ceux des élites, ce qui est généralement passé sous silence dans l'interprétation des résultats de sondages.

4.3.1. Les situations réelle et artificielle

Les sondages mesurent l'opinion en situation réelle, c'est-à-dire lorsque les questions posées correspondent à une interrogation réelle chez l'électorat, que l'éventail des réponses constitue les choix réels offerts et que les décisions ont des conséquences réelles. Le prototype d'un sondage en situation réelle est celui qui porte sur les intentions de vote en campagne électorale ou référendaire; le débat public incite à la réflexion et les acteurs sociaux prennent officiellement position. Les réflexions de Pierre Drouilly rapportées plus haut au sujet de l'élection québécoise de 1998 démontrent par ailleurs que la collaboration entière et véridique des personnes interviewées n'est jamais acquise et donc que, même en situation réelle, l'exactitude des résultats ne peut être assurée.

La majorité des sondages politiques ne sont pas menés dans un contexte réel, mais plutôt dans un contexte artificiel[18], alors que les personnes invitées à répondre n'ont ni le temps ni les moyens de se forger une opinion; les questions ne correspondent pas nécessairement à une préoccupation réelle des répondants, leurs réponses sont exemptes de conséquences réelles et l'éventail des réponses proposées limite et oriente les réponses données[19]. À cause de ces nombreuses limites, le sondage s'apparente à de la fiction rendue possible par l'habileté des sondeurs et par la volonté de répondre des citoyens et des citoyennes, même en situation de parfaite méconnaissance de cause.

La dichotomie situation réelle – situation artificielle doit être pensée comme un continuum; à l'extrémité «réelle» se trouvent les sondages comme ceux portant sur les intentions de vote en période électorale et à l'extrémité artificielle on retrouve ceux portant sur les politiques publiques. Ces derniers mettent en scène des problèmes

---

18. F. Bon décrit ainsi le caractère artificiel du sondage: «L'enquêteur est un étranger; il lève des questions sur lesquelles les personnes interrogées n'ont pas forcément réfléchi; il n'est pas un interlocuteur; la relation est à sens unique.» Voir *Les sondages peuvent-ils se tromper?*, Paris, Calmann-Lévy, 1974, p. 59.
19. Anne-Marie Gingras, «Les médias, l'opinion publique, Internet et le Parlement», dans Réjean Pelletier et Manon Tremblay, *Le parlementarisme canadien*, 3e édition revue et augmentée, Québec, Presses de l'Université Laval, 2005, p. 243-272.

définis par les élites, avec un choix de quatre ou cinq réponses qui amènent des réponses particulières ou qui se caractérisent par leur flou et pourront être interprétées selon les intérêts de leur commanditaire. Les questions portant sur l'élimination de la dette illustrent ce type de sondage en situation artificielle. On peut offrir par exemple comme choix de réponses : réduire les programmes sociaux, augmenter les taxes et les impôts, réduire la taille de l'État et privatiser certains organismes publics. Or, non seulement chaque solution comporte-t-elle une kyrielle de conséquences inconnues (donc difficiles à évaluer), mais les politiques publiques ne se réduisent pas à ces choix simplistes. Le sondage en situation artificielle sert à influer sur le débat public, voire sur le gouvernement ; d'ailleurs, les acteurs politiques aux intérêts divergents vont élaborer des choix de réponses fort différents, chacun privilégiant son idéologie et ses projets.

Entre les deux extrémités représentées par les situations réelle et artificielle on retrouve des sondages sur les sentiments face aux personnages politiques (Faites-vous confiance à une telle?), relativement précis puisque le mode d'interprétation par les sondeurs et les médias correspond au mode réel utilisé par les répondants (le sentiment, l'humeur, l'impression). D'autres types de sondages portent sur des comportements politiques ; certains, qui posent des questions non compromettantes, c'est-à-dire pour lesquelles refuser de s'engager ne fait pas perdre la face, ont une certaine valeur. Par exemple, la question « Irez-vous manifester contre la hausse des frais de scolarité ? » n'est pas compromettante. Les sondages sur des questions plus délicates, compromettantes, ne peuvent absolument pas être considérées comme valables : « Avez-vous déjà fraudé l'impôt ? », « Avez-vous des comportements racistes ? », « Qu'apportent les immigrants à la société québécoise ? ».

Par ailleurs, pour comprendre comment la majorité des sondages politiques publicisés mettent en scène des hypothèses et fabriquent l'opinion publique, il faut se rappeler qu'une minorité de sondages seulement sont menés dans des situations réelles et, comme on le verra, qu'une même réponse a des sens différents. La majorité des sondages se tiennent dans des contextes artificiels et leur caractère d'outil de gestion publique, c'est-à-dire leur fonction de légitimation, ressort donc avec évidence.

4.3.2. L'usage des sondages par les acteurs politiques et économiques

Pour décortiquer le sondage comme outil de gestion publique, il faut se livrer à un examen de l'usage des sondages par les élites et les acteurs sociaux qui jouissent d'un capital symbolique minimal. Leur rapport aux sondages diffère fondamentalement de celui de la population; ils sont toujours en mesure de choisir les expressions, de poser les questions dans un certain ordre, d'éviter un sujet, d'en privilégier un autre, d'élaborer des choix de réponses, etc. Il n'est pas sûr que les élites et les acteurs sociaux, d'une part, et la population, d'autre part, partagent des intérêts semblables, perçoivent les mêmes problèmes, voient les enjeux du même angle et utilisent les mêmes expressions pour signifier la même réalité. Bref, chaque groupe ne possède pas la même culture politique.

Passons d'abord aux personnages politiques, dont la culture se fonde sur la compétition et la stratégie; comme on l'a vu, le mode de la plaidoirie s'impose, ce qui signifie qu'on met en évidence seulement les avantages de ses projets et les désavantages de ceux de l'adversaire. Les acteurs ne se sentent pas responsables d'une discussion exhaustive de leurs idées, de leurs projets, de leurs candidats et en font donc la promotion tous azimuts. Dans ce contexte, la fabrication des sondages n'est pas laissée au hasard.

Avant tout, il faut réaliser que les sujets mis à l'ordre du jour par les sondages constituent les préoccupations des acteurs politiques, et non celles de la population. Les sondages imposent une problématique, celle «qui intéresse essentiellement les gens qui détiennent le pouvoir et qui entendent être informés sur les moyens pour organiser leur action politique[20]». L'arrivée de Jean Charest sur la scène politique québécoise, par exemple, a été minutieusement préparée par une promotion-sondages. On a tenté de créer un «effet Charest» par des sondages en situation artificielle qui posaient Jean Charest comme un acteur politique évoluant sur la scène québécoise, alors qu'il évoluait sur la scène fédérale. Les sondages ont révélé qu'il était un personnage populaire, faisant rapidement passer l'appui au Parti libéral de 42% à 52%. Au printemps de 1998, les personnes interviewées dans les sondages sur Jean Charest comme chef du PLQ ont répondu en toute méconnaissance de ses positions sur les dossiers québécois. L'idée qu'il pouvait défaire le Parti québécois a fait l'objet de nombreux commentaires politiques et réjouissait les fédéralistes québécois et le reste du

---

20. P. Bourdieu, «L'opinion publique n'existe pas», dans *Questions de sociologie*, Paris, Les Éditions de Minuit, 1984, p. 230.

Canada. Mais ces sondages, effectués alors que Jean Charest dirigeait encore le Parti conservateur, s'apparentaient à des instruments de politique-fiction. Certains acteurs politiques ont posé une hypothèse (Jean Charest comme chef du PLQ), télescopé la réalité et la fiction (la réalité de l'ignorance de la population face à son appui) et, connaissant l'effet *bandwagon*, tenté d'influencer[21]. Leur travail de promotion a résulté en vague d'appui... de courte durée, cependant. Confronté au travail politique concret dans un contexte réel, à son rôle de chef du Parti libéral, Jean Charest a déçu et son appui populaire a décru. Présenté comme le sauveur du fédéralisme au printemps, il se retrouva chef de l'opposition à l'Assemblée nationale à l'automne.

L'imposition d'une problématique révèle parfois crûment les intérêts des acteurs. Ainsi la légitimité de l'activisme politique des gens d'affaires fait-elle depuis plus de vingt ans l'objet d'une promotion de la part du Conseil du patronat. Chaque année, ce dernier fait mesurer le niveau d'appui que récolte la participation des chefs d'entreprise aux débats publics. La question normalise cependant la participation des chefs d'entreprise en posant comme naturelle la participation aux débats publics d'autres groupes; s'opposer à l'activisme politique des hommes et des femmes chefs d'entreprise reviendrait explicitement à les censurer. Peu étonnant avec la question suivante que près de quatre personnes sur cinq adhèrent à l'idée de l'activisme politique des gens d'affaires.

> *Plusieurs organisations (ou groupes) participent régulièrement aux débats publics sur les questions politiques, économiques et sociales. Personnellement, est-ce que vous êtes tout à fait d'accord, plutôt d'accord, plutôt en désaccord ou tout à fait en désaccord avec la participation active des chefs d'entreprises à ces divers débats*[22] ?

En plus d'imposer une problématique, les acteurs politiques ont trouvé différents moyens de susciter l'appui populaire. L'analyse linguistique a déjà fait ressortir que l'utilisation de différentes expressions pour décrire un projet suscite des niveaux différents d'appui. Les hommes et les femmes politiques se servent donc des expressions qui favorisent leur camp. Mais il y a mieux: puisque les réactions à un projet politique provoquent souvent un éventail de réactions, l'idéal pour recueillir un appui généreux est d'occuper une large place dans cet éventail de réponses possibles. Le soutien peut alors provenir de

---

21. A.-M. Gingras, «De la politique-spectacle à la politique-fiction», *Le Devoir*, 5 mai 1998, p. A7.
22. C. Gauthier, *op. cit.*, p. 32.

personnes qui ne partagent pas les mêmes opinions. Au lieu d'influencer l'électorat, de tenter de le faire réfléchir, on va le chercher là où il se situe, et on récupère son ambivalence, ses incertitudes, ses doutes.

Il arrive souvent que devant un projet politique les citoyens et les citoyennes entretiennent des doutes et qu'ils aient des positions mitigées. Après tout, les défis économiques et sociaux s'inscrivent dans une complexité qui va croissant et l'écheveau des intérêts qui fondent les choix collectifs ne peut être facilement saisi. L'incertitude des individus constitue une donnée normale de la vie politique.

À cette incertitude peut correspondre l'ambiguïté des élites. On peut relever grosso modo deux niveaux d'ambiguïté, le premier qui correspond aux aléas de l'évolution politique et le second qui relève du populisme. Tout d'abord, soulignons que la classe politique ne peut présenter ses projets d'avenir en fonction d'un scénario unique, simple et définitif alors que la vie politique évolue en fonction des réactions d'une multitude d'acteurs et se trouve soumise aux incertitudes de la conjoncture économique, des pressions des gouvernements étrangers et des entreprises transnationales. Au contraire, une certaine flexibilité de la part des acteurs politiques s'inscrit dans un sain réalisme. Si les valeurs fondant l'action politique et une direction générale sont indiquées, les balises de l'action future semblent assurées ; cela n'exclut pas un certaine ambiguïté, dans la mesure où les gestes précis ne peuvent être planifiés trop précisément à l'avance.

Par ailleurs, l'ambiguïté peut prendre une dimension fort différente, être assimilée à une forme de populisme ; on tente d'être tout à tous, de satisfaire des groupes aux intérêts divergents, voire opposés. L'homme ou la femme politique « disparaît », en quelque sorte, pour se transformer en miroir et refléter les aspirations des différents groupes. Cette manière de traiter avec l'électorat s'inspire de « l'optique marketing », c'est-à-dire qu'on conçoit et planifie les échanges en fonction des attitudes, des idées, des préjugés des différents segments de la population. Les leaders politiques ne se placent plus en position d'élaborer des projets, de projeter une vision d'avenir, mais s'appuient plutôt sur ce qu'ils croient que pensent les citoyens et les citoyennes, chaque groupe ayant droit à un discours adapté. Les discours politiques ne proposent rien de plus que ce que la population « veut » ; en même temps, celle-ci, fortement absorbée par la vie quotidienne (boulot-métro-dodo), ne peut évidemment pas élaborer une vision cohérente et explicite d'un avenir marqué par de nouvelles logiques qui lui échappent, comme la mondialisation. Avec l'optique marketing, le métier de politicien s'est transformé :

> *Est-ce à dire qu'on vend un premier ministre comme une marque de détersif, selon l'expression qui scandalise tout le monde ? Tous les faiseurs d'image répondront évidemment non. En un sens, ils ont tort. Le marketing électoral implique vraiment un certain échange, une certaine transaction dont deux parties cherchent à tirer profit[23].*

Le profit visé ici par les hommes et les femmes politiques est la détention du pouvoir, un objectif ultime sur lequel ils restent discrets, et non la défense des projets politiques. Ces projets constituent souvent l'instrument de la conquête, et non l'objectif cardinal des luttes politiques. Peu étonnant, dans cette perspective, que l'ambiguïté serve admirablement les fins politiques des acteurs en lutte. Le langage devient « un foyer d'incertitude et un vecteur d'arbitraire où cohabitent de multiples niveaux et sites de significations qui se contredisent parfois mutuellement, souvent en masquant leur incompatibilité[24] ».

Dans cette question de l'ambiguïté, trois éléments se renforcent les uns les autres : l'incertitude des individus, le langage politique et les sondages. L'ambiguïté des acteurs politiques (à laquelle s'ajoutent les astuces verbales déjà mentionnées[25]) prend appui sur l'incertitude d'une partie de la population tout en l'entretenant. Cette incertitude rend possible la fabrication de sondages truffés des nuances nécessaires à l'obtention des appuis à une question. En situation artificielle, les acteurs politiques (et économiques) fabriquent l'opinion publique en privilégiant certaines expressions, en choisissant le moment convenu pour lancer une idée ou un candidat, en posant les questions dans un ordre plutôt qu'un autre, en établissant un choix de réponses qui incite les indécis à s'exprimer dans un sens précis, en ne légitimant pas le refus de répondre, entre autres. Le sondage sert d'instrument privilégié pour mousser ses idées, pour légitimer son action ; faire croire que la majorité nous appuie attire des soutiens supplémentaires, le peuple souverain constituant la source suprême de légitimation en démocratie.

---

23. J. de Guise, « Le marketing social », dans M. Beauchamp, *Communication publique et société. Repères pour la réflexion et l'action*, Boucherville, Gaëtan Morin éditeur, 1991, p. 292.
24. M. Edelman, *Pièces et règles du jeu politique*, Paris, Éditions du Seuil, 1991, p. 11.
25. Au chapitre 2.

4.3.3. L'attitude de la population à l'égard des sondages

Et ce peuple, justement, que peut-on en dire? Pour saisir jusqu'à quel point les résultats de sondage s'apparentent à une fiction, il faut se pencher sur le postulat le plus rationaliste de la démocratie: « Tout le monde a une opinion[26]. »

Les maisons de sondage présentent leur travail comme un exercice purement démocratique; tout individu, quel qu'il soit, aurait une opinion sur toutes les questions de politiques sociales ou économiques et elles ne feraient que recueillir ces opinions et les exposer au grand jour. Présenté ainsi, le travail des maisons de sondage rendrait effectivement service à la démocratie. La réalité s'éloigne fort de cet vision naïve; loin de présenter les « opinions réelles » – si une telle chose existe – de la population, les maisons de sondage se livrent à la fabrication de fictions qui s'appuient sur les préjugés populaires, les peurs et les rêves de l'électorat.

Tout le monde a-t-il une opinion sur tout? Évidemment non. Ce n'est pas faire preuve d'élitisme que de dire qu'une proportion importante de la population ne s'intéresse à la politique qu'en période électorale, qu'elle suit de manière distraite les événements politiques et économiques et possède à cet égard un bagage de connaissances assez réduit. De plus, même ceux et celles qui portent régulièrement intérêt et attention à la vie politique exercent une discrimination dans les sujets traités et en privilégient quelques-uns. Eux non plus ne peuvent avoir une opinion sur tout. L'idée que tout le monde doive avoir une opinion est une réminiscence du lien effectué entre les sondages et les élections. Puisque tous et toutes ont le droit de vote, ils auraient aussi « le droit » de se prononcer sur une kyrielle de sujets. On a montré plus haut l'inanité de la comparaison entre les sondages et les élections.

L'idée que tout le monde a une opinion est renforcée par les hauts taux de réponses obtenus dans des sondages portant sur des problèmes complexes, comme les solutions pour contrer la réduction du déficit, les stratégies d'emploi, les nouvelles technologies de l'information et de la communication, l'usage du nucléaire. Les personnes sondées donnent une réponse aux questions soumises, mais la façon dont on produit

---

26. P. Bourdieu, *op. cit.*, p. 222.

les réponses mérite un détour[27], et il n'est pas sûr que «l'opinion» donnée aux sondeurs soit une opinion rationnelle, un choix éclairé, une décision réfléchie...

Il faut impérativement résister au postulat intellectualiste qui consiste à présenter toutes les réponses aux sondages comme des jugements proprement politiques. Il n'y a pas un, mais plusieurs modes de production de réponses, le jugement politique constituant l'un d'entre eux, et peut-être pas le plus répandu. Le jugement politique ne survient que chez les individus qui disposent d'une certaine maîtrise des schèmes politiques de classification et d'évaluation, ce qui suppose un bagage de connaissances, une capacité d'analyse minimale ainsi qu'un investissement de leur attention et de leur intérêt dans la chose politique[28]. À l'instar de Converse, nous

> *avons déjà acquis la conviction qu'il est naïf – et c'est là un aspect de la surestimation de l'information – d'attribuer à un échantillon du public les systèmes de référence bien charpentés, amples et abstraits que les élites considèrent comme allant de soi lorsqu'elles expriment des opinions politiques*[29].

Si le jugement politique ne constitue qu'un des modes de production de réponses à des questions politiques, qu'en est-il des autres modes ? Il semble qu'il y aurait au moins quatre autres modes de production de réponses à un sondage, chacune n'étant pas exclusive. Premièrement, on assiste dans certains cas à une réinterprétation des enjeux politiques à partir de schèmes d'évaluation éthique de la vie courante. À défaut d'appréhender une question politique en fonction des rapports de pouvoir qu'elle met en scène, les principes de la vie quotidienne ou la morale serviront à choisir une réponse. Parmi ces principes, notons la nécessité de s'entendre et d'éviter les conflits, l'importance de travailler assidûment ou de respecter la parole donnée. Supposons par exemple une question de sondage portant sur l'intervention du ministre du Travail dans une grève se déroulant dans une entreprise privée. Pour se prononcer sur cette intervention, il faut comprendre les idéologies et les gestes des différents acteurs politiques et se situer par rapport à eux. Une personne non politisée peut certainement convenir

---

27. Cette section sur le mode de production des réponses est fortement inspirée de P. Bourdieu, «Questions de politique», *Actes de la recherche en sciences sociales*, n° 16, 1977, p. 55-89 et D. Gaxie, *Le cens caché*, Paris, Éditions du Seuil, 1978.
28. D. Gaxie, *op. cit.*, p. 71-81.
29. P.E. Converse, «Nouvelles dimensions de la signification des réponses dans les sondages», dans J.G. Padioleau, *L'opinion publique, dimension critique, nouvelles directions*, Paris, Mouton, p. 199.

que, la paix devant être obtenue à tout prix, l'intervention du ministre est souhaitable; cette réponse pourrait ne pas résulter d'une analyse proprement politique mais d'une réinterprétation d'un enjeu politique à partir d'un schème d'évaluation éthique de la vie courante, dans ce cas-ci la nécessité de s'entendre rapidement et d'éviter les conflits.

Deuxièmement, les réponses des personnes non politisées se situent souvent parmi les choix les plus neutres ou les moins controversés. À défaut de ne pas savoir et pour éviter de se présenter à l'intervieweur comme ignorant, on choisit une réponse intermédiaire, donc plausible. En évitant les extrêmes, on pense sauver la face. En connaissant ce travers, il est possible de susciter des réponses à partir d'un choix particulier offert; par exemple, pour susciter un large appui à un taux nécessaire d'approbation de la souveraineté de 52 % ou 55 %, il faut s'assurer d'offrir une réponse plus basse et une ou deux plus hautes. Entre 50 % plus un et 66 %, l'indécis jugera raisonnable d'identifier 52 % ou 55 %. Dans ces sondages, on ne rappelle surtout pas que notre système politique fonctionne à la majorité relative (les gouvernements sont élus avec moins que 50 %) et que de courtes victoires ont servi à adopter le Traité de Maastricht dans certains pays européens. Dans une veine semblable de la recherche d'une réponse non controversée et plausible, le troisième mode de production d'une réponse s'appuie sur le choix du vainqueur probable ou du candidat incarnant les canons de la respectabilité.

Quatrièmement, en l'absence de repères proprement politiques, les personnes non politisées peuvent aussi choisir une réponse au hasard. Nul n'interdit, en effet, de «jouer aux sondages» comme on le fait pour la loterie. Un contact facile avec un intervieweur ou une intervieweuse sympathique rend la collaboration agréable, même si cela n'a rien à voir avec le jugement politique. Ce mode de production d'une réponse, le hasard, n'a été que peu documenté, et pour cause! Il mine l'idée d'une citoyenneté rationnelle et invalide, en conséquence, les sondages comme outils de référence sur l'opinion d'une population censée être capable de s'autogouverner.

Le mode de production non politique à une question politique a été abordé par Elizabeth Gidengil de l'Université McGill, dont la recherche portait d'abord sur l'abstention plus grande des femmes dans les sondages politiques. L'abstention étant généralement liée aux niveaux de scolarité et à l'activité professionnelle, la chercheuse ne comprenait pas que persiste, encore aujourd'hui, des différences entre hommes et femmes sur le plan de la participation aux sondages. Les travaux de Gidengil éclairent la face cachée des comportements sociaux des hommes et des femmes; l'abstention des femmes ne renvoie pas à l'ignorance des femmes ou à leur sentiment d'incompétence politique plus grand que ceux des hommes, mais à leur humilité, c'est-à-dire leur volonté d'avouer leur ignorance. Les hommes, au contraire, s'abstiennent moins, mais cela ne signifie pas qu'ils soient toujours plus informés. En effet, à méconnaissance égale, les hommes se prononcent alors que les femmes s'abstiennent, c'est-à-dire que les hommes choisissent une réponse sans savoir, en bluffant, alors que les femmes préfèrent avouer leur ignorance[30].

Cette trouvaille permet de tirer une conclusion fondamentale sur le mode de production non politique d'une réponse à une question politique: le bluff des répondants, surtout des hommes, «transforme le hasard en opinions réfléchies», ce qui enlève de la validité aux sondages, même techniquement corrects. Au-delà des différences entre les hommes et les femmes, il faut situer la recherche de Gidengil dans les travaux de sociologie électorale et constater qu'elle met en cause le sens même des sondages. En effet, en identifiant le bluff comme mode de production des réponses, et en liant cette trouvaille au faible intérêt pour la politique et au bas degré d'information des individus dans les sociétés occidentales, on en arrive à la conclusion que les résultats des sondages politiques ne consistent pas en réponses proprement politiques.

Commentant la réaction des individus les moins politisés, Daniel Gaxie écrit:

> *Invités à se prononcer sur des questions à propos desquelles ils se sentent particulièrement désarmés, ils cherchent avant tout à ne pas perdre la face, à ne pas trop s'engager et à se tirer au plus vite de la situation embarrassante où ils se trouvent alors placés. Leur commentaire se limite alors souvent à l'énonciation de quelques stéréotypes ou opinion conforme en vigueur dans leur milieu social.*
>
> *Prendre ces mots de passe des relations interindividuelles à leur valeur faciale en leur accordant le statut d'opinions politiques constituées – c'est-à-dire d'opinions produites à partir de critères d'évaluation proprement politiques – c'est prêter à leurs auteurs une pensée politique qu'ils n'ont pas[31].*

---

30. E.L. Gidengil, «Knowledge, Gender, and Opinion Expression», communication présentée à la réunion annuelle de l'Association canadienne de science politique, juin 1995.
31. D. Gaxie, *op. cit.*, p. 189-190.

Enfin, en plus des quatre modes de production non politiques de réponses, il faut aussi noter que le choix de ses représentants suppose toujours, et pour tous les membres de l'électorat, une part secrète de confiance, un fragment d'appui irrationnel fondé sur le style, le charisme, la sympathie et l'image (psychologique et physique). Une personne élue étant un ou une porte-parole, il ne peut y avoir dissociation totale de l'individu et des idées qu'il incarne. Cela signifie que même une opinion éclairée et rationnelle faite par des individus politisés et informés n'est pas qu'une décision froide et fondée sur les idées. Rien ne sert de tout ou trop rationaliser en matière de formation d'opinions.

Il ressort de cet examen que « l'opinion publique n'existe pas » au sens où l'entendent les sondages, c'est-à-dire comme l'agrégation des opinions politiques réfléchies de la population sur une question donnée. L'analyse technique a laissé voir le caractère probabiliste des résultats d'un sondage. L'analyse langagière a permis de constater que le choix des mots permet de susciter certaines réponses et pas d'autres. L'analyse politique a mis au jour le rapport fort différent qu'entretiennent les hommes et les femmes politiques et la population au regard des sondages. L'intérêt de la classe politique consiste à faire des sondages sur des sujets qui lui tiennent à cœur, à imposer une problématique et à le faire avec toute l'ambiguïté qui lui permet de récolter un maximum de soutien populaire. Les citoyens et les citoyennes, pour leur part, ne produisent pas tous des réponses à l'aide de critères proprement politiques; bon nombre se servent de la moralité quotidienne, du hasard ou du juste milieu pour choisir une réponse. Cela ne peut que nous amener à constater que l'addition de réponses semblables possédant des significations diverses constitue un exercice vide de sens. Nous nageons en pleine fiction et, comme nous l'avons vu, ce sont toutes les étapes des sondages qui posent problème : leur construction, leur administration et leur interprétation.

4.4. La publication des sondages

Les sondages ne constituent pas un type d'information comme un autre. Leur importance dans les débats publics est d'ailleurs de plus en plus reconnue; si bon nombre assimilent encore les sondages à l'opinion fidèle de la population, leur rôle d'outil de gestion publique, c'est-à-dire de légitimation, apparaît de plus en plus clair à un nombre croissant de personnes. Dans cette dernière perspective, la publication des sondages revêt une importance cruciale dans le jeu politique, mais, loin de ne servir qu'aux acteurs politiques et économiques, elle bénéficie aussi aux médias, et cette utilité sera examinée dans un premier temps.

La question du rapport entre liberté d'expression et publication des sondages sera étudiée dans un deuxième temps à partir des travaux de la Commission royale d'enquête sur la réforme électorale et le financement des partis ainsi que de la plus récente décision juridique sur le sujet. Au cœur du lien entre liberté d'expression et interdiction de publier des sondages, on retrouve la question de la scientificité des sondages, de même que la conception de la compétence politique de l'individu.

4.4.1. L'utilité politique et économique des sondages pour les médias

Dans le monde politico-journalistique, on ne croit aux sondages qu'à moitié. Pourtant, dans les médias, on les utilise, on en commande et on en fait des manchettes. Leur fausseté, loin d'embarrasser, permet de produire des articles supplémentaires. Du côté des élites, on les utilise, on en commande, on se gausse ou se désole des résultats. Par ailleurs, tant les journalistes que les hommes et les femmes politiques ont appris à s'en méfier (les personnages politiques encore plus que les scribes). Tous savent qu'ils peuvent être tendancieux, qu'on peut influencer les résultats par les « bonnes » questions dans le « bon » ordre au « bon » moment.

Cette attitude ambivalente n'empêche cependant pas qu'on fasse des sondages (plus précisément de la publication de sondages) des outils de gestion publique. Si des sondages secrets sont effectués pour planifier la stratégie des partis ou des grandes organisations, ceux qui sont publiés dans les médias ont une dimension plus porteuse au niveau du « jeu politique ». On vise à convaincre les personnes hésitantes, soutenir le moral des troupes, impressionner l'adversaire, déclencher ou soutenir une vague d'appui ou un mouvement de protestation. Bref, non seulement les sondages ne reflètent pas l'opinion de la population pour les raisons énumérées ci-dessus, mais un regard critique démontre qu'ils servent d'outils de gestion publique, c'est-à-dire qu'ils contribuent à légitimer ou délégitimer des acteurs, des politiques et des projets.

Cela ne signifie pas que les personnages publics contrôlent bien leur image et leurs messages à travers les sondages; nous croyons au contraire qu'un certain fouillis existe dans ce domaine, parce que le champ est livré à la lutte que se font différents groupes parmi les élites politiques et économiques, parmi les grandes organisations et les petits regroupements. Tous utilisent les sondages, avec une fréquence variée et un bonheur inégal.

L'usage des sondages est éminemment politique, en ce sens qu'il sert à influencer l'évolution des rapports de force en société. Les acteurs sociaux utilisent les sondages pour imposer leur définition intéressée de l'opinion publique, fabriquée et mise en scène. Il n'y aurait ainsi pas « une » définition de l'opinion publique, du moins telle que l'expriment les maisons de sondage qui disent s'appuyer sur la science. Patrick Champagne soutient qu'il n'existe pas de définition « scientifique » de l'opinion publique, mais une définition sociale. L'opinion publique, « qui occupe une position centrale et stratégique (en tant que principe de légitimité) dans le fonctionnement des champs politiques de type démocratique, appartient au registre de la métaphysique politique et non pas à celui de la science sociale[32] ».

La croyance (même ambivalente) dans les sondages de la part des élites, des journalistes et des organisations s'explique parce que chacun, au-delà de ses ambivalences conjoncturelles, y trouve son compte. Une coalition d'intérêts maintient le sondage en vie, au premier rang desquels il faut évidemment mettre les sondeurs eux-mêmes. Ces derniers réalisent l'essentiel de leur travail auprès des entreprises privées ; leur intérêt est d'abord économique. Les sondages politiques qu'ils réalisent servent, entre autres, à établir leur crédibilité, à les maintenir comme des interprètes valables des volontés démocratiques et à leur faire de la publicité gratuite.

Dans cette coalition d'intérêts, les médias viennent au second rang et les personnages politiques au troisième. Ces deux catégories d'acteurs profitent de l'aspect course que l'utilisation fréquente des sondages imprime au débat public. Ce phénomène, baptisé « *horserace* », ou « course de chevaux », constitue pour Wagenberg *et al.* une obsession du processus aux dépens du contenu[33]. Dans les périodes de grande fébrilité politique, de fréquents sondages sont effectués ; la compétition prend alors le dessus sur les questions de substance, on situe les événements politiques dans le « plan de match » des parties en cause et la stratégie des uns et des autres devient le sujet d'actualité.

Bien que tous les personnages politiques ne participent pas avec la même ferveur à la course de chevaux, bon nombre y voient des avantages certains ; ils répondent de moins en moins souvent à des questions sur l'essence de leurs projets et davantage sur leur planification stra-

---

32. P. Champagne, *Faire l'opinion. Le nouveau jeu politique*, Paris, Éditions de Minuit, 1990, p. 83.
33. R.H. Wagenberg *et al.*, « Campaigns, Images and Pools : Horseracism in Mass Media Coverage of the 1984 Canadian Election », dans M. Grenier, *Critical Studies of Canadian Mass Media*, Toronto, Butterworths, 1992, p. 141.

tégique qui fascine la majorité des courriéristes parlementaires et des analystes. Ils peuvent attirer l'attention sur les aspects organisationnels de leur campagne ou, mieux, de celle de leurs adversaires, et ainsi reléguer leur programme à la portion congrue de l'espace médiatique. Si les élites et les acteurs sociaux récoltent certains avantages de la publication des sondages, ils en subissent aussi à l'occasion des torts, car les sondages ne leur donnent pas toujours raison.

Aucun problème du genre ne se présente pour les médias qui retirent de la publication des sondages des avantages encore plus importants. L'usage des sondages permet aux médias de se livrer à des reportages faciles, qui ressemblent aux reportages sportifs; on perd et on gagne des points, les règles du jeu sont établies à l'avance, on étudie le terrain, on compare les parties, on évalue les performances des équipes et des leaders, il y a des obstacles, des imprévus, des coups de chance, une ligne d'arrivée... et même parfois des paris.

De manière plus spécifique, il faut insister sur le fait que les sondages ne constituent pas un type d'information comme un autre pour les médias. Tant les journalistes individuellement que les organisations médiatiques retirent des bénéfices si grands de la publication des sondages que leur défense passionnée contre l'interdiction de publier des sondages avant les élections doit être examinée à l'aune de ce rapport bien particulier entre sondages et médias. Cette défense ne s'appuie pas uniquement sur de beaux principes comme la liberté d'expression, mais sur leurs intérêts, et cela explique que, même en ayant connaissance des failles des sondages et de leurs aspects tendancieux, la majorité des journalistes et leurs patrons continuent de les utiliser comme le reflet fidèle de l'opinion de la population. Voyons plus en détail les deux aspects de l'usage médiatique des sondages : organisationnel et individuel.

Du point de vue de l'organisation médiatique, l'utilisation des sondages permet de placer le média dans une position de témoin neutre, ce qui en théorie lui permet de servir de lien social entre les élites et l'ensemble de la population. L'idéal de l'agora neutre se réaliserait ainsi; en publiant ce qu'est censé penser le peuple sur un sujet donné, on prétend faire œuvre utile et aider la population à participer au débat public, essentiel en démocratie. Il s'agit évidemment d'un terrible leurre, car un certain nombre de sondages publiés par un média – précisément ceux qu'on met en manchettes – ont souvent été commandés par le média lui-même, et donnent l'occasion de mousser une perspective politique précise. Parmi les prérogatives des propriétaires des médias et de leurs éditeurs, commander des sondages apparaît en effet comme un des moyens les plus efficaces d'intervenir dans le jeu politique. Les patrons de presse peuvent, sous le couvert de « l'opinion publique », imposer une problématique, faire apparaître un nouveau joueur, faire naître l'inquiétude dans un domaine, ébranler des acteurs sociaux, miner la crédibilité des mouvements populaires.

Par ailleurs, il faut distinguer ce qui relève de l'ordre du symbolique et de l'ordre de la formation des opinions ; l'opinion publique ne constitue pas l'agrégation des opinions rationnelles des individus, comme les analyses langagière et politique l'ont laissé voir. Lorsqu'on impose une problématique ou fait apparaître un nouveau joueur sur la scène politique, il s'agit avant tout d'un exercice de « relations publiques » ; il faut « bien faire paraître » avant de (et pour) convaincre les futurs électeurs et électrices. L'établissement d'une opinion publique favorable à une cause relève donc tout d'abord d'un travail qui se déroule dans l'ordre du symbolique, dans le domaine des représentations. En ce sens, les idées qui « flottent » dans les médias n'ont souvent même pas « besoin » de l'appui réel de la population, du moins dans un premier temps. En effet, l'opinion publique n'est souvent que l'imposition, par des élites politiques ou économiques, d'une de leurs idées qui passe pour être appuyée par le peuple. Patrick Champagne écrit au sujet de l'opinion publique créée par les sondages :

> Il s'agit en fait d'un référent imaginaire, idéal et utopique qui sert de principe légitimateur des discours et des actions politiques. Autrement dit, tout donne à penser que l'« opinion publique » n'est que le produit de la rencontre entre un phantasme politique traditionnel – faire parler « le peuple » dans les régimes où celui-ci est censé être la source de légitimité du pouvoir – et une technologie sociale moderne – le sondage, le questionnaire fermé et le dépouillement presque instantané par ordinateur[34].

Il est bien question ici de « faire parler le peuple » ; l'analyse politique a démontré que celui-ci peut s'exprimer sans émettre des opinions proprement politiques. On a ainsi pu voir à la une de *La Presse* au printemps 1998 des sondages favorisant Jean Charest comme futur chef du Parti libéral, alors que *Le Devoir* répliquait quelques jours plus tard en publiant les résultats d'un sondage qu'il avait lui-même commandé sur l'ignorance des Québécois par rapport à ce même Charest. Chaque média, particulièrement ceux qui veulent s'imposer sur la scène politique, fait plus ou mois subtilement la promotion des idées du propriétaire ou des patrons de presse. Ainsi, il n'est pas surprenant qu'au moment où le National Post appartenait à Conrad Black,

---

34. P. Champagne, *op. cit.*, p. 42-43.

chantre incontesté de la droite canadienne, on a publié en manchette un sondage indiquant que 96% des Canadiens voulaient davantage de services de santé privés[35].

Le *Dictionnaire de la science politique et des institutions politiques* précise :

> *L'opinion publique est un concept né de la nécessité pour le pouvoir (politique) ou, au contraire, ses contestataires, de mobiliser à leur profit un acquiescement supposé, afin d'en tirer une légitimité supérieure, lorsqu'il advient que les seules justifications fondées sur la force, la religion ou la tradition [...] deviennent insuffisantes. La magistrature de l'opinion est un phénomène qui annonce les temps modernes, tout en relevant d'une logique différente. Loin de pouvoir représenter « ce que les gens pensent », elle est, en un sens, toujours fabriquée*[36].

Les sondages servant d'outils de légitimation et ayant en conséquence besoin d'un lieu public pour se faire valoir, leur rapport aux médias est bien particulier. Depuis une trentaine d'années, la publication des sondages a contribué à faire croire que les médias étaient des représentants légitimes des intérêts de la population. Cela a déplacé progressivement le débat politique du lieu officiel du débat public qu'est le Parlement vers les médias. Les sondages sont donc venus mousser le rôle politique des médias, ce phénomène se cristallisant dans les annonces politiques effectuées de plus en plus devant la caméra et non en Chambre. On constate d'ailleurs un va-et-vient constant entre les discussions parlementaires et les débats qui se tiennent dans les médias, où des acteurs sociaux joignent leurs voix à celles des personnages politiques, où la perspective des éditorialistes et des chroniqueurs vient aussi concurrencer (ou appuyer) les positions déjà défendues. Les médias passent ainsi pour être de véritables lieux de débat public, autrement dit, une agora libre ; cela serait une fort bonne nouvelle si c'était vrai ! Or les rapports que les médias entretiennent avec les pouvoirs politiques et économiques ont plutôt montré leur état de relative subordination à leur égard. L'illusion est parfaite et elle est soigneusement entretenue par les élites et par les médias, en plus d'être crue et défendue par la majorité des journalistes, qui se révèlent ainsi incapables de distinguer l'idéal de la réalité. Les sondages participent à l'illusion de neutralité des médias, puisqu'ils sont censés dire ce que pense le peuple.

---

35. M. Kennedy et F. Dubé, « Canadians want more private health care : poll », 5 décembre 1998.

36. Guy Hermet *et al.*, *Dictionnaire de la science politique et des institutions politiques*, Paris, Armand Colin, 1994, p. 185-186.

Les avantages que retirent les médias de la publication des sondages sont aussi bien évidemment de nature commerciale. Les médias joignent donc à leur intérêt politique un bénéfice économique. Un sondage nouveau en manchette incite les collègues des autres médias à en faire état ; les analystes s'y référeront et les personnages politiques en tiendront compte. Tout cela est fort utile pour les ventes. La visibilité politique s'accompagne d'un avantage économique certain.

Du côté des journalistes, il faut noter une certaine conscience des problèmes que nous avons soulevés dans les analyses technique, langagière et même politique. Notre enquête[37] auprès des journalistes a montré qu'une proportion appréciable connaît les failles des sondages, au moins de manière vague. Malgré tout, la majorité des journalistes continuent de les utiliser exactement comme s'ils reflétaient précisément l'opinion de la population, c'est-à-dire que ceux-là mêmes qui ont affirmé comprendre les difficultés reliées aux sondages en entrevue ne manifestent aucune prudence supplémentaire dans leurs reportages.

En utilisant les sondages comme s'ils représentaient l'opinion de la population, les journalistes se placent en situation avantageuse face aux élites politiques et économiques et face aux autres acteurs sociaux ; ils s'arrogent une part de légitimité populaire pour interroger et remettre en cause les politiques publiques ou les décisions gouvernementales. Le sondage leur donne une crédibilité d'autant plus grande qu'ils semblent s'exprimer au nom du peuple. La source suprême de légitimité se trouve dans la volonté populaire et, parce qu'elle est traversée de conflits, elle ne s'exprime pas clairement ; elle le fait plutôt en ordre dispersé. Par ailleurs, le sondage offre une occasion en or de présenter la population de manière consensuelle, sinon majoritaire, et cette unité apparente accroît la force du journaliste qui prétend parler pour la collectivité. En situation conflictuelle, alors que syndicats et groupes de pression contestent les décisions gouvernementales, des sondages viendront trancher et permettront aux journalistes de questionner soit les contestataires, soit le gouvernement, avec des arguments prétendument imbattables puisqu'ils seraient ceux de la population. Les sondages deviennent des armes symboliques permettant d'« affirmer le pouvoir propre de la presse face au pouvoir politique[38] ».

Ce rapport qu'entretiennent les journalistes avec les sondages leur facilite aussi l'existence, en ce qu'ils n'ont pas à chercher eux-mêmes un angle différent pour aborder une question, ni n'ont à effectuer des

---

37. Voir chapitre 2.
38. P. Champagne, *op. cit.*, p. 143.

recherches pour faire leurs reportages. Le sondage permet d'écrire des articles à partir de son bureau, sans avoir à fouiller, questionner, remettre en cause. De plus, les maisons de sondage préparant des résumés des faits saillants, le travail journalistique s'en trouve facilité.

En utilisant les sondages comme s'ils représentaient l'opinion du peuple, les journalistes se placent aussi en situation avantageuse face à la population ; cela revient à se situer très exactement dans le rôle de témoin des événements, neutre et au-dessus de la mêlée. Le sondage permet aussi de se défendre de produire de l'information institutionnelle, qui provient des officines du pouvoir. Il permet de montrer qu'on est directement connecté avec son public, qu'on s'y attache et qu'on lui accorde de l'importance.

Les nombreux avantages que retirent les journalistes et les organisations médiatiques de la publication des sondages expliquent leur « allergie » devant l'interdiction de publier les sondages, allergie aussi fondée sur l'attitude libertaire qui caractérise l'idéologie professionnelle des journalistes. La théorie libertaire, qui valorise l'expression de toutes les opinions, y compris les opinions racistes ou délictueuses, s'appuie non seulement sur la rationalité des citoyens et des citoyennes, mais aussi sur leur compétence politique à séparer le bon grain de l'ivraie en matière d'information. Mieux vaut, selon la majorité des journalistes, publier des inexactitudes que de censurer, l'espace public assurant lui-même une sorte d'autorégulation. Cette attitude s'explique aussi par l'argument de la pente fatale : si l'on interdit de publier des sondages, que va-t-on ensuite interdire ?

4.4.2. Les débats sur la publication des sondages

Au Canada, de nombreuses discussions sur l'interdiction des sondages se sont tenues lors de la Commission royale sur la réforme électorale et le financement des partis politiques. Guy Lachapelle, de l'Université Concordia, a été chargé d'analyser les mémoires présentés à la Commission sur la publication des sondages, la législation canadienne et étrangère, le traitement journalistique des sondages et la qualité des sondages publiés. La Commission voulait évaluer l'opportunité de réglementer les sondages en période électorale, principalement à cause des effets que ceux-ci provoquent chez l'électorat.

À la suite de son enquête, Guy Lachapelle a jugé incomplète l'information généralement fournie par les maisons de sondage en campagne électorale : « La description de la méthodologie est nettement insuffisante et ne respecte pas les règles établies par la profession[39]. » Le traitement journalistique des sondages a aussi été qualifié de déficient: « Trop d'éléments méthodologiques manquent pour permettre au public de juger de la qualité et de la fiabilité des résultats présentés[40]. » Considérant le potentiel réel d'influence sur l'électorat, d'une part, et le fait que les données sur les sondages soient incomplètes et de mauvaise qualité, d'autre part, Lachapelle a recommandé une période de restriction de publication des sondages de 72 heures, la publication d'une fiche technique accompagnant les sondages et la création d'une commission des sondages pouvant évaluer et assurer la qualité des sondages et veiller à rendre accessibles les rapports sur les sondages[41]. Cette dernière recommandation s'inspirait de l'expérience française. Depuis 1977, en France, une commission vérifie la qualité des sondages et les informations médiatiques à leur sujet; elle peut exiger des informations supplémentaires des maisons de sondage, faire des mises au point (de 1977 à 1989, plus de cent) et intenter des poursuites pénales[42].

Des travaux de la Commission sur les sondages le gouvernement fédéral n'a retenu que la période de restriction de 72 heures. Malgré les limites évidentes à la liberté d'expression durant cette courte période, on a jugé que cela pouvait éviter qu'un sondage erroné soit laissé sans rectifications. En mai 1993, le Parlement canadien votait l'interdiction « d'annoncer, de publier ou de diffuser les résultats d'un sondage sur les intentions de vote des électeurs ou sur une question électorale qui permettrait d'identifier un parti politique ou un candidat entre minuit le vendredi qui précède le jour du scrutin et la fermeture de tous les bureaux de scrutin[43] ».

Cette disposition de la Loi électorale du Canada a été jugée inconstitutionnelle par la Cour suprême dans l'arrêt Thomson (29 mai 1998)[44]. Depuis plusieurs années, l'entreprise Thomson avait voulu faire invalider l'interdiction de la publication des sondages durant les 72 dernières heures d'une campagne électorale. Le 15 mai 1995, la Cour de l'Ontario a statué que la disposition interdisant les sondages violait le droit à la liberté d'expression, mais que cela constituait une

---

39. G. Lachapelle, *Les sondages et les médias lors des élections au Canada*, Toronto, Wilson et Lafleur, 1991, p. 125.
40. *Ibid.*, p. 150.
41. *Ibid.*, p. 177-181.
42. *Ibid.*, p. 66-69.
43. Loi électorale du Canada, article 322.1.
44. Voir *Recueil des arrêts de la Cour Suprême du Canada, 1998*, vol. 1, Ottawa, Imprimeur de la reine pour le Canada, 1998, p. 877 et suivantes.

limite raisonnable et n'était pas inconstitutionnel. Le 19 août 1996, la Cour d'appel de l'Ontario confirmait ce jugement, allant jusqu'à prétendre que tous les sondages, y compris ceux ayant été préalablement publiés durant la campagne électorale, ne pouvaient être mentionnés durant les 72 dernières heures de la campagne électorale (ce qui a par la suite été infirmé par la Cour suprême). Dans un jugement partagé (cinq juges contre trois), la Cour suprême a renversé cette décision et conclu que l'interdiction des sondages portait atteinte au droit à la liberté d'expression et que cela ne se justifiait pas dans le cadre d'une société libre et démocratique.

De manière plus précise, Thomson a contesté la constitutionnalité de l'article 322.1 de la Loi électorale du Canada en soutenant que la disposition contrevenait à la liberté d'expression et du droit de vote protégés dans la Charte des droits et libertés. Le législateur a pour sa part fait valoir que l'article 322.1 de la Loi électorale portant sur l'interdiction des sondages répondait à une « appréhension raisonnée du préjudice », c'est-à-dire que la publication des sondages pouvait raisonnablement causer un préjudice au processus électoral en incitant l'électorat à faire des choix fondés sur des inexactitudes. Le procureur général a allégué que des sondages inexacts publiés tard dans la campagne électorale pouvaient induire en erreur des citoyens et des citoyennes et que la période de 72 heures était destinée à permettre une critique de ces sondages. La Cour a considéré les arguments du juge de première instance selon lesquels l'appréhension raisonnée du préjudice se fonde sur quatre éléments : le simple fait de l'omniprésence des sondages, la connaissance par le public des résultats de ces sondages, l'omission de publier avec les sondages de l'information sur la méthodologie utilisée et l'effet potentiellement indu de la publication de ces sondages tard dans les campagnes électorales.

Bien que l'idée de protéger le public contre des sondages erronés ait été jugée un « objectif urgent et réel » par tous les juges de la Cour suprême, la période de répit nécessaire pour que l'électorat fasse un choix éclairé ne l'a pas été. Les juges majoritaires ont conclu que l'interdiction des sondages durant les 72 dernières heures de la campagne électorale était inconstitutionnelle et, pour ce faire, ils ont évalué par une mise en équilibre les avantages de la loi et ses inconvénients. Ils ont d'une part remis en cause les objectifs de la disposition contestée en faisant valoir son caractère vague : l'effet déformant que peut provoquer un sondage erroné dans les derniers jours de la campagne électorale n'a pas été démontré à leur satisfaction. Bien qu'il ait été question des effets des sondages admis dans la littérature en sciences sociales (effets stratégiques, démobilisateurs, mobilisateurs, ralliement au vainqueur ou au candidat en difficulté...), les juges ont écrit ne pas savoir de quel effet déformant il s'agissait; à ce sujet, tant les cours des juridictions inférieures que les propos des parlementaires au moment de l'adoption de la disposition n'ont pas suffi à convaincre les juges majoritaires[45]. Ceux-ci ont par ailleurs fait valoir l'importance de la publication des sondages pour la liberté d'expression, les sondages faisant pour eux « partie du processus politique[46] ».

L'interdiction des sondages dans la Loi électorale du Canada avait le défaut, selon les juges majoritaires, de ne pas satisfaire à deux critères essentiels lorsqu'on limite un droit protégé dans la Charte : l'atteinte doit être minimale et elle doit satisfaire des critères de proportionnalité, c'est-à-dire que les avantages de la restriction doivent surpasser ses inconvénients. Dans ce cas-ci, l'atteinte à la liberté d'expression était très grande, selon eux, c'est-à-dire plus que nécessaire, et ses inconvénients n'équivalaient pas à ses avantages, « minimes et hypothétiques ».

En comparant la décision majoritaire avec la décision dissidente (à laquelle adhère le juge en chef), on remarque que plusieurs éléments distinguent les deux groupes de juges. Les dissidents évaluent que l'interdiction des sondages constitue un compromis entre les droits des électeurs et ceux des sondeurs et des diffuseurs, que la loi est le fruit des efforts du Parlement pour faire la part des choses à même les éléments de preuve contradictoires, et qu'une information de qualité renforce le processus électoral[47]. Quant aux juges majoritaires, ils fondent leur décision sur l'idée que l'impact des sondages est hypothétique, que l'électorat ne constitue pas un groupe vulnérable ayant besoin d'être protégé et qu'il ne faut pas faire de « l'électeur le moins informé et le plus naïf la norme au regard de laquelle la constitutionnalité doit être appréciée[48] ».

Plus précisément, la position sur le caractère scientifique des sondages et la conception de la compétence politique des individus distinguent les deux groupes de juges. Pour les juges majoritaires, il y a de bons et de mauvais sondages et ces données

> *sont qualitativement différentes de la rhétorique partisane, ou même de la couverture journalistique qui prétend à certaines normes d'exacti-*

---

45. Paragraphe 97.
46. Paragraphe 92.
47. Respectivement paragraphes 41, 42 et 24.
48. Respectivement paragraphes 122 et 128.

tude et d'objectivité. L'information touchant les sondages est présentée scientifiquement, ce qui emporte le respect de normes relativement bien établies et définies en matière de détermination de l'exactitude[49].

Les juges dissidents se montrent au contraire plus circonspects vis-à-vis des sondages et affirment qu'une ligne de démarcation nette entre des résultats fiables et des résultats trompeurs n'existe pas[50].

Les juges majoritaires adhèrent à une conception libertaire selon laquelle les citoyens et les citoyennes ont les connaissances et les capacités pour distinguer le vrai du faux, et qu'ils ne se laissent pas influencer outre mesure par les sondages[51]. Ils accordent aux individus une compétence face aux sondages jamais démontrée en sciences sociales :

> *Dans la mesure où un sondage donné est inexact, cette situation sera possiblement évidente aux électeurs qui sont au fait des résultats d'autres sondages, tant ceux publiés immédiatement que ceux diffusés par les médias durant la même période que le sondage inexact [...] L'expérience acquise par les électeurs à l'égard des sondages au cours des élections précédentes leur aura démontré que les sondages ont une valeur et une exactitude variables en tant que moyens de prédire l'issue du scrutin*[52].

Les juges dissidents ne démontrent pas, pour leur part, une confiance aveugle dans la compétence des individus à détecter des erreurs dans les sondages, mais choisissent plutôt de privilégier les principes de qualité de l'information et de recherche de la vérité[53]. Ils citent la Commission des droits de la personne du Québec selon laquelle « trois corollaires fondamentaux touchant directement les droits du public à une information pleine et entière doivent être respectés dans le contexte précis d'une campagne électorale ou référendaire :

1. l'accès à une information libre et sans entrave ;
2. l'accès à une information abondante et diversifiée ;
3. l'accès à une information rigoureuse et de qualité, qui permet explicitement l'exercice d'une critique libre sur cette information[54] ».

---

49. Paragraphe 109.
50. Paragraphe 48.
51. Paragraphe 101.
52. Paragraphe 108.
53. Paragraphes 24 et 25.
54. Paragraphe 27.

L'interdiction de publier des sondages durant les 72 heures précédant le scrutin s'inscrit pour les juges dissidents dans la perspective que «la recherche d'une meilleure information donne davantage de sens à la participation des électeurs au processus électoral[55]».

Les juges dissidents voient un problème sérieux dans l'argument libertaire selon lequel «s'il y a effet déformant, il appartient aux moyens disponibles dans le milieu de la [sic] contrer (par exemple, les médias, les partis politiques, de simples particuliers) et non à l'État de le faire par des mesures correctives». Ils écrivent au contraire qu'« affirmer que la vérité émerge de l'effet correcteur de la publication de sondages supplémentaires, c'est présumer l'existence d'un *débat qui se continue*. Or, dans les campagnes électorales, le débat prend fin le jour du scrutin[56].»

Bien qu'il ne s'agisse pas là d'une question qui fasse l'unanimité chez les juges ou dans la population, les juges minoritaires (trois contre cinq) ont montré que d'autres considérations peuvent avoir préséance sur la liberté d'expression (assimilée à l'absence totale de règles en matière d'information), comme la qualité du traitement journalistique et l'exactitude des données fournies. La qualité de l'information s'oppose parfois à la liberté d'expression, celle-ci étant comprise comme l'absence de toute règle.

La décision majoritaire de la Cour suprême met aussi en lumière le hiatus entre les sciences sociales et les décisions judiciaires. Il est maintenant largement reconnu dans les sciences sociales que les sondages peuvent être des outils de légitimation et ne correspondent pas toujours à l'opinion des gens. Cette perspective n'a pas été retenue par les cinq juges majoritaires de la Cour suprême. Nous croyons que les efforts mis à entretenir le mythe des sondages comme représentant la voix populaire ont porté fruit.

Enfin, la décision majoritaire de la Cour suprême illustre fort bien la conception libertaire selon laquelle les individus sont dégagés des contraintes sociales et posent des choix rationnels. Cette vision naïve correspond en fait à une volonté politique ; légitimer le système politique et économique actuel en faisant paraître la population comme totalement libre de ses choix. Il y a certainement là télescopage entre l'idéal démocratique et la réalité politique, faite de luttes, de tensions et d'inégalités. On peut souhaiter qu'existent de meilleurs outils de connaissance des opinions, on peut espérer que naisse l'agora libre et

---

55. Paragraphe 26.
56. Paragraphe 28.

on peut rêver à une population éclairée... mais adopter une conception libertaire et croire que les citoyens et les citoyennes savent tous détecter les failles des sondages, autrement dit refuser d'exiger des améliorations des sondages, ne permet ni d'améliorer les enquêtes d'opinions, ni de favoriser de meilleurs débats démocratiques.

Conclusion

Depuis une trentaine d'années, le sondage est assimilé à l'opinion publique. Le premier est un outil, la seconde une idée. Si l'idée est intimement liée à la démocratie, à l'image de la force de la société civile face à l'État, le sondage, lui, constitue davantage un outil de gestion publique utile à tous les acteurs politiques ainsi qu'aux élites économiques. En se posant comme le reflet des volontés populaires, le sondage permet de susciter des appuis.

En fait, une série de problèmes se posent et invalident le sondage comme instrument fournissant des données factuelles utiles au débat démocratique ; des considérations techniques et langagières laissent voir que les sondages sont fabriqués à partir des intérêts des élites politiques et économiques (et, dans une moindre mesure, de tous les acteurs sociaux) ; l'usage de certains mots, l'ordre des questions et les choix de réponses, entre autres, suscitent certaines réponses et pas d'autres. De plus, l'analyse politique a démontré la distance entre les objectifs des commanditaires des sondages politiques (les gouvernements, les partis politiques, les élites économiques, les groupes de pression, etc.) et les façons de répondre de la population. Les premiers travaillent sur le mode de la plaidoirie et cherchent à persuader et à imposer leurs vues[57]. Ils établissent des stratégies politiques à l'intérieur desquelles l'opinion publique est favorable à leurs perspectives. Quant à la population, elle répond souvent sans intentions proprement politiques. En conséquence, assimiler ses réponses produites de manière non politique (en fonction, par exemple, de la morale, du hasard et du juste milieu) aux perspectives politiques des commanditaires de sondages s'apparente à une sorte de détournement. On prête à la population une opinion rationnelle qu'elle n'a pas exprimée. Par conséquent, les sondages constituent bel et bien des artefacts qui correspondent plus aux intérêts des élites et des acteurs sociaux disposant d'un capital symbolique minimal qu'au

---

57. Leur succès dépend souvent d'abord de leur expertise en relations publiques et ensuite seulement de la légitimité de leur cause. Les organisations à but non lucratif ne sont évidemment que de petits joueurs sur cette scène.

reflet du jugement politique de la population ; ce sont des outils de gestion publique, c'est-à-dire qu'ils servent à légitimer des acteurs, des politiques et des projets.

La publication des sondages bénéficie politiquement et économiquement aux médias : aux journalistes qui peuvent s'appuyer sur ce qu'est censée être l'opinion du peuple ainsi qu'aux organisations médiatiques elles-mêmes, censées produire du lien social. Mais alors que la publication des sondages passe pour être la participation du peuple au pouvoir en dehors du processus électoral (le peuple se fait entendre, il émet des positions politiques que doivent prendre en considération les élites politiques), il s'agit plutôt d'une fiction rendue possible par une combinaison de facteurs : l'habileté des sondeurs, les besoins politiques des élites et des acteurs sociaux ainsi que l'indifférence de la population qui participe souvent au « jeu des sondages ».

Le rôle politique des médias, déjà remis en question par leur position de subordination face aux pouvoirs politiques et économiques, acquiert une toute nouvelle dimension avec la publication des sondages, qui légitiment des acteurs, des politiques et des projets de toute nature. Avec la publication des sondages, les médias participent naturellement à l'évolution des rapports de force en société, mais il faut distinguer les niveaux organisationnel et individuel pour situer correctement les acteurs à l'œuvre dans les journaux ou les médias audiovisuels. En effet, les patrons de presse (responsables du fonctionnement des médias) participent activement à la construction symbolique de la réalité sociale et à l'entreprise de persuasion collective des sondages, puisqu'ils en commandent eux-mêmes. Quant aux journalistes, ils se trouvent dans une position moins active ; leur marge de manœuvre est réduite et leur temps limité. Leur responsabilité est tout de même en cause dans les reportages qu'ils effectuent sur les sondages ; bien que bon nombre de journalistes connaissent plusieurs des failles des sondages, particulièrement en ce qui concerne les aspects techniques et langagiers, cela n'assure cependant pas qu'ils soient plus prudents. Ici aussi comme dans le cas de n'importe quel autre type d'information, la conscience des journalistes, leur bagage culturel et leur dynamisme peuvent les pousser à voir autre chose dans les résultats du sondage que « l'opinion politique déjà constituée de la population ».

CHAPITRE 5

Les technologies médiatiques

Depuis quelques années, à côté des médias traditionnels que sont les journaux, la télévision et la radio, l'usage des technologies médiatiques comme Internet se fait de plus en plus fréquent. Certains sont tentés de penser que ces nouveautés vont permettre la réalisation de la sphère publique de Habermas. Grâce à l'accès facile à une information abondante et à une extraordinaire capacité de communication qui défie l'espace et le temps, ces technologies médiatiques condensées sur Internet (convergence de l'audiovisuel, des télécommunications et de l'informatique rendue possible par la numérisation) pourraient permettre que se concrétise le potentiel de l'agora libre décrite par le philosophe. L'absence de propriétaires du réseau et le foisonnement d'informations non contrôlées qui y règne constituent aux yeux de plusieurs un gage de liberté. Ce chapitre vise à présenter les paramètres et les enjeux d'une réflexion sur la « sphère publique électronique ». Peut-on, de manière réaliste, utiliser une telle expression ?

Manuel Castells écrit qu'un double jeu existe sur Internet :

> [...] *d'un côté, on assiste à un espace d'information et de communication planétaire aussi ouvert que possible à ses divers participants (États, organisations internationales, firmes et ONG); de l'autre, du point de vue de chaque État ou organisation, s'élabore une stratégie de l'information qui vise à promouvoir ses propres intérêts et valeurs dans le cadre des règles du jeu. Couler, autant que l'on pourra, les idées de la planète dans un moule favorable à un ensemble précis d'intérêts nationaux ou sociaux devient donc la nouvelle frontière, et la plus efficace, de l'exercice du pouvoir sur la scène mondiale*[1].

Les nouvelles technologies médiatiques sont, tout comme les médias traditionnels, non seulement des outils qui aident à prendre ou se maintenir au pouvoir, mais des enjeux de pouvoir et des instruments qui cristallisent les dynamiques de changement dans le fonctionnement de certains organismes et plus largement, dans l'univers politique et économique[2]. Ce sont ces dynamiques que nous voulons explorer ici, car loin de se présenter comme un média de plus, Internet constitue plutôt un ensemble de technologies médiatiques, certaines nouvelles et certaines plus anciennes, qui, rassemblées, ont un impact que les chercheurs en sciences sociales ont commencé à identifier.

Dans un premier temps, nous ferons état du contexte politique et économique du développement des technologies médiatiques. Il sera question de l'origine et de l'envol d'Internet, de même que de la signification des gouvernements électroniques. Les espoirs et les craintes associés au réseau des réseaux (la dichotomie Athènes-Orwell) seront ensuite abordés. Ces deux faces des technologies médiatiques doivent être examinées pour se défaire de l'idée que la technologie libère ou contrôle de manière intrinsèque; ces deux perspectives contradictoires sont en réalité moins différentes qu'elles ne le semblent, puisqu'elles s'appuient toutes deux sur un déterminisme technologique simplificateur de l'organisation en société. Ce déterminisme attribue tout le changement aux technologies elles-mêmes, alors que l'innovation doit au contraire être comprise comme la résultante de l'action simultanée de la logique technique (le potentiel technologique), la logique sociale (l'utilisation qu'en font les gens), la logique économique (les intérêts sous-jacents à la construction des technologies médiatiques) et la logique politique (le fonctionnement des institutions politiques et les rapports entre la société civile et l'État).

---

1. Manuel Castells, *La galaxie Internet*, Paris, Fayard, 2002, p. 199.
2. Michel Sénécal, *Médias, technologies et réseaux. De la camera obscura aux balises de l'inforoute*, Québec, Télé-université, 2003.

Dans un second temps, on verra la régulation et l'économie politique des réseaux électroniques. La première sous-section servira à situer le développement des technologies médiatiques en contexte global; on fera état de la déréglementation et de la convergence, des phénomènes qui ont marqué les sociétés occidentales depuis une vingtaine d'années. Bien que le cyberespace semble plus anarchique que les médias traditionnels, il n'est pas sans contrôle ni direction. La deuxième sous-section portera sur la gouvernance des réseaux, qui ne relève pas de structures politiques démocratiques, mais plutôt d'une multitude de régulations, d'ordre marchand, hiérarchique, associatif et communautaire.

Dans un troisième temps, il s'agira de traiter de l'influence des technologies médiatiques sur le politique et de faire le point sur les caractéristiques de la «démocratie électronique». Quelques exemples de militantisme et d'organisation sociale cybernétiques qui ont eu lieu dans les années 1990 seront examinés; les espoirs de revitalisation sociale et politique ont souvent été déçus, parce que l'action s'est butée sur des rigidités organisationnelles, le manque de volonté politique des dirigeants, et une culture politique déficiente. Puis, le rôle des technologies médiatiques dans l'action politique individuelle et l'action collective sera examiné. Un court bilan des travaux sur les usages démocratiques d'Internet mettra en évidence les pratiques communicationnelles concrètes liées à l'accès à l'information et à l'interactivité. Enfin, quelques mots sur les blogues politiques permettront de situer ce phénomène dans la vie politique actuelle.

5.1. Le contexte politique et économique d'Internet

Internet est un réseau de réseaux interconnectés à l'échelle planétaire qui possède une série de caractéristiques technologiques résultant de recherches militaires et scientifiques[3]. À sa création, on en parlait comme d'une future «autoroute de l'information»[4] destinée à fournir

---

3. Pour une description technique de «l'autoroute de l'information», voir A. Iris, *Les autoroutes de l'information*, Paris, Presses universitaires de France et M. Cartier, *Le nouveau monde des infostructures*, Saint-Laurent, Fides, 1997.

4. Le projet de «l'autoroute de l'information» donne lieu à une large exploitation de l'imaginaire collectif. Dans son mémoire de maîtrise, Marc Lemire se sert de la notion de mythe pour analyser les discours des acteurs publics au sujet de «l'autoroute de l'information». M. Lemire, «L'imaginaire des autoroutes de l'information. Le discours des acteurs publics québécois et canadiens», mémoire présenté à la Faculté des études supérieures de l'Université Laval pour l'obtention du grade de maître ès arts (M.A.), Département de science politique, 1997.

une grande quantité d'applications : l'accès aux documents publics et privés mis en ligne, la messagerie (ou courriel), le commerce et le paiement électroniques, le télétravail, la télémédecine et le télédiagnostic, les communications avec l'État, les groupes de discussion, les visioconférences, les jeux interactifs, le dialogue en ligne, l'éducation à distance, la télévision à la carte, etc.

Internet connecte les ordinateurs personnels partout dans le monde par l'intermédiaire de serveurs en lien les uns avec les autres, c'est-à-dire de puissants ordinateurs capables de conserver de grandes quantités d'informations et de les restituer sur demande. Le fonctionnement informatique en réseau a été élaboré dans les années 1960 et 1970, alors que le ministère de la Défense américain subventionnait un groupe de programmeurs informatiques et d'ingénieurs en électronique dans le cadre d'ARPA (Advanced Research Projects Agency), afin de mettre au point un système informatique pouvant résister à l'ennemi. On a préféré le réseau au fonctionnement centralisé, parce qu'un système en réseau ne peut faire l'objet de destruction. En effet, l'information étant totalement décentralisée dans un réseau, on n'offre à l'ennemi aucune possibilité de détruire le centre de commandement ou les points nodaux qui rassembleraient les bases de données[5].

Sur Internet, la vitesse de la transmission dépend de la largeur des bandes passantes et du matériau utilisé ; le fil de cuivre du téléphone possède une étroite bande dont la capacité de transmission est fort limitée ; le câble coaxial utilisé pour la cablôdistribution laisse passer davantage de données, mais ne permet que peu l'interactivité. C'est la fibre optique qui possède les caractéristiques technologiques permettant d'actualiser le potentiel des réseaux électroniques ; minuscule comme un cheveu, elle possède néanmoins une large bande passante sur laquelle les données circulent en tous sens. Les réseaux électroniques comme Internet laissent passer des images, du son et du texte, toutes des «informations» qui ont été numérisées, c'est-à-dire codées en langage binaire (en 0 et en 1). La numérisation standardise la forme des informations transmises, ce qui permet de transporter du son et des images aussi facilement que du texte.

---

5. H. Rheingold, *The Virtual Community. Homesteading on the Electronic Frontier*, Reading, Addison-Wesley, 1993, p. 74 et R. Chodos, R. Murphy et E. Hamovitch, *Lost in Cyberspace ? Canada and the Information Revolution* ; Toronto, Lorimer, 1997, p. 54.

Dans un premier temps, nous nous attacherons à décrire la naissance et l'envol d'Internet, puis nous essaierons de faire la part entre le potentiel « athénien » des réseaux électroniques et leur potentiel « orwellien ».

5.1.1. Naissance et envol d'Internet

Internet est né dans les années 1990 avec l'optimisme de la conquête typique du discours américain. S'il est naturel que Bill Gates, de Microsoft, vante les réseaux électroniques et que certains analystes se soient laissés emporter par une euphorie annonciatrice d'une ère nouvelle[6], les hommes et les femmes politiques ne semblaient retirer aucun avantage matériel à présenter l'autoroute de l'information comme la voie de l'avenir. Mais trois facteurs incitaient les gouvernements à encourager les projets de communication électronique : les pressions des promoteurs pour modifier le cadre législatif et réglementaire abondaient ; les gouvernements tenaient au symbole de nouveauté ; et, enfin, ils croyaient véritablement au potentiel athénien des technologies médiatiques.

L'expression « autoroute de l'information » a été popularisée par le vice-président américain Al Gore en 1993, quand il a institué la *National Information Infrastructure* (NII), constituée de réseaux de communication très performants qui permettaient d'offrir des services multimédias tout en relançant l'économie américaine sur la base de la production et du commerce de l'information[7]. La NII visait une multitude d'objectifs : créer des emplois, stimuler la croissance et maintenir l'avance technologique des États-Unis ; améliorer la qualité des services de santé et réduire leur coût dans les zones sous-équipées ; proposer des services publics plus performants à moindre coût ; préparer les enfants au rythme accéléré du monde du travail du XXIe siècle ; et instaurer une démocratie plus ouverte, plus participative, à tous les niveaux de l'État[8]. Six mois plus tard, Al Gore lançait un projet semblable d'envergure internationale lors de la Conférence mondiale de développement des télécommunications pour le XXIe siècle ; il proposait une Global Information Infrastructure (GII) aux accents tout aussi emphatiques :

---

6. Comme Dominique Nora et John Naisbitt.
7. A. Iris, *op. cit.*, p. 91.
8. États-Unis, National Information Infrastructure, National Telecommunications and Information Administration, 21 septembre 1993, cité dans A. His, *Multimédia et communication à usage humain*, Paris, Transversales sciences/culture, p. 63.

> *Cette GII entourera le globe de super-autoroutes de l'information que les peuples du monde entier pourront emprunter. Ces « autoroutes » – ou plus exactement, ces réseaux de données organisées – nous permettront d'échanger et de partager des informations, de nous connecter les uns aux autres et de communiquer comme une seule communauté mondiale. Ces interconnexions nous assureront une croissance économique solide et soutenue, renforceront les démocraties, permettront de traiter plus efficacement les problèmes écologiques au niveau local et planétaire, d'améliorer les systèmes de soins médicaux et – en définitive – de développer notre sentiment de participer à une gestion solidaire de notre petite planète [...]. En un sens, la GII constitue une métaphore de la démocratie elle-même. La démocratie représentative ne peut pas fonctionner avec un gouvernement central tout-puissant, s'arrogeant le pouvoir de décision [...] [elle] repose sur l'hypothèse qu'en matière de décisions politiques, une nation a intérêt à donner à chaque citoyen – équivalent humain d'un micro-processeur indépendant ! – le pouvoir de maîtriser sa propre vie [...] Mais la GII ne se veut pas seulement une image de démocratie. Elle contribuera en fait à améliorer le fonctionnement de ce type de régime, en renforçant considérablement la participation des citoyens à la prise de décision. Et elle développera aussi énormément les capacités des nations à coopérer les unes avec les autres. Je vois un âge démocratique digne d'Athènes émerger des nouveaux forums qu'ouvrira la GII[9].*

Cette description lie de manière inhérente les avancées technologiques au progrès social[10], comme si toute modification en matière industrielle ou communicationnelle se répercutait de manière positive dans l'ensemble de la société.

La rencontre du G7 à Bruxelles en février 1995 faisait état d'une « nouvelle révolution » et d'une « intégration de tous les pays dans un effort planétaire » :

> *Les progrès des technologies d'information et de communication changent notre façon de vivre : notre façon de travailler et de faire des affaires, notre façon d'éduquer nos enfants, d'étudier, de faire de la recherche et de nous former, notre façon de nous divertir. Non*

---

9. Discours d'Al Gore à l'International Telecommunications Union, Buenos Aires, 21 mars 1994, cité dans His, *op. cit.*, p. 78-80.
10. Il en a été de même dans l'histoire. Voir à ce sujet C. Miquel et G. Ménard, *Les ruses de la technique : le symbolisme des techniques à travers l'histoire*, Montréal, Boréal, 1988.

seulement la société de l'information affecte les rapports entre les gens, mais elle exige aussi des structures organisationnelles plus souples, plus participatives et plus décentralisées[11].

C'est ainsi que les pays membres du G7 ont affirmé vouloir bâtir une autoroute « au service des citoyens » dans un cadre réglementaire plus ouvert, fondé sur la compétitivité, la concurrence et les choix de consommation.

Les raisons d'appuyer le développement des technologies médiatiques n'ont pas toujours été semblables. Dans les années 1970, le gouvernement canadien abordait les nouvelles technologies de l'information et de la communication dans une perspective de progrès social et économique; les discours étaient marqués par une certaine euphorie et on croyait que les développements convergents de l'informatique, de la télématique, de la télévision interactive et des satellites allaient favoriser la « consolidation de l'unité canadienne, la réorganisation sociale et le développement économique[12] ». À partir des années 1980, les discours gouvernementaux se sont faits plus pragmatiques, mettant l'accent sur les aspects économiques des usages de la communication électronique; le ton inquiet de ces discours correspondait au manque de contrôle du gouvernement et des entreprises canadiennes sur l'instauration de normes technologiques, de même qu'aux difficultés de développement d'une industrie nationale des contenus et d'informatisation des entreprises canadiennes[13]. Dans les années 1990, les documents sur la construction de l'autoroute de l'information faisaient état des préoccupations autour du développement des contenus plus que par celui des infrastructures[14], dans lequel le Canada ne constituait pas un partenaire important. Il faut savoir que la bataille des infrastructures s'est faite entre entreprises transnationales plutôt qu'au niveau des gouvernements. De plus, les seules instances politiques pouvant influer sur l'évolution des technologies médiatiques étaient les États-Unis ou la Communauté européenne, en raison de leur poids politique et économique.

---

11. His, *op. cit.*, p. 289.
12. J.-G. Lacroix, B. Miège et G. Tremblay, *De la télématique aux autoroutes électroniques. Le grand projet reconduit*, Sainte-Foy, Presses de l'Université du Québec, p. 22.
13. *Ibid.*, p. 29.
14. Canada, *Contact, communauté, contenu. Le défi de l'autoroute de l'information*, Rapport final du Comité consultatif sur l'autoroute de l'information, Ottawa, ministère des Approvisionnements et Services Canada, 1995, p. 125.

Les objectifs de l'autoroute de l'information au Canada, tels qu'établis dans les années 1990 par le Comité consultatif sur l'autoroute de l'information (CCAI), étaient nombreux : accessibilité aux réseaux, sécurité des transactions, création d'emplois par l'innovation et les investissements, amélioration du système de santé, établissement d'une culture de l'apprentissage, protection des droits de propriété intellectuelle, promotion de la recherche et développement, protection de la vie privée, contrôle des contenus offensants, mise sur pied de bibliothèques électroniques. Ces objectifs n'ont toutefois pas été hiérarchisés, comme s'il n'y avait pas de conflit entre eux, comme si les buts économiques étaient tout à fait compatibles avec ceux à caractère social, éducatif ou culturel et enfin comme si l'entreprise privée, principal acteur de la mise en œuvre de l'autoroute de l'information, avait un intérêt équivalent à les réaliser tous.

La politique québécoise de « l'autoroute de l'information » de la fin des années 1990 s'inscrivait dans une veine semblable. Cependant, une seule mesure avait trait de manière précise à une démocratisation de la prise de décision politique : « la consultation des citoyens et des citoyennes par l'entremise d'un site gouvernemental ». Aujourd'hui, le gouvernement québécois a mis en place un « gouvernement électronique » ou « gouvernement en ligne » où des services par Internet sont offerts aux individus et aux entreprises, à l'instar de la majorité des gouvernements à travers le monde. Bien qu'officiellement, la « cyberdémocratie » soit un des objectifs visés par le gouvernement en ligne, les consultations avec le public sont limitées aux consultations traditionnelles (celles de l'Assemblée nationale, du gouvernement et du Bureau d'audiences publiques en environnement). À terme, les objectifs du gouvernement en ligne ont trait à la prestation de services par le biais d'Internet, l'utilisation maximale des technologies médiatiques par l'administration et la consultation de son dossier gouvernemental pour tout citoyen. Le gouvernement en ligne permet actuellement l'envoi de courriels pour faire part de son opinion, mais il n'y a pas eu de discussions publiques organisées sur Internet ; il est impossible de prendre connaissance des commentaires effectués sur un projet ou une politique en gestation par d'autres individus ou d'autres groupes. Il n'y a pas eu de modification dans la prise de décision ou l'élaboration des politiques publiques pour inclure un input citoyen supplémentaire[15].

---

15. Un document de l'OCDE explique comment il est possible d'inclure la participation des citoyens à chacune des cinq étapes de la fabrication des politiques publiques : l'agenda setting, l'analyse, la création de la politique, sa mise en place et son évaluation. Voir Ann Mcintosh, « Using Information and Communica-

Le gouvernement en ligne du gouvernement du Québec est construit sur le modèle du « service à la clientèle », comme le sont la majorité des gouvernements électroniques des sociétés occidentales.

En fait, ce type d'initiative s'inscrit dans une vaste réforme managériale fondée sur la Nouvelle gestion publique (NGP)[16], une orientation de gestion qui a vu le jour durant les années 1980 dans des pays comme la Grande-Bretagne et les États-Unis. Les fondements de la NGP reposent sur la révision des processus administratifs, la décentralisation, l'évaluation chiffrée et technique de la performance, l'importation des méthodes du secteur privé marchand dans la fonction publique, et l'accent sur la satisfaction de la « clientèle », expression qui campe les citoyens en consommateurs. Cette approche s'éloigne d'une perspective qui valoriserait la citoyenneté, dans lequel les individus ne se limitent pas à « consommer » des services gouvernementaux mais posent un jugement sur l'orientation des politiques publiques[17].

5.1.2. La vision athénienne des technologies médiatiques

Dans les discours publics, il a toujours été relativement facile d'associer les technologies médiatiques et la démocratie, tout comme il semble naturel de lier communication et progrès social. Après tout, l'idée selon laquelle les problèmes politiques et sociaux sont dus à un manque de communication est fort répandue, qu'il s'agisse d'une incapacité humaine à établir le contact ou encore d'une carence en infrastructures. Situer la source des conflits dans un manque de communication, et non dans les divergences concrètes d'intérêts, s'inscrit dans une logique qui nie les divergences sociales et politiques. Le postulat sous-jacent de cette logique est que les communautés politiques sont intrinsèquement harmonieuses et que leurs problèmes sociaux, politiques ou économiques dénotent une sorte de dysfonctionnement. Dans cette perspective, la mise en place de réseaux de communication rétablit le lien social et conduit à une amélioration de la société.

---

tion Technologies to Enhance Citizen Engagement in the Policy Process », dans Ann Mcintosh, *Promise and Problems of E-Democracy. Challenges of Online Citizen Engagement*, Paris, OCDE, 2003, p. 34-35.

16. B. Guy Peters et Donald J. Savoie (dir.), *La gouvernance au XXIe siècle : revitaliser la fonction publique*, Sainte-Foy, Centre canadien de gestion et Presses de l'Université Laval, 2001.

17. Anne-Marie Gingras, « Espace public et E-gouvernement aux États-Unis », dans Jean Mouchon (dir.), *Les mutations de l'espace public*, Fontenay-aux-Roses, Éditions L'esprit du livre, p. 60-63.

Le lien entre les technologies médiatiques et la démocratie se fait aisément quand on associe les caractéristiques de la communication électronique à la possibilité d'améliorer la participation politique des individus et des groupes ainsi que la gestion gouvernementale. Les caractéristiques des réseaux électroniques, comme l'accès à l'information, l'interactivité, la numérisation et la transmission à haut débit suscitent un optimisme fondé sur l'idée que pourront être réalisés deux des plus chers idéaux de la démocratie qui concernent directement la sphère publique: la transparence et l'agora[18].

La transparence est théoriquement rendue possible d'abord par l'accès à l'information des documents publics, des archives, des organisations militantes, des données de recherche, des partis politiques, des médias, entre autres. L'information étant considérée comme le point de départ du processus démocratique, l'idée que de vastes quantités d'informations soient mises à la disposition du plus grand nombre (du moins de ceux et celles qui ont accès aux réseaux) laisse entrevoir un potentiel de participation politique accru. La mise en ligne d'informations en tout genre est facilitée par la numérisation qui permet le codage du son, des images et du texte, la compression numérique qui rend possibles la transmission à haut débit et l'évolution (l'homogénéisation) des protocoles de transmission. La transparence des réseaux électroniques prend plusieurs sens: l'ouverture de l'État envers les citoyens et les citoyennes et la capacité, pour les gouvernements et les organisations, de contrer le filtre des médias et de rejoindre directement les internautes.

Quant à l'agora, ou le forum de délibération, il est cristallisé par l'extraordinaire potentiel d'échange des réseaux électroniques et la liberté d'expression, qui a pris dans le cyberespace une dimension exponentielle. Quatre éléments expliquent cette évolution: la vitesse de transmission des informations, l'immense capacité en volume, le large écho des messages et enfin l'impunité face aux restrictions nationales. Alors que la liberté d'expression différait auparavant en fonction des cultures, on note maintenant une tendance à l'homogénéisation de ce droit grâce à la possibilité de faire fi des juridictions nationales. En effet, les limites à la liberté d'expression dans un pays sont aisément contournées en installant sur un serveur étranger la même information. Cela conduit à des situations dans lesquelles les cyberlibertaires se réjouissent, comme dans le cas du livre *Le grand secret*, du docteur

---

18. A.-M. Gingras, «Démocratie et nouvelles technologies de l'information et de la communication: illusions de la démocratie directe et exigences de l'action collective», *Politique et Sociétés*, vol. 18, n° 2, 1999.

Gubler[19], qui, interdit sur le sol français, s'est rapidement trouvé un hôte étranger. Cela provoque aussi des situations problématiques, avec la prolifération de sites offensants, comme ceux sur la pédophilie, la fabrication d'engins explosifs ou la propagande des groupes d'extrême droite.

L'interactivité constitue l'une des caractéristiques pouvant le mieux permettre l'agora, c'est-à-dire les échanges, du moins en théorie. On vante ainsi la possibilité pour des inconnus de se réunir en fonction d'intérêts communs et de partager des informations, ce qui serait une nouvelle manière de constituer l'opinion publique, au sens libéral de l'opinion largement partagée des membres d'une collectivité. Comme lieu de débat, les réseaux électroniques suscitent l'espoir de défier à la fois les médias traditionnels et le système politique.

Les réseaux seraient supérieurs aux médias traditionnels comme les journaux et la télévision en raison de la rapidité des communications et de leur bidirectionalité, voire de leur multidirectionalité, ce qui s'apparente à des discussions en temps réel. Après les espoirs déçus liés aux groupes de discussion – où régnait normalement une homogénéité idéologique et où sévissait parfois un climat d'intimidation – ce sont les blogues politiques qui sont maintenant porteurs d'espoirs d'interactivité (voir section 5.3.2).

Enfin, l'idée la plus enthousiasmante sur l'interactivité comme potentiel d'agora dans les réseaux électroniques concerne l'absence de contrôle de l'information; contrairement aux médias traditionnels, les réseaux n'appartiennent pas à un petit nombre de propriétaires en mesure d'influencer les croyances de milliers de personnes, mais tous les internautes peuvent produire des informations et les transmettre à travers le monde.

La vision athénienne concernant Internet s'appuie généralement sur le déterminisme technique qui fait de l'innovation technologique la seule ou la principale cause des bouleversements actuels. Or on ne peut assimiler l'innovation technologique à des changements de comportements ou à des modifications dans la gestion gouvernementale sans prendre en considération d'autres éléments de contexte, et au premier chef la culture politique et la structure du pouvoir. On peut considérer qu'en matière de technologies médiatiques, il y a quatre logiques qui s'enchevêtrent et qui évoluent les unes en relation avec les autres: la

---

19. Médecin du président français François Mitterrand. Il a produit des rapports médicaux cachant le cancer de la prostate du président durant ses deux septennats. Christian Gubler et Michel Gonod, *Le grand secret*, Paris, Plon, 1996.

logique technique, qui correspond à l'innovation technologique ; la logique sociale, qui renvoie à l'usage concret que font les gens des nouveautés technologiques ; la logique économique, qui explique les conditions de recherche, d'implantation et de promotion des technologies médiatiques ; et enfin la logique politique, qui correspond à la dynamique du pouvoir entre l'État et la société civile[20].

5.1.3. La vision « orwellienne » des technologies médiatiques

À côté de la perspective athénienne mettant en relief les aspects égalitaires et libérateurs des réseaux électroniques existe une version sombre, plus problématique, liée à l'usage des technologies médiatiques, qualifiée d'« orwellienne » en référence à *1984*, le célèbre livre de George Orwell qui dépeignait une société de contrôle de la pensée. Les technologies médiatiques contiennent de manière intrinsèque un potentiel de contrôle et de surveillance : les informations qui transitent par les serveurs peuvent être lues par d'autres personnes que les destinataires ; la navigation d'un site à l'autre est enregistrée dans la mémoire de l'ordinateur personnel comme de celle du serveur ; des données sur les internautes peuvent être enregistrées par un site Web grâce aux *cookies* ; les téléphones portables permettent de situer les individus, où qu'ils soient ; l'appariement des banques de données met au jour des aspects de la vie privée autrefois inconnus et facilite la constitution de fichiers de population en fonction des préférences politiques ou des types de consommation ; la centralisation de données sur des cartes à puces limite la discrétion à laquelle tout client ou tout malade a droit, etc. Les nouvelles technologies médiatiques ont un potentiel de contrôle et de surveillance, à commencer par celui du fournisseur d'accès qui connaît l'identité de la personne, ses habitudes de navigation sur le Web, ses sites favoris, ses correspondants, son mode de paiement favori, etc.[21]

---

20. L'ordre de ces logiques n'indique aucunement leur importance. Vedel fait état de l'interaction entre logiques technique et sociale dans « Sociologie des innovations technologiques et usagers : Introduction à une sociopolitique des usages », dans A. Vitalis, *Médias et nouvelles technologies. Pour une sociopolitique des usages*, Rennes, Éditions Apogée, 1994, p. 26.
21. S. Rodota, *La démocratie électronique. De nouveaux concepts et expériences politiques*, Rennes, Éditions Apogée, 1999, p. 152.

> *Gestion des systèmes et surveillance des utilisateurs forment un tout : le dispositif de surveillance fait partie intégrante de la structure même du système. Les instruments du contrôle perdent leur nature particulière, leur spécificité : ils tendent à s'emparer du système tout entier et à le connoter*[22].

Les aspects orwelliens de la société de l'information peuvent être associés tant à l'action des gouvernements qu'à celle des entreprises privées[23]. Par exemple, l'appariement de banques de données, l'informatisation des communications et l'usage de nouveaux systèmes de gestion de l'information permettent l'établissement de systèmes de surveillance, même si leur usage sert à d'autres fins. Cet aspect est généralement passé sous silence lors de la mise en œuvre des technologies médiatiques par les gouvernements ou les entreprises, alors qu'on présente les innovations technologiques dans une perspective favorable. L'amélioration de la gestion sert d'argument parapluie pour l'introduction des technologies médiatiques ; parmi les avantages ciblés, on note une augmentation de la rapidité et de l'efficacité des services, la simplification des rapports avec l'État (instauration de guichets uniques et établissement des répertoires électroniques de services et de renseignements[24]) et une meilleure prise en compte des besoins des clientèles grâce à leur connaissance accrue.

L'appariement de banques de données, par exemple, constitue l'un des moyens les plus efficaces pour instaurer la surveillance et le contrôle des populations. Cet exercice permet officiellement de mieux connaître les «clientèles» des divers services et d'ajuster l'offre à la demande, autrement dit de prendre davantage en considération les besoins des groupes. L'appariement de banques de données permet aussi d'améliorer la gestion gouvernementale en appliquant les lois de manière plus stricte et de détecter les fraudes ; par exemple, une personne qui néglige de payer sa pension alimentaire verra son remboursement d'impôt retenu. Si des avantages certains peuvent être retirés de l'appariement des banques de données, une telle innovation préfigure aussi l'établissement d'une société de contrôle total sur les citoyens et les citoyennes ; le principe selon lequel les informations fournies par les individus ne doivent servir qu'aux fins auxquelles ces informations ont été colligées ne tient plus, ce qui retire aux individus toute forme de contrôle de l'information. Il est ainsi relativement facile de croiser des données relatives à la santé, les revenus, les cotes de crédit, les

---

22. *Ibidem.*
23. Ils peuvent également être associés aux cracks de l'informatique.
24. Canada, *Contact, communauté, contenu, op. cit.*, p. 157-160.

transactions électroniques, le dossier scolaire, la conduite automobile, le paiement des pensions alimentaires, le lieu de résidence, les réclamations d'assurance, les prestations de sécurité du revenu, etc.

Bien que la société de surveillance, comme dans *1984*, nous renvoie d'abord au contrôle politique et à la société dictatoriale, un portrait différent est tracé par plusieurs auteurs pour qui la surveillance est d'abord celle du marché. Pour Rodota[25], l'objectif de la surveillance serait la classification; les stratégies marketing des entreprises ont besoin d'informations sur les comportements de leur clientèle réelle et potentielle, d'où l'établissement de profils sur les individus, les familles et les groupes. Les offres de services s'arriment aux goûts des plus nombreux, favorisant ainsi une homogénéisation sans cesse croissante, nuisant à la diversité et faisant la promotion d'une normalité qui coïncide avec la logique économique:

> [...] *à l'endroit où la sphère privée rencontre les rapports de marché, la classification et la segmentation aboutissent généralement à ne sélectionner que les intérêts considérés comme commercialement significatifs* [...] *Dès lors, tous les intérêts qui n'arrivent pas à atteindre une masse critique donnée sont évacués. Cela peut concerner des biens et services décisifs pour la formation de la personnalité et la participation politique, et par voie de conséquence amener à sacrifier les minorités qui portent ces intérêts*[26].

Le contrôle et la surveillance du marché s'inscrivent dans la logique de marchandisation de l'information; celle-ci a une valeur financière qu'on cherche à rentabiliser. Il est facile de collecter et d'analyser les données relatives aux transactions effectuées sur les réseaux électroniques; les profils de consommation peuvent par la suite être vendus à des entreprises qui cherchent des clientèles cibles ou des services marketing. La compagnie DejaNews Partners, par exemple, copie et classe tous les messages envoyés à des groupes Usenet dans ce but précis et vend à n'importe quel type d'entreprise des informations sur sa clientèle potentielle[27].

Au-delà de la vente de profils de consommation, c'est la connaissance intime des individus qui est recherchée en fonction de leurs comportements d'achat. Leurs motivations psychologiques font l'objet d'intenses recherches; on tente de comprendre ce qui les pousse à

---

25. Rodota, *op. cit.*, p. 151-156.
26. *Ibid.*, p. 154-155.
27. D. Shenk, *Data Smog. Surviving the Information Glut*, New York, Harper Edge, 1999, p. 151.

consommer, utilisant les technologies médiatiques comme des psychanalystes électroniques, à la recherche du bouton magique qui déclencherait la bonne réaction. Shenk fait état de la « dataveillance » et donne parmi ses exemples le système BehaviorScan de la compagnie Information Ressources, dont le but est de mettre au point une « science de la consommation » en identifiant soigneusement les corrélations entre les stimuli externes et le besoin d'acheter. BehaviorScan ressemble de manière sinistre à du « piratage neurolinguistique », selon Shenk, et le marketing est devenu aussi terrifiant que la science-fiction. La métaphore du panoptique s'avère plus pertinente que jamais.

En plus de la vente de profils de consommation, les données recueillies par le couplage de fichiers peuvent servir à constituer des banques permettant aux employeurs, aux banques, aux compagnies d'assurance et aux propriétaires de refuser des services ou des emplois; au-delà de l'activité légale de la collecte ou de la vente d'informations des gestes discriminatoires et illicites pourront plus facilement être faits.

Un autre aspect sombre de l'usage des technologies médiatiques concerne les abus de la liberté d'expression; puisque les réglementations nationales sont remises en question et que de nouvelles réglementations n'ont pas encore été mises en place, le contrôle minimal exercé sur les réseaux laisse penser que des contenus offensants peuvent plus librement proliférer. Des sites à contenu critiquable abondent: fabrication d'engins explosifs, pédophilie, bestialité, sadomasochisme, propagande haineuse, atteinte à la vie privée et à la réputation, recettes pour produire des stupéfiants, techniques de suicide, tourisme sexuel, sectes religieuses, matériel d'extrême droite comme celui des néo-nazis et du Ku Klux Klan, épouses par correspondance provenant des pays en voie de développement, etc.

Bien que la libre circulation des informations sur les réseaux corresponde au principe de la liberté d'expression, les contenus offensants mettent en évidence des conflits avec d'autres valeurs: droit au respect de la réputation et de la vie privée, protection des enfants et des personnes en situation de détresse psychologique, respect pour les minorités, limites à la violence, etc.

Les environnements électroniques offrent des contextes favorables à la prolifération et à la consultation de contenus offensants; les transferts de données se font aisément et l'usage dans le confort de son foyer offre aux utilisateurs une apparente confidentialité. Même si les contenus condamnables peuvent malgré tout être sanctionnés grâce à la législation et à la réglementation existantes, il reste que la question englobe tout autant le problème de la consommation que celui de la vente de ces informations; autrement dit, le problème se situe tout autant sur le plan de la demande que sur celui de l'offre.

La demande en matière de matériel obscène, par exemple, semble très forte. Le matériel pornographique et paraphile[28] abonde sur les réseaux et des recherches sur les habitudes de consommation dans le cyberespace en démontrent la grande popularité. En 1995, l'université Carnegie Mellon publiait l'enquête Rimm sur le marketing de la pornographie sur les réseaux électroniques. Selon cette enquête, les groupes de discussion Usenet de l'université contenant du matériel pornographique constituaient 13 des 40 groupes les plus populaires et 83,5 % des images téléchargées sur le Usenet étaient de nature pornographique[29]. Le type de matériel recherché dans le cyberespace se caractériserait par sa nature fort particulière: les images à caractère paraphile, hébéphile et pédophile représentaient environ la moitié des six millions d'images téléchargées à partir de babillards électroniques privés « adultes » et cette demande excédait l'offre d'images, alors que la demande pour le matériel *soft-core* et *hard-core* était plutôt faible, bien en deçà de l'offre[30].

La prolifération d'informations non contrôlées pose un certain nombre de problèmes, mais les inquiétudes les plus vives ont trait à la protection des renseignements personnels. Tous les rapports et les documents publics portant sur la mise en place des réseaux électroniques font d'ailleurs de la protection des renseignements personnels un objectif prioritaire des technologies médiatiques. Bien qu'ils ne soient pas un modèle à imiter, les gouvernements sont fort sensibles à la volonté de protéger les renseignements personnels et ils font de cet objectif une priorité dans le développement des technologies médiatiques. Les lois protégeant les renseignements personnels s'appliquent dans le cyberespace (lois portant sur les secteurs public et privé au Québec, loi sur le secteur public au fédéral), mais le contexte radicalement nouveau des technologies médiatiques incite les gouver-

---

28. Qui inclut les activités des travestis et des transsexuels, le sadomasochisme, la pénétration par le poing ou des objets, l'urophilie, la coprophilie, le voyeurisme, la bestialité et l'inceste.

29. Marty Rimm, « Marketing Pornography on the Information Superhighway: A Survey of 917,410 Images, Descriptions, Short Stories, and Animations Downloaded 8.5 Million Times by Consumers in Over 2000 Cities in Forty Countries, Provinces, and Territories », cité dans Trudel *et al.*, *op. cit.*, p. 12-4. La principale critique de l'étude portait sur l'extrapolation des données qui ont été recueillies à partir de 68 babillards électroniques.

30. *Ibidem*.

nements à réaffirmer la nécessité de protéger la vie privée. En 1992, le gouvernement d'Ottawa adoptait les *Principes de protection de la vie privée dans les télécommunications*[31], qui sont applicables notamment aux transporteurs de télécommunications réglementés, aux revendeurs, aux fournisseurs de services perfectionnés et aux exploitants de réseaux privés. On souligne par ces principes l'importance de faire connaître aux usagers et aux usagères les incidences possibles de l'utilisation des services sur la vie privée; on y déclare qu'il est essentiel de limiter la collecte, l'utilisation et la communication de renseignements personnels découlant de l'emploi de réseaux de télécommunications et obtenus par les fournisseurs de services. Ces principes font également état du droit d'être laissé tranquille, de contrebalancer l'utilisation des communications électroniques, d'une part, et l'intrusion dans la vie privée, d'autre part.

Dans cet esprit, le CRTC a interdit la sollicitation commerciale par composeurs-messagers automatiques, obligé les compagnies de téléphone à offrir des options de blocage visant la préservation de la vie privée lors de la mise en service de la fonction afficheur et enjoint à ces mêmes compagnies de laisser leurs clients retirer leurs coordonnées des listes d'abonnés non confidentielles[32].

Au-delà de la protection des renseignements personnels, la question de la vie privée englobe aussi l'atteinte à la réputation. Les réseaux électroniques constituent des environnements propices aux attaques contre la réputation des individus grâce à la rapidité de la transmission de l'information, à la capacité à rejoindre de vastes auditoires et à transcender les frontières nationales. « L'atteinte à la réputation peut se faire de diverses façons, soit par transferts de fichiers, par la captation et la conservation de l'information circulant à l'occasion d'une interaction, et même par l'affichage d'information ou d'image numérisée[33]. » Des images transformées ont, dans le passé, été utilisées pour nuire à la réputation de l'ex-premier ministre du Québec, Lucien Bouchard ; des photos de Lucien Bouchard et d'Adolf Hilter étaient mises côte à côte sur un site Web et les traits du visage de chacun se transformaient simultanément jusqu'à ce que la photo de Lucien Bouchard montre Adolf Hitler et vice versa.

---

31. Cités dans Trudel *et al.*, *op. cit.*, p. 11-22.
32. Trudel, *op. cit.*, p. 11-22 et 11-23.
33. *Ibid.*, p. 11-3.

Le respect de la vie privée dans le contexte des réseaux électroniques correspond d'abord au droit d'être laissé tranquille et au droit de contrôle sur sa propre information personnelle[34]; bien que ce contrôle soit reconnu dans les lois portant sur la protection des renseignements personnels, l'innovation technologique a contribué à changer la donne par le grand volume d'informations et par la facilité et la discrétion avec lesquelles le couplage des fichiers se fait. Le respect de la vie privée dans le cyberespace prend aussi une nouvelle dimension en évoluant vers la protection de la liberté des choix existentiels et politiques, autrement dit vers «l'idée d'une protection globale des choix de vie contre toute forme de contrôle public ou de stigmatisation sociale[35]».

5.2. Les multiples régulations des technologies médiatiques

Les aspects athéniens et orwelliens des technologies médiatiques se manifestent dans un environnement qui offre à première vue toutes les apparences d'une grande liberté. Mais de multiples régulations existent, qui reflètent l'interdépendance croissante des États, le caractère supranational des communications et le rôle majeur que joue le secteur privé marchand dans les réseaux électroniques.

Si le terme «mondialisation» illustre l'influence du niveau supranational sur les pratiques organisationnelles et les politiques publiques nationales, le mot «globalisation» (en français) situe l'évolution de ces pratiques et politiques dans un contexte politico-économique spécifique, lié à la déréglementation et à la convergence. La globalisation correspond à une étape du développement économique caractérisée par la transnationalisation du capital et l'enchevêtrement de ce capital avec les entreprises fournisseuses ou acheteuses[36]. Au-delà de l'aspect strictement économique du phénomène, la globalisation renvoie à l'effritement croissant du cadre national comme cadre de référence pour l'établissement des régulations publiques et privées; désormais, le développement de certains secteurs et les stratégies d'investissement sont pensés en fonction de contextes autres que nationaux. Des domaines comme l'environnement, la santé, l'économie et les

---

34. Trudel, *op. cit.*, p. 11-31.
35. S. Rodota, *op. cit.*, p. 170.
36. Camilleri et Falk, *op. cit.*, p. 76-87.

technologies médiatiques, par exemple, exigent une planification supranationale. D'autres instances, de niveau local, réclament par ailleurs une décentralisation et revendiquent certains pouvoirs.

Si la souveraineté des États se mesure en fonction de leur capacité à exercer un contrôle effectif sur un ensemble de domaines, elle s'érode dans un monde où les leviers de décision ne sont pas de leur ressort exclusif; ils se trouvent à la fois au niveau politique et économique et à la fois à divers paliers: locaux, régionaux, nationaux et supranationaux. Les divers acteurs sur la scène nationale et internationale (États, entreprises, organisations supranationales, etc.) créent des dynamiques nouvelles et instaurent des rapports de force différents. La régulation traditionnelle s'amoindrit de diverses manières: des enjeux autrefois limités aux frontières nationales les transcendent désormais (comme l'environnement); les entreprises transnationales instaurent leur rationalité; les identités nationales s'affaiblissent au profit de sentiments d'appartenance à d'autres communautés fondées sur des critères comme l'idéologie, les préoccupations en matière de santé, les intérêts politiques, les hobbies, le goût pour certains jeux, etc.

C'est le concept de «gouvernance»[37] qui éclaire d'un jour nouveau l'idée que les normes relèvent de multiples ordres et que les paliers de décision en matière de technologies médiatiques ne peuvent être pensés exclusivement en termes de hiérarchie. La gouvernance est la coexistence et même la concurrence de normes de nature politique, économique, industrielle et quasi judiciaire. David Held et Anthony McGrew conçoivent la gouvernance en couches, en paliers; ils expliquent que la souveraineté nationale a cédé sa place à une souveraineté partagée et que les gouvernements se trouvent dans un système de gouvernance à plusieurs paliers, à couches multiples qui transcende les frontières, système qu'ils ne peuvent ni contrôler ni surveiller[38].

Cette définition de la gouvernance renvoie à la mouvance de l'autorité[39], à la multiplicité des centres de décision, à l'existence de normes informelles et à l'émergence de ce que certains ont voulu identifier comme une «société civile globale». Pour comprendre la

---

37. Le mot gouvernance est aussi utilisé en management et en développement international avec d'autres acceptions.
38. D. Held et A. McGrew, «The Great Globalization Debate: An Introduction», dans David Held et Anthony McGrew (dir.), *The Global Tansformations Reader*, Cambridge, Polity Press, p. 11-13.
39. James N. Rosenau, «Governance in the Twenty-first Century», *Global Governance. A Review of Multilateralism and International Organizations*, vol. 1, n° 1, hiver 1995, p. 23-38.

gouvernance des technologies médiatiques, il faut pouvoir identifier les acteurs qui agissent dans ce domaine de même que les rapports de force entre eux. Il faut aussi pouvoir faire état des rationalités diverses qui s'expriment dans un secteur spécifique. Dans le domaine des technologies médiatiques, il faut faire état des rationalités d'ordre marchand, communautaire, étatique et associatif. C'est ce à quoi sera consacrée la deuxième sous-section sur les régulations multiples des technologies médiatiques. Mais auparavant, il faut analyser deux des plus importants principes qui fondent la globalisation – la déréglementation et la convergence – et comment ils s'appliquent en matière de technologies médiatiques.

5.2.1. Un contexte politico-économique prégnant

Le rôle de l'État dans la mise en place des technologies médiatiques peut être le plus justement décrit grâce à deux phénomènes : la déréglementation et la convergence. Généralement présentée comme un désengagement de l'État par rapport à ses missions traditionnelles, la déréglementation ne consiste pas en un amoindrissement du rôle des gouvernements ; il s'agit plutôt d'une réorientation de leur action marquée au premier chef par l'abandon de l'esprit keynésien et l'adoption de l'esprit de marché. L'État n'intervient donc pas nécessairement moins, ni dans moins de secteurs, mais il le fait différemment. Certains auteurs prétendent même que le rôle de l'État s'est étendu, comme le montre l'accroissement des dépenses publiques dans les pays de l'OCDE, et que les fonctions administratives aussi bien que celles d'élaboration des politiques sont sollicitées pour créer les conditions idéales de la croissance économique[40].

Historiquement, dans le secteur des communications, plusieurs objectifs ont servi à justifier les interventions gouvernementales : l'attribution des fréquences radio, la construction de la nation, la défense de la notion de service public, la protection du public dans les secteurs monopolistiques, la défense de l'identité culturelle par la protection des industries du secteur[41]. Le contexte actuel rend obsolètes plusieurs de ces objectifs, comme l'attribution de fréquences radio ou la protection du public dans les secteurs monopolistiques. D'autres objectifs, comme

---

40. J. Camilleri et J. Falk, *The End of Sovereignty*, Alderchot, Edward Elgar, 1992, p. 136 et B. Jobert, « La régulation politique : le point de vue d'un politiste », dans J. Commaille et B. Jobert, *Les métamorphoses de la régulation politique*, Paris, LGDJ, 1998, p. 120.
41. J.-G. Lacroix et G. Tremblay, « The State's Role in the Sphere of Culture and Communication », *Current Sociology*, vol. 45, n° 4, 1997, p. 96-98.

la défense de la notion de service public ou la construction de la nation, ont été passablement négligés depuis une vingtaine d'années. En effet, l'action de l'État a surtout consisté depuis ce temps à offrir un environnement concurrentiel aux entreprises : on a ouvert les marchés des divers secteurs, diminué le rôle de la télévision publique, réduit les exigences quant à la propriété étrangère pour les médias et les transporteurs et mis en place des programmes d'aide pour les industries de production culturelle[42].

L'adoption de l'esprit de marché par les gouvernements se cristallise de la manière la plus évidente dans leur confiance à l'égard de ce marché, qui devrait fournir (en théorie) les conditions nécessaires à la mise en place de la « société de l'information ». Si le projet de l'autoroute de l'information a d'abord été lancé par un personnage politique, le vice-président américain Al Gore, les modalités de mise en œuvre ont très tôt fait apparaître les entreprises privées comme les acteurs clés du projet. Le gouvernement américain prévoyait lui-même n'investir qu'une faible proportion des sommes nécessaires à la réalisation du projet. Parce que la construction des réseaux électroniques était symboliquement liée à une régénération de l'économie, à une dynamisation fondée sur l'économie du savoir, le rôle majeur des entreprises s'est rapidement imposé ; l'ampleur des investissements requis allait être récompensée par les éventuels bénéfices et l'incertitude quant aux technologies triomphantes était acceptable, parce qu'elle s'inscrivait dans une concurrence économique plus large.

Le Comité consultatif sur l'autoroute de l'information (CCAI), qui a fourni au gouvernement fédéral son cadre d'action en matière de technologies médiatiques, écrivait que dans « la nouvelle économie de l'information, c'est le marché qui décidera du succès, et non l'État » ; « C'est le secteur privé qui devrait aménager et exploiter l'autoroute de l'information », car ceux « qui investissent devraient assumer les risques et retirer une juste rétribution[43] ».

Dans le rapport du CCAI, la grande confiance dans le marché signifiait que ses règles devaient prévaloir sur la réglementation en matière de développement des technologies médiatiques. Ces règles devaient induire la création d'emplois, être l'occasion d'investir dans la recherche et le développement et améliorer l'expansion et la compétitivité des entreprises canadiennes. L'intérêt pour l'action des entreprises

---

42. A.-M. Gingras, « Deregulating Canadian Communications Policy : In the Shadow of the United States », Communication présentée à l'European Consortium for Policy Research (collaboration : J. Levasseur).

43. Canada, *op. cit.*, p. VIII.

privées se manifestait de deux manières, l'une portant sur les moyens qu'entendait utiliser l'État pour aider le secteur privé à développer les technologies médiatiques et l'autre concernant le rôle minimaliste de l'État pour les questions d'intérêt public comme l'éducation, le contenu canadien ou l'accessibilité.

En ce qui concerne les aides au secteur privé, on suggérait d'établir « un contexte fiscal plus favorable », c'est-à-dire de donner des crédits d'impôt accrus pour l'innovation en matière de technologies médiatiques, d'augmenter les seuils de propriété étrangère pour les entreprises de radiodiffusion et de télécommunications et de permettre la concurrence dans des secteurs autrefois fermés, comme la téléphonie et la câblodistribution. Ce genre de recommandation doit être mis en lien avec la composition du comité dont plus de la moitié des membres étaient associés aux industries des communications[44]. En résumé, l'État devait se limiter à définir les règles de base de la société de l'information fondées sur la concurrence, la compétitivité et l'innovation, assurer une juste compétition et n'intervenir minimalement que pour les questions d'intérêt public comme l'accessibilité, la promotion des contenus canadiens et la protection de certaines valeurs sociales.

Pour plusieurs de ces questions, il existait une volonté claire de la part des gouvernements de s'en remettre aux acteurs économiques et à ceux de la société civile. L'État a donc favorisé l'autoréglementation dans certains domaines, comme celui de la pornographie. Dans les années 1990, Ottawa a par exemple donné son appui à deux initiatives du secteur privé visant à exercer un contrôle sur les contenus pornographiques : l'élaboration d'un système de classification des contenus offensants sur les réseaux appelé Platform for Internet Content Selection (PICS) ainsi que la mise au point et la commercialisation de logiciels

---

44. C'était le cas de 17 des 29 commissaires (31 membres avaient été nommés, mais deux n'ont pas terminé leur mandat), les autres provenant de milieux divers et ayant des intérêts variés. C'étaient: un écrivain, un professeur de droit, la médiatrice de l'Université de Toronto, une ex-présidente d'une association de protection des consommateurs et des consommatrices, un président d'un institut de recherche (Ottawa-Carleton), un professeur de médecine, une représentante d'un conseil scolaire (North York), un directeur des services informatiques universitaire (Université du Manitoba), une directrice d'un centre expérimental sur l'interactivité (Université Simon Fraser), un directeur des services d'informatique et des communications (Libertel de la capitale nationale), une professeure de bibliothéconomie, un syndicaliste. Le groupe comptait six femmes et sept francophones.

Les technologies médiatiques 229

de filtrage de contenus[45]. Bélanger et Martinez expliquent à cet égard que, loin de privilégier la recherche d'une solution sur la base d'une éthique sociale, le gouvernement s'en remettait à l'autoréglementation pour apaiser les protestations et les insécurités du public : il transférait la responsabilité de la violence aux télédiffuseurs et celle de la pornographie aux parents, ce qui évitait aux organismes réglementaires d'entraver la stabilité et la croissance capitaliste[46] d'une industrie façonnée par la marchandisation. « En bout de piste, écrivaient-ils, l'autoréglementation risque de se transformer en un lumineux rideau de fumée, masquant les véritables intérêts (économiques et politiques) de la violence et de la pornographie[47]. »

La décision du CRTC de ne pas réglementer Internet, rendue en mai 1999, s'inscrivait tout à fait dans cet esprit :

[...] *sans réglementation, cette industrie est dynamique, hautement concurrentielle et se taille une place enviable dans le marché. Le CRTC craint que toute tentative de réglementer les nouveaux médias canadiens ne place cette industrie en situation de désavantage sur le plan de la concurrence qui s'exerce à l'échelle mondiale*[48].

En plus des motifs à caractère économique, le CRTC évoquait d'autres raisons : il expliquait sa décision par le fait que le matériel transmis par Internet était principalement en alphanumérique, qu'il n'était pas destiné à un vaste public[49](!), qu'il pouvait être personnalisé ou adapté aux besoins des internautes et ne constituait donc pas de la radiodiffusion au sens de la loi. L'organisme de réglementation soulignait aussi qu'il existait selon lui des outils plus adéquats pour régler les problèmes de contenus offensants sur les réseaux : le Code criminel canadien, la Charte des droits et libertés, l'autoréglementation, les logiciels de filtrage de contenus et enfin une sensibilisation accrue aux médias[50].

---

45. P. Bélanger et A. Martinez, « Les politiques canadiennes en matière de communication et de télécommunication », dans M. Tremblay, *Les politiques publiques canadiennes*, Québec, Presses de l'Université Laval, p. 231.
46. *Ibidem.*
47. *Ibid.*, p. 231-232.
48. « Le CRTC ne réglementera pas Internet », communiqué du 17 mai 1999. Voir aussi l'Avis public 1999-84.
49. Il s'agit là d'une déclaration fort étrange ; le matériel transmis sur Internet est destiné à des milliers et potentiellement à des milliards de personnes et le gouvernement cherche à favoriser l'accessibilité aux réseaux pour tous les Canadiens et les Canadiennes.
50. CRTC, communiqué du 17 mai 1999.

Cette position a placé le gouvernement fédéral en situation de réaction, de passivité, face aux contenus transmis sur Internet ; l'insistance sur l'autoréglementation et le fardeau donné aux utilisateurs et utilisatrices de régler le problème des contenus offensants en engageant des poursuites ou en utilisant des logiciels de filtrage montre bien qu'on a privilégié le laisser-faire aux dépens de la défense de l'intérêt général.

Précisons que les télécommunications sont de compétence fédérale ; l'article 93 du *British North America Act* stipule que la télégraphie relève du gouvernement fédéral, tout comme les domaines d'intérêt national et ceux qui concernent plus d'une province. En outre, le pouvoir de réserve du gouvernement fédéral s'applique à toutes les questions qui n'ont pas été prévues spécifiquement par les Pères fondateurs ; les nouveaux secteurs apparus après 1867 sont ainsi susceptibles de relever de la compétence fédérale. Les lois et règlements concernant la mise en œuvre des réseaux électroniques sont donc édictés par Ottawa. Mais comme les domaines d'application des technologies médiatiques concernent tous les aspects de la vie en société, les gouvernements fédéral et provinciaux ont adopté des mesures et élaboré des initiatives à ce sujet. La configuration des objectifs propres à chaque gouvernement est fonction de ses compétences spécifiques ; par exemple, les contenus offensants comme la pédophilie et la propagande haineuse sont du ressort du gouvernement fédéral, alors que les applications relatives à la santé relèvent du gouvernement québécois.

La convergence[51] constitue le deuxième phénomène qui permet de mettre en contexte les régulations des technologies médiatiques. La convergence comprend plusieurs dimensions – technologique, économique, réglementaire – qui s'enchevêtrent et interagissent les unes avec les autres. De prime abord, la convergence technologique semble dicter le sens et le rythme des changements en matière d'innovation. Mais la convergence technologique constitue le prétexte idéal à la convergence économique, d'une part, et à la convergence législative et réglementaire, d'autre part ; les promoteurs prétendent que la numérisation rend obligatoires les changements économiques et la transformation du cadre législatif et réglementaire dans lequel les acteurs économiques évoluent.

Les entreprises ont associé la convergence technologique à la convergence économique, c'est-à-dire à la possibilité de fusionner des entreprises de secteurs différents (téléphonie avec et sans fil,

---

51. G. Tremblay et J.-G. Lacroix, « La convergence, encore et toujours », dans J.-G. Lacroix, B. Miège et G. Tremblay, « De la télématique... », *op. cit.*, p. 1-13.

câblodistribution, satellites, informatique, etc.), de procéder à une concentration à la fois verticale et horizontale et d'occuper des parts de marché croissantes dans un secteur des communications «unifié». Autrement dit, la convergence économique correspondait selon eux à une dynamique de croissance exponentielle. C'est aussi ce que croyait le Comité canadien sur l'autoroute de l'information :

> La convergence de la technologie et des industries de l'information, autrefois des champs distincts, a maintenant un « effet d'entraînement » qui donnera un élan aux réalisations industrielles dans l'économie canadienne tout entière. Les entreprises canadiennes qui font usage de la technologie des produits et des services de l'autoroute de l'information peuvent devenir plus concurrentielles à l'échelle mondiale et ainsi créer des emplois au pays[52].

Pour réaliser cette convergence économique, les entreprises du secteur des télécommunications ont réclamé la convergence législative et réglementaire, c'est-à-dire l'amoindrissement des différences dans les règlements visant les industries de contenu et les transporteurs et surtout l'ouverture de marchés autrefois segmentés, comme la téléphonie et la câblodistribution. Cette ouverture mettait fin à la situation de monopole dans certains secteurs et elle entraînait des modifications dans la réglementation ; les monopoles étaient en effet davantage soumis à des exigences de « service public », comme l'accessibilité des équipements en régions éloignées, le contrôle des prix (en câblodistribution) ou le contrôle des profits (en téléphonie). Mais les changements en matière de réglementation ont eu des effets dévastateurs, comme dans le cas de l'industrie de la téléphonie. Après la fin de son monopole, Bell Canada a procédé à de vastes mouvements de mises à pied impliquant plusieurs milliers de travailleurs et de travailleuses[53]. Bell a aussi remis en cause le principe de l'interfinancement entre le service local et les appels interurbains. Le passage d'une réglementation fondée sur le contrôle des profits à une autre fondée sur le contrôle des prix a incité Bell Canada à réduire ses coûts de production et elle a choisi de réduire sa main-d'œuvre[54]. Maintenant, l'ajustement de l'entreprise se fait en fonction de ses compétiteurs américains, dont les coûts de

---

52. Canada, *op. cit.*, p. 13.
53. Bélanger et Martinez, *op. cit.*, p. 221. Voir aussi le documentaire de l'ONF, *Dernier appel*, réalisé par Caroline Martel et produit par Nicole Lamothe.
54. E. Bernard et S. Shniad, «Fighting Neoliberalism in Canadian Telecommunications», dans R. McChesney, E. Meiksins Wood et J. Bellamy Foster (dir.), *Capitalism and the Information Age*, New York, Monthly Review Press, 1998, p. 175.

main-d'œuvre sont beaucoup plus bas[55]. Comme on le constate, les convergences technologique et économique ainsi que législative et réglementaire se renforcent mutuellement.

5.2.2. De la régulation marchande à la régulation communautaire

Comme précisé plus haut, la gouvernance fait ressortir la multiplicité des régulations des technologies médiatiques. Ce terme, régulation, implique l'existence de normes qui ne proviennent pas nécessairement des gouvernements (qu'on appellerait plutôt «réglementation»), mais qui ont été imposées par le marché ou qui émanent des pratiques de la société civile ou des associations. Les régulations multiples caractérisent justement la gouvernance, tel que précisé plus haut. Raboy et Vedel font état de quatre types de régulation dans le domaine des technologies médiatiques: marchande, associative, hiérarchique – ou étatique – et enfin communautaire[56]. Chaque type de régulation est examiné en fonction des principes qui le fondent, et les auteurs précisent les difficultés que chacun présente dans le cas des technologies médiatiques. Aucune régulation ne s'applique à l'état pur dans le domaine des technologies médiatiques, aucune ne peut expliquer à elle seule l'évolution de la communication à l'ère numérique. On remarque qu'il y a, au contraire, plusieurs régulations pour chacune des huit questions identifiées: les standards et protocoles du réseau, l'accès aux infrastructures et aux services, la protection de la vie privée, les droits d'auteur et la propriété intellectuelle, le commerce électronique, la liberté d'expression, les contenus sensibles et la diversité culturelle. Pour chacune de ces questions, il y a coexistence de plusieurs régulations, bien qu'on puisse identifier des prédominances de régulation dans certains cas.

Quelques mots tout d'abord sur les principes de chaque type de fabrication de normes. La régulation marchande existe dans un contexte de compétition qui met en scène deux blocs d'acteurs: ceux qui offrent

---

55. La volonté exprimée par Bell en janvier 1999 de vendre son service d'assistance-annuaire constitue un bon exemple des rationalisations en vue pour les prochaines années. Voir à ce sujet R. Dutrisac, «Bell cède ses activités d'assistance-annuaire à une entreprise américaine», *Le Devoir*, 12 janvier 1999; Presse canadienne, «Ottawa nomme des conciliateurs», *Le Devoir*, 20 janvier 1999; R. Dutrisac, «Le délestage des téléphonistes n'est qu'un début», *Le Devoir*, 23-24 janvier 1999.
56. Marc Raboy et Thierry Vedel, «La régulation des communications à l'ère numérique», dans Serge Proulx, Françoise Massit-Folléa et Bernard Conein, *Internet, une utopie limitée. Nouvelles régulations, nouvelles solidarités*, Québec, Presses de l'Université Laval, 2005, p. 318-323.

des biens et des services et ceux qui cherchent à les obtenir, chacun ayant des intérêts en concurrence et cherchant à maximiser ses avantages. La régulation hiérarchique, qui renvoie à celle des États, pose la capacité d'une autorité d'établir des arbitrages entre les demandes de divers acteurs, de mettre en œuvre des programmes et de s'assurer de l'application des normes édictées. La régulation associative fait référence à la délégation de pouvoirs par l'État aux acteurs d'un secteur donné, délégation qui résulte en une mise en œuvre de normes essentiellement volontaires, qui répondent souvent aux besoins des acteurs les plus puissants. Quant à la régulation communautaire, celle qui a présidé à la naissance de l'Internet universitaire, elle se fonde essentiellement sur une solidarité spontanée, un partage de valeurs et de pratiques, et des normes établies par la tradition et l'expérience[57].

Le tableau 5.1 laisse voir de manière claire la multiplicité des régulations pour les huit questions liées aux technologies médiatiques. Nous sommes véritablement dans une ère où l'État a dû abandonner ses prérogatives passées. Cela ne signifie pas qu'il est hors jeu, mais cela indique plutôt que son action s'exerce dans un contexte radicalement nouveau, où la souveraineté sur son territoire est sans cesse défiée. La réglementation de chaque État doit tenir compte des pressions globales, et il y a un aménagement spécifique pour chaque pays entre d'une part, les normes quasi imposées par la pratique à l'international et, d'autre part, les traditions et la législation de chaque pays. Cela signifie que le contexte national colore fortement (mais ne détermine pas) l'évolution de la régulation pour les huit questions identifiées dans le tableau 5.1 ; de pays en pays, des variances existent. L'exemple de la liberté d'expression, généralement plus libérale aux États-Unis que partout ailleurs, illustre bien ce genre de variances. Mais il faut toujours tenir compte du contexte culturel propre à chaque pays pour comprendre le sens accordé à la liberté d'expression. C'est ce qui explique que dans l'affaire des caricatures de Mahomet qui a embrasé plusieurs pays arabo-musulmans en 2006, les Américains n'ont pas été les hérauts de la liberté d'expression parce que le respect des valeurs religieuses tient une place prépondérante dans la culture politique américaine ; on peut donc facilement l'opposer à la liberté d'expression.

---

57. Ces descriptions sont fortement inspirées de Raboy et Vedel, *ibidem*.

TABLEAU 5.1

	Régulation communautaire	Régulation marchande	Régulation hiérarchique	Régulation associative
Standards et protocoles du réseau	Internet académique via groupes spécialisés de discussion	Stratégie de Microsoft visant à imposer ses standards via la domination de Windows	Autrefois UIT, passé désormais sous un régime associatif à la suite de la privatisation des opérateurs de télécoms	Forme désormais dominante : ICANN, Internet Society, UIT
Accès aux infrastructures et aux services		Essentiellement	Accessoirement (définition d'un service universel, aides et subventions)	Marginale : centres associatifs de formation à Internet
Protection de la vie privée		Parfois, sous la forme d'achats à des services sécurisés	Dans certains pays (ex. : loi informatique et liberté en France)	Parfois, sous la forme de chartes entre fournisseurs de services et usagers
Droits d'auteur, propriété intellectuelle	Open Source Movement		Lois nationales	OMPI
Commerce électronique		Essentiellement	Législations nationales et régionales (UE) de protection des consommateurs	Systèmes d'arbitrages, codes de bonne conduite

Les technologies médiatiques

Liberté d'expression	Mouvement des «Indymedias»	Législations nationales, Article 19 de la Déclaration universelle des droits humains	Portails thématiques ou «rings» de sites basés sur la promotion ou le respect de certaines valeurs
Contenus sensibles (pornographie, violence, racisme, etc.)	Oui dans le cas d'intranet réservé aux membres d'un groupe.	Législations nationales	Codes de bonne conduite, systèmes coopératifs de filtrage entre fournisseurs et utilisateurs
Diversité culturelle	Tentatives de certains États et entreprises pour assimiler les services informationnels à des services comme les autres	Législations et politiques culturelles nationales; accords internationaux pour protéger et promouvoir la diversité culturelle	

Source: Marc Raboy et Thierry Vedel, « La régulation des communications à l'ère numérique », dans Serge Proulx, Françoise Massit-Folléa et Bernard Conein, *Internet, une utopie limitée. Nouvelles régulations, nouvelles solidarités*, Québec, Presses de l'Université Laval, 2005, p. 324.

Le rôle de l'État en matière de communication est d'autant plus complexe qu'on doit tenir compte de sa place parmi les grands acteurs actifs sur la scène internationale : les organismes multilatéraux comme l'ONU ou l'Union internationale des télécommunications (sigle anglais : ITU), les clubs exclusifs comme l'OCDE ou le G8, et les regroupements nationaux comme l'ALENA, l'Union européenne, l'Asia-Pacific Broadcasting Union (ABU), le Transatlantic Business Dialogue (TADB) et l'Asia-Pacific Economic Conference (APEC). Les États participent aussi aux instances de régulation associative identifiée par Raboy et Vedel, comme l'Internet Corporation for Assigned Names and Numbers (ICANN) et l'Internet Society, mais leur rôle dans ces instances est restreint.

Deux remarques méritent d'être faites concernant le tableau 5.1. Tout d'abord, il laisse voir des dominances et des faiblesses dans les types de régulation. La régulation marchande domine en ce qui concerne l'accès aux infrastructures et aux services et pour le commerce électronique, alors qu'elle se fait aussi importante pour la question des standards et protocoles du réseau et pour la diversité culturelle. La régulation hiérarchique, celle des États, s'exerce pour toutes les questions identifiées, mais elle doit concurrencer les autres types de régulation, et surtout, elle ne domine pour aucune question. La régulation communautaire est la moins importante, tant en termes de questions ciblées que de place face aux régulations concurrentes pour les questions où elle s'applique.

La censure sur Internet en Chine, qu'exercent Yahoo! et Google, constitue un beau cas de régulation double. Ce cas illustre bien l'attrait d'un vaste marché pour des entreprises qui acceptent de modifier leurs pratiques d'affaires au nom de la recherche de profit. Ici, à cause de l'immense réservoir de clients que sont leurs citoyens, les dirigeants chinois ont pu imposer leurs règles totalitaires à des entreprises occidentales, et même condamner des cyberdissidents grâce aux informations fournies par Yahoo!. Si la régulation étatique prévaut dans cette affaire, elle ne peut le faire qu'avec l'assentiment d'entreprises privées occidentales qui ont fait de l'ouverture et la liberté d'expression leurs marques de commerce. Malheureusement, elles ont privilégié l'accès au marché chinois plutôt que les principes qui ont fait leur belle réputation. La régulation marchande « permet » que s'impose la régulation étatique chinoise[58].

---

58. David Greising, « Lawmakers hit Google, Yahoo on China deals », *Chicago Tribune*, Online Edition, 16 février 2006, et Reporters sans frontières, « Un deuxième cyberdissident condamné sur la base d'informations fournies par Yahoo! », 16 février 2006, <www.rsf.org>.

La deuxième remarque concerne le cas particulier de la régulation associative qui est présente pour sept des huit questions et qui domine pour les standards et protocoles du réseau. Que signifie au juste une « régulation associative » ? Qui sont les membres de ces associations et selon quelles logiques travaillent-ils ? On peut identifier quelques-unes des ces associations : l'ICANN, l'Internet Society, l'ITU et le 3WC. L'ICANN est un partenariat public-privé chargé d'allouer l'espace des adresses de protocole Internet, d'attribuer les identificateurs de protocole, de gérer le système de nom de domaine de premier niveau pour les codes génériques et les codes nationaux et d'assurer les fonctions de gestion du système de serveurs racines. Dans la structure de l'ICANN, le partenariat se fait entre gouvernements, organisations internationales, entreprises, organisations spécialisées et spécialistes[59]. L'Internet Society (IS), qui s'intéresse aux standards de l'infrastructure Internet, met l'accent sur le développement et l'accessibilité du réseau : commerce, éducation, liberté d'expression, protection de la vie privée, aide aux pays en voie de développement, entre autres ; une vaste gamme de sujets et de champs sont couverts. L'IS comprend plus de 100 associations et 20 000 individus provenant de 180 pays ; la liste de ses membres fait voir la prédominance des entreprises de télécommunications. L'ITU, qui fait partie de l'ONU depuis 1947, exerce aujourd'hui un important rôle dans la standardisation des infrastructures mondiales. Bien que l'ITU soit un organisme public, les intérêts des entreprises y sont fort bien défendus ; les gouvernements et le secteur privé coordonnent ensemble les réseaux globaux de télécommunications et de services et l'ITU cherche à répondre de manière efficace et rapide aux demandes évolutives des entreprises en matière de télécommunications. Les intérêts de l'organisme sont loin de se limiter aux applications techniques ; en 1994, par exemple, il a mis sur pied un forum chargé d'analyser les questions de politiques et de réglementations, et son plan stratégique 1999-2003 prévoyait le positionner comme organisme central sur la scène internationale en matière de communications dans trois secteurs : technique, développement et politiques[60]. Enfin, il y a le World Wide Web Consortium (3WC)[61], un consortium industriel international créé en octobre 1994 et dirigé par Tim Berners-Lee, l'inventeur du Web, pour veiller à ce que celui-ci développe son plein potentiel en inventant

---

59. <www.icann.org/tr/french.html>, consulté le 8 février 2006.
60. C. de Prado Yepes, « Regionalism, Inter-Regionalism, and the Regulation of Globalizing Multimedia Sectors », communication présentée à l'European Consortium for Policy Research, mars 1999.
61. Les informations sur le 3WC proviennent de son site Web, sauf indication contraire.

des protocoles de transmission qui assurent «l'interopérabilité» des systèmes. Le travail du 3WC consiste à prévoir techniquement les applications, les services et le changement social liés au Web[62]. Les objectifs commerciaux du 3WC ressortent avec clarté dans son prospectus; on y indique que la création du 3WC a été suscitée par les demandes d'une vaste gamme d'organisations qui investissent des ressources considérables dans le Web en produisant des logiciels ou des produits de contenu, ou plus communément qui utilisent le Web pour leurs affaires ou leurs activités.

Ce que la description des organismes de régulation associative laisse voir, c'est que l'architecture institutionnelle qui s'est mise en place pour les technologies médiatiques a laissé à l'État une part de plus en plus congrue et a placé les entreprises de télécommunications en position fort avantageuse. Les instances de régulation associative ont des membres actifs dans des secteurs divers et leurs objectifs sont parfois d'ordres extrêmement différents; pas étonnant, dans ces circonstances, que des tensions apparaissent qui mettent en confrontation divers acteurs, et ce sont souvent les plus puissants qui peuvent imposer leurs priorités.

Dans un article sur l'ICANN par exemple, Slavka Antonova fait état des critiques adressées à l'organisation, des enjeux autour de son action et des logiques contradictoires qui l'animent. Soulignons d'abord que les objectifs de l'ICANN ont trait à la technique, au commerce et à la représentation de la communauté Internet: il s'agit plus particulièrement de «préserver la stabilité opérationnelle d'Internet, de promouvoir la concurrence, d'assurer une représentation globale des communautés Internet et d'élaborer une politique correspondant à sa

---

62. Bien que son travail soit essentiellement d'ordre technique, le 3WC ne peut manquer d'agir dans des domaines où les implications sociales abondent. Par exemple, il a élaboré un système de classification des contenus offensants disponibles sur le Web, la PICS (Platform for Internet Content Selection). Bien que d'autres instances, comme les gouvernements et les organisations politiques supranationales, s'intéressent à ces questions, l'expertise et le rôle stratégique du 3WC en matière d'uniformisation des protocoles de transmission le rendent plus efficace que les autorités politiques. Il leur fait en réalité concurrence, même s'il ne constitue pas un organisme démocratique. Par exemple, la PICS a été mise au point en août 1995 pour contrer un projet de loi américain visant à criminaliser la transmission de documents obscènes aux mineurs. La plate-forme a été présentée comme une solution à ce problème; elle confie la responsabilité de s'évaluer en matière de contenus violents et pornographiques aux sites Web eux-mêmes. Un consortium industriel a donc empêché l'adoption d'un projet de loi en misant sur l'autoréglementation et non sur la régulation politique traditionnelle.

mission suivant une démarche consensuelle ascendante »⁶³. Tout comme pour les instances identifiées à la corégulation en France, l'ICANN porte à la fois un désir de collaboration public-privé et un espoir de démocratisation de la communication. Françoise Massit-Folléa écrit au sujet de la corégulation que la médiation entre acteurs publics et privés repose sur une négociation de la norme dans une aventure collective censée déboucher sur une double efficacité morale et rationnelle⁶⁴ ; la régulation associative charrie des espoirs semblables.

Selon Antonova, si la première critique de l'ICANN et l'une des plus percutantes a trait à la manière dictatoriale de prendre des décisions (critique entendue dès les débuts), il est plus pertinent aujourd'hui de tenter de comprendre les problèmes de l'organisme à partir de ses objectifs contradictoires et des rapports de force entre divers acteurs en son sein. Elle écrit :

> *Malgré un certain potentiel démocratique, les entités collaboratives [comme l'ICANN] ne sont pas immunisées contre les tentatives menées par certains participants pour influencer les résultats politiques. Et l'on perçoit clairement la pression constante exercée sur l'ICANN en premier lieu par les composantes industrielles et commerciales d'Internet (désireuses de simplifier le processus collaboratif au nom de l'efficacité), en second lieu par les composantes non commerciales et les utilisateurs individuels (dont l'intérêt consiste à accroître la transparence et la responsabilité)*⁶⁵.

Il ressort de l'examen de la régulation sur les technologies médiatiques qu'une configuration de pouvoirs bien particulière dicte le développement des réseaux ; l'État-nation ne constitue pas le niveau à l'origine de l'impulsion du projet de « l'autoroute de l'information » et les notions de « service public » ou d'espace public ne sont pas des références importantes dans la mise en place des nouvelles infrastructures. On ne peut saisir le rôle de l'État qu'en tentant d'évaluer sa place parmi celles des autres acteurs engagés dans le développement des

---

63. <www.icann.org/tr/french.html>, consulté le 8 février 2006.
64. Françoise Massit-Folléa, « Régulation et gouvernance de l'internet », dans *Gouvernance de l'internet. L'état de fait et l'état de droit*. Rapport 2005 Vox Internet, Paris, Éditions Maison des sciences de l'homme, p. 75. Voir aussi sur la corégulation : Amar Lakel, « La gouvernance de l'Internet : vers un modèle de corégulation », dans Jean Mouchon (dir.), *Les mutations de l'espace public*, Paris, L'esprit du livre éditions, 2005, p. 85-124.
65. Slavka Antonova, « L'ICANN : une conception collaborative, une mise en œuvre controversée », dans Serge Proulx, Françoise Massit-Folléa et Bernard Conein, *Internet, une utopie limitée. Nouvelles régulations, nouvelles solidarités*, Québec, Presses de l'Université Laval, 2005, p. 292.

technologies médiatiques, et au premier chef le secteur privé marchand. Ainsi, il faut insister sur l'idée qu'au total (considérant les régulations marchande et associative), les entreprises privées à but lucratif se trouvent en position avantageuse dans la mise en œuvre et l'évolution des technologies médiatiques. Il faut aussi souligner que la participation des gouvernements aux organismes publics supra-nationaux ne signifie pas que les intérêts publics vont nécessairement prévaloir; l'adoption de l'esprit de marché par plusieurs gouvernements occidentaux, dont les États-Unis et le Canada, assure aux entreprises des alliés de choix dans les luttes qu'elles mènent pour la libéralisation du commerce.

5.3. L'impact des technologies médiatiques sur le politique

L'influence des technologies médiatiques sur le politique est à rechercher dans plusieurs domaines et à plusieurs niveaux. On a fait grand cas de la « démocratie électronique », une expression qui vise d'une part, l'amélioration de l'espace public par une action politique individuelle accrue et par une action collective facilitée et, d'autre part, par l'usage que font les pouvoirs publics des technologies médiatiques. Les espoirs de revitalisation sociale et politique se fondent en effet à la fois sur la capacité qu'ont les individus de mieux s'informer et s'engager et sur la capacité des organisations (privées et publiques) de promouvoir une action collective efficace et soucieuse des besoins de la base; l'agora et la transparence dont il a été fait mention plus haut font miroiter la pleine réalisation du potentiel technique d'Internet.

Dans un premier temps, il sera question des expériences de militantisme et d'organisation sociale sur Internet des années 1990, expériences qui ont suscité beaucoup d'espoirs. On verra que les conditions d'un militantisme cybernétique fructueux relèvent d'exigences autres que communicationnelles et que sans perspective plus générale de démocratisation de la société civile et de l'État, le travail sur les réseaux est fort limité.

Dans un deuxième temps, le rôle des technologies médiatiques dans l'action politique individuelle et l'action collective sera examiné; le court bilan des travaux sur les usages démocratiques d'Internet présenté ici met l'accent sur l'exercice réel lié à l'accès à l'information et à l'interactivité sur Internet. On constate que le potentiel des réseaux n'est absolument pas réalisable, pour des raisons qui relèvent, entre autres, de la culture politique. Une courte évaluation de l'impact des blogues politiques terminera le chapitre.

5.3.1. Le militantisme et l'organisation sociale sur Internet

Les réseaux électroniques ont suscité un grand enthousiasme dans les années 1990, parce qu'on croyait qu'ils pouvaient offrir les conditions idéales de transparence et d'agora grâce à l'accès à l'information, l'interactivité, la numérisation, la transmission à haut débit, entre autres. Cet optimisme à l'égard des technologies médiatiques a aussi été encouragé par des expériences de militantisme et d'organisation sociale cybernétiques; voici quelques-unes d'entre elles. Leur histoire permettra par la suite de faire ressortir les conditions d'un militantisme cybernétique fructueux.

Au début des années 1990, dans le cadre du Public Electronic Network (PEN) de Santa Monica, des résidents et des résidentes ont tenu des discussions électroniques sur le sort des sans-abri de leur communauté, discussions auxquelles des personnes sans domicile fixe ont elles-mêmes participé. Ils ont élaboré une première solution aux problèmes d'intégration des sans-abri: l'établissement d'un lieu où il y aurait des douches, des machines à laver et des casiers. Ils ont ensuite fait pression sur le conseil municipal, qui a décidé de fournir les fonds nécessaires à la réalisation du projet.

En 1990, la compagnie de tabac Philip Morris avait planifié une tournée visant à délégitimer la lutte antitabac; connaissant ce fait, le mouvement SCARnet (Smoking Control Access Research Center) a envoyé dans chaque communauté ciblée des informations sur le sujet ainsi qu'une planification minutieuse des oppositions à mettre en place. Cette opposition a incité Philip Morris à annuler sa tournée[66].

Depuis le Sommet de la Terre tenu à Rio en 1992, les rencontres internationales de l'ONU sur différents thèmes (droits de la personne, développement durable, droits des femmes, etc.) donnent lieu à la mise en place de salles informatiques gérées par des organisations non gouvernementales (ONG); les travaux officiels sont suivis et commentés par ces ONG qui peuvent faire valoir leurs points de vue auprès des internautes du monde entier[67].

Le 21 avril 1993, le Jour de la Terre, le président américain Bill Clinton annonce que son gouvernement accepte de signer la convention sur la biodiversité issue du Sommet de la Terre, que George Bush

---

66. M.S. Bonchek, «Grassroots in Cyberspace: Using Computer Networks to Facilitate Political Participation», communication 95-2.2, présentée au 52ᵉ congrès du Midwest Political Science Association, Chicago, Illinois, 6 avril 1995.
67. C.A. Afonso, «Au service de la société civile», *Manière de voir*, «Internet, l'extase et l'effroi», *Le Monde diplomatique*, octobre 1996, p. 86-87.

avait refusé d'endosser. Mais le document d'interprétation de la convention rédigé par l'administration américaine en change radicalement l'esprit. Par exemple, on y déclare inutiles les protocoles spéciaux de sécurité lors de la mise à l'essai de nouvelles espèces animales ou végétales créées par le génie génétique et on attribue aux entreprises privées la totalité des bénéfices des produits élaborés à partir de milieux végétaux travaillés depuis des siècles par les populations autochtones. Une militante du Third World Network (TWN) prend connaissance de ce document, l'analyse et sonne l'alerte électronique à travers les réseaux environnementaux, qui font ensuite pression sur la Maison-Blanche[68].

En janvier 1994, les zapatistes émettent une déclaration de guerre contre l'État mexicain, et plus largement le néolibéralisme. Ils occupent plusieurs villages et publient de longs communiqués et des analyses qui ne sont repris que de manière partielle dans les médias. Ils vont alors utiliser les réseaux électroniques déjà mis en place pour lutter contre le projet de libre-échange nord-américain pour faire entendre leurs revendications[69]. Leur initiative suscite un large intérêt dans les milieux progressistes, ce qui fait porter leur message bien au-delà du Mexique ou de l'Amérique centrale. Dans les mois et les années qui vont suivre, plusieurs sites sur eux sont créés sur le Web, des réunions intercontinentales sont organisées et des référendums internationaux électroniques tenus.

Toutes ces expériences de militantisme ou d'organisation sociale cybernétiques ont mené à des résultats concrets : influence sur la délibération publique ou accroissement de la concertation dans les luttes politiques. De prime abord, on pourrait croire que les technologies médiatiques provoquent une modification des rapports de force entre les acteurs politiques. Si tel était vraiment le cas, les réseaux électroniques pourraient être assimilés à une sphère publique ; mais il faut se méfier des apparences en ce qui concerne l'évolution des rapports de force en société et distinguer un gain à court terme d'une victoire totale. Ainsi, la majorité des expériences de militantisme ou d'organisation sociale cybernétiques démontrent que le facteur « technologies médiatiques » peut accélérer les événements et cristalliser une dynamique de changement dans les rapports de force déjà en marche, mais

---

68. Roberto Bissio, « Cyberespace et démocratie », *Manière de voir*, « Internet, l'extase et l'effroi », op. cit., p. 88.
69. H. Cleaver, « The Zapatistas and the Electronic Fabric of Struggle », dans John Holloway et Eloìna Pelàez (dir.), *Zapatista ! Reinventing Revolution in Mexico*, Londres, Pluto Press, 1998, p. 81-103.

que seul, il ne modifie pas ces rapports. Il faut certainement s'interroger sur les conditions dans lesquelles le militantisme cybernétique peut s'exercer : culture politique, degré d'oppression, niveau de liberté d'expression, etc. Il semble que l'aspect temporaire et conjoncturel de certains succès, éminemment symboliques, l'emporte souvent sur une modification des rapports de force à long terme. Le cas des zapatistes est fort éclairant à cet égard ; leur succès médiatique et dans les cercles intellectuels occidentaux du départ se sont effrités et, douze ans plus tard, le militantisme cybernétique n'apparaît plus aussi utile qu'auparavant. En 2006, le sous-commandant Marcos entreprenait une tournée des régions du Mexique pour faire valoir ses positions et recueillir des appuis pour une action politique plus traditionnelle, la constitution d'un mouvement politique.

Parmi les expériences dites de démocratie électronique, les cités numériques figurent en bonne place. Nous retraçons ici l'expérience du Public Electronic Network (PEN) de Santa Monica[70] ; l'expérience est connue pour son projet *shwashlock*[71], une initiative d'un groupe de citoyens et de citoyennes préoccupés du bien-être des sans-abri qui visait à fournir à ces derniers des douches, des machines à laver et des casiers pour que les personnes sans domicile fixe puissent se présenter convenablement à des entrevues pour l'obtention d'un emploi. Le PEN a été conçu comme un moyen de revitaliser la démocratie : encourager les débats, fournir aux citoyens et aux citoyennes des moyens d'exercer une certaine forme d'*empowerment*, éliminer les intermédiaires entre l'administration et la population et améliorer la prestation de services gouvernementaux. Le PEN ayant été créé en 1989, l'évolution du projet permet d'évaluer dans quelle mesure il a constitué un modèle de sphère publique.

D'entrée de jeu, il faut préciser que Santa Monica constitue l'une des villes américaines où la tradition d'engagement et de participation politiques était la plus vivace dans les années 1990 ; elle était reconnue pour son militantisme en faveur du contrôle des loyers et avait à sa tête, au moment de la création du PEN, un conseil municipal tout à fait ouvert à l'idée d'une participation accrue de la population aux affaires de la Cité. L'expérience électronique a vraiment commencé lorsque des citoyens et des citoyennes ont demandé l'accès à des documents

---

70. H. Rheingold, «The Virtual Community», *op. cit.*, p. 268-272 et S. Docter et W.H. Dutton, «The First Amendment Online», dans R. Tsagarousianou, D. Tambini et C. Bryan, *Cyberdemocracy. Technology, Cities and Civic Networks*, Londres, Routledge, 1998, p. 125-151.

71. SH pour *showers*, WASH pour *washing* et LOCK pour *lockers*.

municipaux à partir de leur ordinateur personnel. Des enquêtes ont par la suite démontré l'intérêt populaire pour des services municipaux électroniques, puis est apparue l'idée d'une cité électronique offrant des lieux de débats sur des sujets d'intérêt public et sur les activités locales. À sa création, le PEN comprenait un centre de documentation donnant accès à 250 thèmes, une messagerie et un système de conférences permettant la tenue de débats électroniques. Des banques de données et des applications électroniques viendront s'ajouter au réseau par la suite.

Une des caractéristiques les plus notables du PEN était son accessibilité ; une formation sur Internet gratuite a été offerte, des terminaux ont été installés dans des librairies et d'autres lieux publics et environ 20 % des entrées provenaient de ces terminaux. Les citoyens et les citoyennes devaient s'inscrire et s'engager à respecter un code de bonne conduite. Les usages les plus fréquents du réseau dans les premières années ont concerné, dans l'ordre : les conférences, la messagerie puis l'accès à l'information. Il semble que la communication horizontale ait été la caractéristique marquante du réseau PEN, plus que les objectifs démocratiques d'*empowerment* des individus, quoique ce dernier aspect n'ait pas été complètement absent, comme l'ont illustré les discussions avec des sans-abri au sujet du projet *shwashlock*.

Une partie importante de cette communication horizontale, c'est-à-dire les conférences, a d'ailleurs donné lieu à de nombreuses discussions, parce que la qualité des débats y était médiocre, les attaques personnelles et le langage offensant très fréquents et les personnages politiques notoirement absents. De nombreuses plaintes ont été déposées parce que certains débats étaient monopolisés par un petit nombre de personnes qui agressaient verbalement les autres ; il semble que le caractère impersonnel et éphémère de la communication électronique ait servi à désinhiber certains internautes. Les digressions dans les débats, les attaques personnelles et le harcèlement systématique contre les femmes ont fait penser à modifier la forme et l'accès des débats pour en faire des lieux de discussion plus structurés et plus utiles. La question de la liberté d'expression s'est donc posée ; devait-on laisser tous et toutes s'exprimer librement, au risque de subir les attaques offensantes d'un petit nombre, ou au contraire devait-on réglementer les discussions, au moins en termes de lieu et de moment appropriés, comme le permet la jurisprudence américaine ? Une réflexion s'est engagée sur la nécessité de recourir à des modérateurs qui ne laisseraient filtrer que les messages non indécents ni hors d'ordre ; bien que des débats aient effectivement été ainsi modérés, les utilisateurs ont réagi en reproduisant dans les débats non modérés exactement les mêmes discussions.

Dans quelle mesure le PEN de Santa Monica a-t-il correspondu à une sphère publique électronique ? Durant les premières années, il y a effectivement eu naissance d'une action collective, comme l'illustre le projet *shwashlock*, et quelques individus normalement exclus des débats politiques, comme les sans-abri, ont pu participer et faire valoir leur opinion. Les débats sur des sujets locaux étaient vivaces, les leaders d'opinion y participaient et des points de vue variés se faisaient entendre. Mais cet enthousiasme du début s'est effrité et la nature des interventions sur les réseaux s'est modifiée. Le réseau PEN a dû régler les problèmes reliés au manque de civisme de plusieurs de ses participants et faire face à la compétition du Web. L'expérience n'a toutefois pas réussi à transcender les problèmes de faible participation politique et d'apathie existant dans toutes les démocraties occidentales. La délibération rationnelle rendant possible l'*empowerment* de la société civile ne s'est pas produite. Après une dizaine d'années, les aspects les plus prometteurs de PEN étaient la radiodiffusion et les transactions électroniques avec la municipalité (comme l'accès à l'information et les services municipaux), et non les éléments permettant de démocratiser le système politique ; la municipalité compte d'ailleurs dans l'avenir capitaliser sur ces aspects les plus prometteurs.

Au terme d'une étude portant sur plusieurs expériences d'organisations sociales numériques, dont les cités numériques de Santa Monica, Bologne, Manchester, Amsterdam, Athènes, Berlin, etc., les auteurs Tsagarousianou, Tambini et Bryan en arrivent à la conclusion qu'une série de difficultés ont entravé la réalisation des projets de « démocratie électronique » : l'absence de volonté politique, les failles de la culture politique[72], le manque de civisme de plusieurs internautes, la multiplicité des acteurs sociaux et leurs aspirations différentes, les restrictions financières, les limites techniques, l'accès restreint aux réseaux, les prédispositions défavorables à l'égard des nouvelles technologies et enfin un modèle d'intervention politique axé sur la persuasion plutôt que sur la discussion[73].

Il faut faire ici une distinction entre un militantisme ou une organisation sociale qui s'inscrit dans le fonctionnement habituel du système politique et un autre qui cherche à modifier en profondeur les rapports de force en société. L'expérience de Santa Monica et celles d'autres cités numériques n'ont pas résulté en impact concret sur les

---

72. C'est-à-dire peu adaptée au renouvellement des formes de participation politique.
73. R. Tsagarousianou, D. Tambini et C. Brian, *Cyberdemocracy...*, *op. cit.*, p. 170-174 ; Manuel Castells, *La galaxie Internet*, *op. cit.*, p. 181-192.

rapports de force dans la société, parce qu'elles ont été limitées au fonctionnement habituel de la société civile et du système politique. Premièrement, elles ont reproduit les inégalités économiques, culturelles et sociales de la société civile ; le résultat en a été la prédominance des hommes, des jeunes et des plus scolarisés sur les réseaux, une faible participation générale et, pour le PEN, des discussions refroidies par l'arrogance de certains internautes. Deuxièmement, ces expériences ont buté sur les failles du système politique, comme l'absence d'engagement des leaders politiques et le manque de volonté politique d'ouvrir plus largement le processus de prise de décision. Une action militante ne peut en effet être efficace si elle reproduit les inégalités de la société civile et ne combat pas les failles du système politique. Prendre la juste mesure de ces inégalités et de ces failles et les intégrer comme des données avec lesquelles il faut compter permet au contraire de les combattre, de les contourner, de les dépasser.

Pour qu'un militantisme ou une organisation sociale cybernétiques ne soit pas un simulacre de démocratie électronique, autrement dit pour réunir les conditions d'une sphère publique électronique habermassienne, il faut que l'action militante prenne en considération ces inégalités et ces failles, donc qu'elle s'inscrive dans une perspective de démocratisation de la société civile et de l'État. Cette démocratisation renvoie à un travail sur les rapports de force en société, ce qui signifie que la société civile peut avoir une prise sur ses gouvernements.

Il est possible de relever quelques expériences de militantisme cybernétique dont certains aspects se situent dans une voie de démocratisation de la société civile et de l'État. Démocratiser la société civile correspond à la volonté de diminuer les inégalités de toutes sortes, d'égaliser les chances d'intervention et de pouvoir des individus et des groupes constitutifs de la société. Comme l'accès aux réseaux électroniques est limité par des facteurs culturels et économiques, la formation à la télématique constitue une première manière d'égaliser ces chances. Plusieurs cités numériques et des organisations non gouvernementales ont d'ailleurs inclus cet aspect dans leur organisation, comme les Electronic Village Halls de Manchester ou encore Communautique à Montréal.

Un deuxième facteur de démocratisation de la société civile concerne les organisations, qui doivent être suffisamment décentralisées pour que le centre soit perméable aux préoccupations de la base. L'International Commission for the Solidarity Among Sugar Workers (ICCSASW) constitue un bon exemple de démocratisation de la société civile. Ce réseau de travailleurs du sucre dont le siège social est à Toronto a été créé en 1983 et s'intéresse à la recherche et à l'analyse de l'évolution de l'industrie du sucre sous tous ses aspects: les champs, les raffineries, l'organisation industrielle et les tractations financières. Depuis 1995, un bureau électronique a été mis sur pied, le personnel pouvant se trouver tant à Toronto que dans les régions productrices, ce qui permet de faire connaître rapidement les besoins de travailleurs en plus d'offrir un portrait exhaustif de l'industrie[74].

Un troisième facteur de démocratisation de la société civile consiste à élargir notre vision du pouvoir pour y inclure le système économique; les acteurs économiques détiennent un indéniable pouvoir qui s'exerce sur presque tous les aspects de la vie en société (niveau de vie, politiques publiques, environnement, santé, etc.). Le militantisme cybernétique qui ne se limite qu'aux pouvoirs politiques institutionnels exclut de son champ d'action plusieurs des lieux où s'organise la société de l'avenir. Dans chaque domaine de la vie en société, il y a une articulation des pouvoirs entre le secteur public et le secteur privé et les régulations s'exercent maintenant tant par l'un que par l'autre. De plus, dans un monde où les frontières ne possèdent plus la même signification qu'auparavant, les acteurs privés transnationaux possèdent des moyens d'action qui dépassent ceux de la majorité des nations[75]. Le militantisme cybernétique doit donc inclure le système économique et considérer que l'intervention citoyenne doit aussi s'y exercer.

5.3.2. Le rôle des technologies médiatiques dans l'action politique individuelle et l'action collective

Cette section constitue un court bilan sur l'exercice réel de l'usage démocratique des technologies médiatiques. Dans les discours sur ces usages, on a invariablement fait référence à l'accès à l'information comme tout premier chaînon d'une «démocratie électronique». De l'information (accrue et améliorée), on passerait au débat public (plus informé), voire à l'amélioration de contacts entre gouvernants et gouvernés (plus fréquents et de meilleure qualité) et à la prise de décision (plus soucieuse des intérêts des citoyens). L'accès à l'information transformerait les internautes en citoyens et citoyennes éclairés, capables de discuter de manière rationnelle, et leur opinion informée forcerait en quelque sorte les gouvernants à les écouter. Ce serait d'une certaine manière la réalisation de la sphère publique habermassienne.

---

74. A.-M. Gingras, «La démocratie et les nouvelles technologies...», *op. cit.*
75. Soit seuls, soit par l'intermédiaire d'organisations comme l'OMC et l'UIT.

Des précisions s'imposent sur cette chaîne de sens qui fait reposer l'amélioration de la démocratie en bonne partie sur les épaules de simples citoyens.

L'accès à l'information est invariablement identifié comme la première caractéristique de l'introduction des technologies médiatiques. La possibilité de prendre connaissance des rapports et informations à la source, les coûts de diffusion et de stockage de l'information, la quantité d'informations, sa grande diversité et sa circulation rapide constitueraient des éléments favorisant une citoyenneté active et éclairée[76]. De plus, l'accès à l'information sans médiation – de journalistes ou d'organismes quelconque – est perçu comme un élément fondamental de l'*empowerment* des citoyens s'appropriant les informations à la source, sans aucun biais. L'intérêt pour l'absence de médiation s'appuie sur une méfiance envers les organisations intermédiaires (médias traditionnels, mais aussi partis, syndicats, associations) qui introduiraient des biais dans la communication en fonction de leurs propres intérêts[77] ou à cause de leurs méthodes de travail. L'accès à l'information sans médiation, en contournant les intermédiaires, donnerait accès aux « vraies données ». Les espoirs que l'action politique individuelle s'accroisse grâce à l'accès à l'information se sont un certain temps fondés principalement sur le potentiel des technologies médiatiques, comme si les usages s'arrimaient invariablement aux éventualités possibles. Cela a conduit à des excès d'optimisme dans les prévisions d'une future démocratie.

Dans les faits, pour que le potentiel technologique se réalise, les individus doivent s'informer à de multiples sources, comparer les informations, et en évaluer la pertinence et la crédibilité. Ils doivent situer les informations dans des contextes sociopolitique, économique, voire historique. Ces exigences sont énormes... En réalité, l'individu hyperactif qui dépense beaucoup de temps et d'énergie à la recherche d'informations lui permettant de se forger une opinion éclairée sur les enjeux de société n'existe tout simplement pas! Les recherches en sciences sociales depuis un demi-siècle montrent au contraire que les comportements politiques réels des individus dans les sociétés occidentales ne correspondent pas du tout au modèle du citoyen hyperactif

---

76. Thierry Vedel, « Internet et les pratiques politiques », dans Anne-Marie Gingras, *La communication politique. État des savoirs, enjeux et perspectives*, Québec, Presses de l'Université du Québec à Montréal, 2003, p. 192.
77. Vedel, *ibid.*, p. 210.

et informé[78], tel qu'imaginé par les promoteurs de la démocratie électronique. On aurait grandement surestimé l'intérêt des citoyens pour la politique, faisant fi des travaux sur deux phénomènes interreliés largement documentés en science politique : l'importante désaffection envers les institutions politiques, observée dans toutes démocraties occidentales depuis une quarantaine d'années et le comportement minimaliste d'une majorité de citoyens envers la chose publique. Vedel écrit : « les travaux relevant de la sociopsychologie cognitive soulignent que les citoyens sont plutôt des animaux politiques paresseux qui s'efforcent d'économiser leur énergie : une grande part de leur activité consiste non pas à rechercher plus d'information mais à mettre en œuvre des procédés pour filtrer, réduire et gérer l'information surabondante qu'ils reçoivent[79] ». La désaffection généralisée envers le politique qui touche l'Occident concerne d'une part, le rapport aux institutions et, d'autre part, le lien avec les hommes et les femmes politiques, envers lesquels la confiance est sérieusement érodée. L'engagement envers les valeurs de la démocratie comme la liberté ou la représentativité, cependant, reste vif[80]. C'est dans ce contexte qu'il faut comprendre l'usage des technologies médiatiques par les citoyens ; une minorité utilisera les réseaux électroniques à des fins d'information, de débat, de contact avec son député ou avec les autorités, voire de résistance politique, alors qu'une majorité n'utilisera pas Internet à des fins politiques, mais plutôt à des fins ludiques, commerciales ou de communication interpersonnelle[81].

---

78. Pascal Perrineau, « Modèles d'explication du vote », dans Pascal Perrineau et Dominique Reynié, *Dictionnaire du vote*, Paris, Presses universitaires de France, 2001, p. 638-644.
79. Vedel, *op. cit.*, p. 206 ; il cite S.L. Popkin et M.A. Dimock, « Political knowledge and Citizen Competence », dans L.E. Stephen et K.E. Soltan (dir.), *Citizen Competence and Democratic Institutions*, University Park, The Pennsylvania State University Press, 1999, p. 117-146.
80. Etienne Schweisguth, « La dépolitisation en questions », dans Gérard Grunberg, Nonna Mayer et Paul M. Sniderman, *La démocratie à l'épreuve*, Paris, Presses de sciences po, 2002, p. 52-86.
81. La dernière enquête du CEFRIO sur les utilisations d'Internet rendue publique le 10 février 2006 et appelée « Que font 4 millions de Québécois sur Internet ? » ne permet même pas de cibler convenablement les usages proprement politiques des réseaux électroniques ; ces usages ne sont pas jugés suffisamment importants pour faire l'objet de questions spécifiques par les chercheurs de l'organisation ! Le CEFRIO est un centre de liaison et de transfert québécois qui regroupe près de 160 membres universitaires, industriels et gouvernementaux ainsi que 46 chercheurs associés. Il réalise des projets de recherche et de veille stratégique sur l'appropriation des technologies de l'information, projets qui touchent l'ensemble des secteurs de l'économie québécoise tant privé que public.

Quant à la question de l'accès à l'information sans médiation, donc à la source, qui alimente l'idée d'*empowerment*, il faut souligner que cette pratique nécessite un travail colossal de la part des citoyens et des citoyennes, travail pour lequel le temps et les compétences manquent cruellement. Dans la logique d'une démocratie électroniquement impulsée, l'utilité sociale et politique des processus de médiation se trouve grandement sous-évaluée. Dans les faits, la médiation rend possible le dialogue social; les organisations intermédiaires comme les médias, les syndicats et les partis politiques simplifient, ordonnent, hiérarchisent, et fournissent des cadres de référence et d'interprétation qui permettent aux citoyens de saisir les enjeux de société[82].

Après l'accès à l'information, l'interactivité constitue certainement la caractéristique des technologies médiatiques la plus mise en valeur. C'est sur elle que repose l'idée d'un débat public revivifié, d'une discussion sur les enjeux de société semblable à celle de la sphère publique habermassienne. Dans les années 1990, les forums et les listes de diffusion constituaient l'élément suscitant le plus d'espoir face à un espace public vigoureux et plus ouvert que les espaces institutionnels contrôlés par les pouvoirs publics. Ces lieux de discussion sur Internet étaient perçus comme des espaces de liberté, d'égalité, d'authenticité[83] qui transcendaient les frontières géographiques, sociales et culturelles, qui participaient à la création des identités collectives et qui s'autorégulaient[84].

Les activités du CEFRIO sont financées en majeure partie par ses membres et par le gouvernement du Québec, son principal partenaire financier. Voir <www.cefrio.qc.ca/cefrio.cfm>, consulté le 10 février 2006. Voir Vedel, *op. cit.*, p. 210.

82. *Ibid.*, p. 211. Voir aussi P.E. Converse, «Nouvelles dimensions de la signification des réponses dans les sondages», dans J.G. Padioleau, *L'opinion publique, dimension critique, nouvelles directions*, Paris, Mouton, p. 199. Loïc Blondiaux précise que: «De nombreuses expériences [...] ont montré que l'absence de filtrage avait pour conséquence de gonfler artificiellement le pourcentage des réponses recueillies dans les enquêtes»; voir «Ce que les sondages font à l'opinion publique», *Politix*, vol. 37, 1997, p. 131-132.

83. L'authenticité dont il est question constitue certes un paradoxe; l'anonymat sur Internet permet de se débarrasser de son image sociale, un élément perçu comme positif dans des sociétés plus hiérarchisées comme la France. Voir Vedel, «L'idée de démocratie électronique. Origines, visions, questions», dans Pascal Perrineau (dir.), *Le désenchantement démocratique*, Paris, La Tour d'Aigues, Éditions de l'Aube, 2003, p. 243-266. Par ailleurs, l'anonymat en soi ne constitue pas un gage d'authenticité, bien au contraire.

84. Vedel, *op. cit.*, p. 210.

Les enquêtes empiriques menées avec des groupes de discussion et compilées ou effectuées par Anthony G. Wilhem ont par ailleurs montré les limites de l'interactivité sur Internet. Trois problèmes se posent à ce sujet, qui démontrent qu'entre le potentiel d'interactivité et sa réalisation, il existe un véritable fossé. La raison en est simple ; les outils techniques ne peuvent modifier les attitudes des individus, qui n'ont aucune raison de devenir plus empathiques ou plus conciliants sur les réseaux électroniques que dans la vie concrète.

Le premier problème concerne la prééminence du monologue sur le dialogue ; Internet est plutôt un « facilitateur d'expression », un outil servant à amplifier sa voix qu'un instrument de dialogue et d'échange. Internet permet la liberté d'expression, mais pas l'approche dialogique qui sous-entend de tenir compte des arguments contradictoires des uns et des autres, de les discuter et de rechercher le compromis[85].

Le deuxième problème concerne l'homogénéité des listes de diffusion ; les participants se joignent généralement aux groupes dont ils partagent les points de vue[86]. Il s'agit d'un réflexe courant à l'origine de la formation des communautés en réseaux, mis en évidence par Howard Rheingold dans un classique, *Les communautés virtuelles*. Si les messages envoyés dans les listes de discussion électroniques participent à la fabrication des identités sociales, de manière équivalente, ce type de communication restreint l'expression d'idées contraires. Sur les listes de diffusion, l'intimidation est fréquente envers les idées opposées au groupe[87] et on a constaté qu'il était essentiel d'avoir un modérateur capable de bloquer les attaques personnelles ou d'expulser les internautes agressifs. L'homogénéité des groupes de discussion pose un problème de nature culturelle et politique pour certains ; la tendance à la polarisation (privilégier des sites où on ne retrouve que ses propres opinions) encouragée sur Internet rendrait plus difficiles les discussions dans le monde politique concret[88], autrement dit ne constituerait pas une incitation à la tolérance mais plutôt un facteur de fragmentation sociale.

---

85. Anthony G. Willem, *Democracy in the Digital Age. Challenges to Political Life in Cyberspace*, New York, Routledge, p. 98.
86. *Ibid.*, p. 99-100.
87. Richard Davis, *The Web of Politics: The Internet's Impact on the American Political System*, New York, Oxford University Press, 1999, p. 161-162.
88. William E. Connolly, *The Ethos of Pluralization*, Minneapolis, University of Minnesota Press, 1995, p. XI.

Enfin, le troisième problème a trait à plusieurs caractéristiques des messages dans les listes et groupes de discussion qui s'opposent radicalement au modèle de sphère publique : la rationalité des arguments, la durée des « échanges » et la provenance de ces messages. D'abord, la rationalité des débats n'est pas du tout un trait marquant dans les groupes de discussion; la grande majorité des positions n'est accompagnée d'aucune argumentation. Les arguments fallacieux, racistes ou xénophobes ou sexistes, ne sont pas systématiquement discutés. Il n'y a pas de contrôle de la qualité, les rumeurs et la propagande haineuse peuvent côtoyer de brillantes analyses. Ensuite, la courte durée des « échanges » (trois ou quatre jours), c'est-à-dire les « vraies conversations », des messages tenant compte des arguments déjà avancés, est généralement insuffisante pour provoquer la mise sur agenda politique d'une question. Les groupes de discussion ne constituent donc pas un véhicule efficace pour l'action politique[89]. C'est une constatation semblable que fait Éric George dans son étude sur l'utilisation d'Internet par les groupes ATTAC et SalAMI; il relativise le poids des réseaux électroniques comme moteur de l'action politique et constate que [l]'utilisation du réseau technique s'appuie [...] sur le réseau social qui préexiste[90] ».

Les internautes ont rapidement constaté que les listes et les groupes de discussion possédaient des limites évidentes en termes d'interactivité et de dialogue public. En 1997, on invente le terme blogue (de « weblog ») qui signifie principalement un carnet personnel, plus ou moins intime, régulièrement mis à jour, carnet que plusieurs internautes tiennent déjà depuis plusieurs années. En 2002, des blogues politiques voient le jour, qui peuvent instaurer plus d'interactivité; ils deviennent des phénomènes de masse en 2003 et leur nombre explose en 2004[91]. Début 2006, on estimait qu'il y en avait plus de 50 millions. Deux formes d'interactivité existent sur ces carnets web : les visiteurs dialoguent avec le blogueur en réagissant aux propos de celui-ci et les blogueurs interagissent les uns avec les autres en se référençant mutuellement; un maillage inter-blogues produit l'effet de se trouver dans un univers où il y a des repères, malgré l'immensité des réseaux électroniques. Les blogues se caractérisent par leur variété et leur diversité et par

---

89. Wilhem, *op. cit.*, p. 102.
90. Eric George, « De l'utilisation d'Internet comme outil de mobilisation : le cas d'ATTAC et de SalAMI », *Sociologie et Sociétés. Les promesses du cyberespace*, vol. XXXII, n° 2, automne 2000, p. 182-183.
91. Thierry Vedel, communication personnelle avec l'auteur et <en.wikipedia.org/wiki/Blog#History>.

une approche personnelle qui laisse place à beaucoup de liberté. Les entrées apparaissent en ordre ante-chronologique, les commentaires sont plutôt courts et fréquents et les archives accessibles[92].

Les blogues ont relancé l'enthousiasme de nombreux internautes à la recherche d'outils plus flexibles, plus interconnectés les uns avec les autres, plus libres dans le ton et l'allure. Ils existent et croissent en partie grâce à la généralisation de l'accès aux réseaux électroniques et en partie à cause de la perte de crédibilité des médias traditionnels, dont ils sont en quelque sorte un contrepoids. Selon David Kline, les dix blogues les plus populaires aux États-Unis ont eu, ensemble, 28 millions de visiteurs, d'août 2004 à l'élection présidentielle au début novembre, chiffre qui rivalise avec les auditoires des trois grands réseaux câblés, ABC, NBC et CBS. Le Drudge Report, qui s'est rendu célèbre grâce à l'affaire Lewinski, reçoit un nombre tout aussi grand de visiteurs qu'il y a de téléspectateurs pour chacun de ces trois grands réseaux[93]. De plus, l'engouement pour les blogues semblerait refléter le besoin que s'expriment des « opinions » sur des sujets politiques, en opposition à des « reportages » journalistiques soi-disant neutres. On assimilerait l'apparente objectivité des médias à un détachement face aux vrais besoins en information; les médias s'intéresseraient davantage au jeu politique, à la séduction pratiquée par les politiciens et à leurs stratégies qu'à leurs paroles :

> *So bastarded has the media's practice of « balance » become, in fact, that the host of the television comedy* The Daily Show, *Jon Stewart – a man who doesn't even claim to uphold the higher principles of journalism – went on CNN's* Crossfire *to blast liberal pundit Paul Begala and conservative critic Tucker Carlson for "hurting America" by constantly hurling unsubstantiated accusations at each other with little real debate. As Stewart and* The Daily Show *team put it in* America: the Book, *"[The press] have violated a trust. Was the president successful in convincing the country? Who gives a shit! Why not tell us if what he said was true*[94]*?*

---

92. Voir <www.pointblog.com>.
93. David Kline, « Toward a more participatory democracy », dans David Kline et Dan Burstein, *Blog! how the newest media revolution is changing politics, business, and culture*, New York, CDS Books, 2005, p. 5.
94. Kline, *op. cit.*, p. 9.

La tenue d'un blogue par les hommes et les femmes politiques leur permet d'entretenir une image de modernité et de dynamisme, ce qui revitalise une réputation souvent ternie par les médias[95]. Avec cet accès direct à la population, sans intermédiaire aucun, les personnages politiques peuvent mousser leur programme et leurs idées, de manière personnelle et «humaine», et la facture générale du carnet web, tout autant que les propos, servent à bien camper un personnage. Les propos diffusés sur les carnets web sont parfois rapportés dans la grande presse, ce qui constitue une publicité fort appréciée pour le personnage et son blogue[96].

C'est Howard Dean, candidat au leadership du Parti démocrate aux États-Unis qui, le premier, a utilisé de manière efficace et spectaculaire un blogue lui permettant de contourner les élites du parti et de s'imposer dans les préliminaires en 2003. Avec seulement sept personnes à son service, 432 sympathisants et 100 000$, il s'est lancé dans la course à la direction du Parti démocrate; après 13 mois, grâce à son carnet web, il avait recueilli 59 millions de dollars et était appuyé par une armée de 600 000 militants. Joe Trippi, son organisateur et le responsable du blogue DeanforAmerica, estime que l'engouement pour la campagne de Dean résulte de trois facteurs: une «blogosphère» de plus en plus visible au grand public, la perte de confiance envers les grands médias qui avaient lamentablement échoué à rendre compte de la soirée électorale de 2000 et dont les reporters s'étaient rendus en Irak «imbriqués» (embedded) dans l'armée américaine, et enfin une opposition à l'establishment du Parti démocrate[97].

Au regard de l'expérience américaine de 2004, les bénéfices de l'usage d'un blogue par les hommes et les femmes politiques semblent être la collecte de fonds, la mobilisation des militants et des sympathisants et enfin, la capacité de tâter le pouls de l'opinion (du moins celle de ses sympathisants). Par exemple, l'idée pour Dean de se retirer du programme de financement électoral a fait l'objet d'une «consultation» où 700 000 personnes se sont exprimées. Par ailleurs, à trop se fier sur le militantisme lié à son blogue, il semble qu'Howard Dean en soit

---

95. Au Québec et au Canada, les rares hommes et les femmes politiques qui ont un blogue n'ont pas (encore) réussi à modifier la dynamique politique par cet outil de communication.

96. <vedel.blogspot.com/2005/02/blogs-as-new-political-communication.html>.

97. Joe Trippi, «The Secret of Dean's Success (and the Democrat's Failure)», dans David Kline et Dan Burstein, *Blog! how the newest media revolution is changing politics, business, and culture*, New York, CDS Books, 2005, p. 26-27. Voir aussi Joe Trippi, *The Revolution will not be televised: democracy, the internet, and the overthrow of everything*, New York, HarperCollins, 2005.

aussi devenu l'otage. En pleine course électorale et devant affronter ses adversaires, Dean tentait de se repositionner plus au centre de l'échiquier politique pour augmenter son audience politique. Ses tentatives étaient souvent contrées par ses propres militants, qui sévissaient sur son blogue :

> [...] *every time Dean tried to shed his firebrand image and reposition himself as a moderate before a larger public, the hard-core activist at the heart of the campaign yanked him back into the hot zone. There is no better measure of how ultimately isolating an activist-only strategy is that the fact that seven month after Dean quit the race, his official blog was still getting thirty-three thousand hits a day, almost as much as it was during the height of the campaign. According to Klein,* « *That's because the Deaniacs long ago stopped coming to talk to Howard Dean* [*or to potential voters*] *and began coming to talk to each other* »[98].

Bien que les blogues soient nés il y a fort peu de temps, on peut néanmoins émettre quelques remarques à leur sujet ; la crédibilité des blogueurs est éminemment variable et les promesses d'interactivité et de dialogue public auxquels on les a associés n'ont pas encore été remplies. Comme telle, la blogosphère n'a de résonance que dans le milieu des internautes hyperactifs, ou alors lorsque les bloues font parler d'eux dans la sphère publique traditionnelle. En effet, si on se fie à l'expérience de Dean, on peut penser que l'impact des carnets web dépendra en bonne partie de l'attention que leur accorderont les médias traditionnels. La grande presse a répercuté l'activité « virtuelle » autour de la campagne de Dean au début de l'engouement « politico-électronique », et elle a contribué à faire connaître cette activité qui a alors pris une dimension exponentielle.

On peut émettre deux hypothèses au sujet de l'impact politique éventuel des carnets web politiques. Premièrement, leur influence risque de varier en fonction des spécificités de chaque pays ; dans les systèmes politiques où une diversité de voix peine à se faire entendre et où l'entrée en politique se heurte à des rigidités sociales et s'avère coûteuse comme aux États-Unis, il y a fort à parier que les blogues seront de plus en plus utilisés comme outil de lancement en politique et comme voie d'expression. Dans les systèmes partisans moins rigides et ouverts aux recrues moins fortunées et moins bien branchées politiquement, les blogues pourraient avoir un impact plus limité. Deuxièmement, il semble que les blogueurs agissent comme des « leaders d'opinion » au

---

98. Kline, *op. cit.*, p. 18.

sens de « guides d'opinion dans un groupe social », concept élaboré dans le cadre du « flux à deux temps de la communication » développé par Katz et Lazarsfeld dans les années 1950[99]. Les plus influents blogueurs – qui ne sont pas eux-mêmes des politiciens – seraient les nouveaux intermédiaires avec lesquels les pouvoirs publics devraient désormais compter ; on serait alors devant un nouveau type de « chroniqueurs » politiques en position de moindre grande dépendance envers l'élite politique que les chroniqueurs de la grande presse.

Conclusion

Au terme de cet examen des technologies médiatiques, nous constatons que l'impact des actions dans le cyberespace doit aussi être analysé à l'aune des rapports sociaux, des rapports de force en société. C'est l'enchevêtrement des logiques technique, économique, politique et sociale qui fournit un éclairage sur les résultats concrets de l'innovation ; il faut par ailleurs distinguer ces quatre logiques pour dénouer l'articulation des nœuds d'intérêt et d'action autour des technologies médiatiques.

Il est donc essentiel de prendre ses distances du potentiel des technologies médiatiques pour évaluer la pertinence de l'expression « sphère publique électronique », notion qui fait surgir l'idée d'un processus politique par lequel la société civile se met en action pour s'autogouverner. Nous avons démontré que les conditions actuelles de régulation et de l'utilisation des technologies médiatiques ne correspondent pas à une telle sphère. On n'y trouve ni accessibilité ni rationalité, et la transparence y est toute relative. Dans la régulation des technologies médiatiques, le secteur privé a le haut du pavé et l'État et la société civile jouent un rôle moindre.

Par ailleurs, l'action sur les réseaux n'est pas totalement dépendante des forces qui les financent ; les usagers et les usagères de n'importe quel média, et *a fortiori* du cyberespace, possèdent un certain niveau d'autonomie. Des usages des technologies médiatiques qui s'apparentent à des fins inspirées de la sphère publique sont possibles ; il faut cependant que le militantisme cybernétique soit inspiré d'une profonde volonté de transcender les inégalités de la société civile et de combattre les failles du système politique pour que les réseaux aient quelque utilité en matière d'influence dans l'évolution des rapports de force en société.

---

99. <vedel.blogspot.com/2006/01/les-blogueurs-nouveaux-journalistes-ou.htm>, Elihu Katz et Paul Lazarsfeld, *Personal Influence. The Part Played by People in the Flow of Mass Communications*, Glencoe, Illinois, Free Press, 1955.

Tout comme pour les médias traditionnels tels les journaux, la radio et la télévision, les technologies médiatiques doivent être évaluées au cas par cas ; il est inutile de les traiter comme un bloc homogène et de les situer toutes au même endroit sur le continuum sphère publique – appareil idéologique. D'une part, il faut bien reconnaître que les technologies jouent dans bien des cas le rôle d'appareil idéologique, c'est-à-dire d'outil au service des pouvoirs politiques et surtout économiques : la publicité envahissante sur les réseaux électroniques renvoie à la promotion du bonheur par la consommation, typique du système capitaliste ; la majorité des usages s'inscrivent dans une perspective de consommation ludique et non dans une perspective politique ; les questions d'intérêt public concernant les réseaux[100], normalement du ressort des instances gouvernementales, sont discutées dans des organisations où la liberté de commerce prime sur le service public ; enfin, en ce qui a trait à l'État, on peut affirmer que ses missions traditionnelles se sont en bonne partie effritées.

D'autre part, rien n'est définitivement joué en matière de technologies médiatiques ; même si les usages s'apparentant à l'idéal de la sphère publique occupent une place et un rôle minuscules sur les réseaux et dans les productions multimédias, une marge de manœuvre existe pour ceux et celles qui possèdent un bagage culturel ancré dans la connaissance des rapports sociaux, un bon sens critique et une volonté de transcender les inégalités de la société civile et les failles du système politique. Un optimisme modéré est donc de rigueur en ce qui concerne l'usage des technologies médiatiques et leur éventuel impact positif.

---

100. Comme la prolifération des sites offensants, les droits de propriété intellectuelle, le cadre législatif et réglementaire, l'accès aux réseaux, la régulation des contenus qui vise la protection des cultures nationales et la sécurité des transactions.

Conclusion

Cette analyse du rôle politique des médias avait pour objectif de fournir les éléments permettant de situer les médias sur le continuum sphère publique – appareil idéologique; entre le lieu de délibération accessible, transparent et rationnel et l'instrument producteur de consentement dont se servent les élites, les variantes abondent. Les conditions matérielles qui caractérisent le fonctionnement des médias ainsi que les symboles accolés aux médias et aux journalistes déterminent si ces médias se rapprochent davantage du pôle sphère publique ou du pôle appareil idéologique. Les conditions matérielles concernent l'organisation quotidienne du travail journalistique, les rapports entre les journalistes et leurs sources, les contextes économique, réglementaire et juridique qui entourent les médias traditionnels ou les nouvelles technologies de l'information et de la communication. Les aspects symboliques renvoient au surcroît de sens accolé aux médias et à la communication politique : la fonction d'agora libre des médias, le pouvoir du peuple, le caractère affectif et ludique de la communication des personnages politiques et les espoirs de progrès social reliés aux technologies médiatiques.

Il y a, pour chaque média, une configuration bien particulière de conditions matérielles et d'aspects symboliques qui expliquent sa place sur le continuum sphère publique – appareil idéologique. Un média à l'intérieur duquel la mainmise idéologique du propriétaire se fait lourdement sentir ou qui dépend fortement des revenus publicitaires se situe plus près du pôle appareil idéologique qu'un autre où l'indépendance éditoriale constitue une tradition bien établie et où la publicité est inexistante. Si chaque média se trouve dans une situation différente de celle des autres, il faut toutefois constater que le portrait général de l'ensemble des conditions matérielles et des aspects symboliques associés aux médias et à la communication politique place la majorité des médias plus près du pôle appareil idéologique que du pôle sphère publique. En fait, si un idéal ne correspond qu'imparfaitement à la réalité, il faut constater ici que la sphère publique constitue un modèle dont la distance avec la réalité est si grande qu'elle perd sa pertinence comme repère conceptuel explicatif. Elle demeure tout de même utile d'un point de vue théorique ou dans un idéal d'action militante.

Dans le premier chapitre, nous avons montré que dans les circonstances actuelles les médias ne constituent pas une sphère publique au sens habermassien du terme, parce que les conditions minimales de la sphère publique – l'accessibilité, la transparence et la rationalité – ne sont pas réunies. Les médias traditionnels ne sont accessibles qu'aux élites et aux acteurs sociaux les plus importants. Bien qu'ils se disent transparents, les médias fabriquent des contenus en fonction de leurs rapports avec les pouvoirs politiques et leur insertion dans le système capitaliste. Quant à la rationalité, elle est extrêmement variable.

Le second chapitre portait sur les liens entre les pouvoirs politiques et les médias. Ces derniers comme organisations et les journalistes comme individus se trouvent en situation de relative dépendance, parce qu'il existe un ensemble de conditions qui placent les personnages politiques en situation avantageuse par rapport aux journalistes et aux médias: la connaissance des pratiques journalistiques par le milieu politique, le contrôle de l'agenda, le choix du moment propice pour rendre publics une décision ou un rapport ainsi que l'usage des styles politico-médiatiques davantage fondés sur le ludique et l'affectif que sur la rationalité. De plus, les personnages politiques peuvent produire une communication axée sur leurs objectifs de persuasion, alors que les journalistes travaillent à l'intérieur d'organisations qui, en général, possèdent plusieurs objectifs, dont la rentabilité, qui peuvent nuire à la qualité de l'information.

Quant aux liens entre les médias et les pouvoirs économiques, examinés au chapitre trois, ils ne s'expliquent pas par une interdépendance entre organisations ou institutions situées les unes à côté des autres ou les unes face aux autres. Ces liens prennent plutôt leur véritable sens quand on fait état de l'insertion des médias (du moins pour la majorité d'entre eux) dans les structures hiérarchiques que sont les entreprises privées ; les intérêts de ces dernières sont variés, mais, au total, le retour sur l'investissement importe plus que la qualité de l'information. Ce qu'on appelle le pouvoir des médias est en réalité celui des entreprises propriétaires des médias ; les journaux, la télévision et la radio[1] deviennent des instruments au service de causes : le libéralisme et le capitalisme. La liberté des journalistes s'exerce dans un cadre précis ; quiconque respecte les limites du cadre idéologique se sent parfaitement libre, mais celui ou celle qui transgresse les frontières invisibles de certaines idées est remis à l'ordre ou sanctionné. Plus précisément, les balises ne deviennent visibles que lorsqu'elles sont franchies.

Le chapitre quatre sur l'opinion publique s'inscrit aussi dans la remise en cause de la sphère publique. Il y a un hiatus entre l'opinion publique, qui passe pour être l'expression populaire et la force de la société civile face à l'État, et les sondages, des outils éminemment malléables que les élites et les acteurs sociaux peuvent orienter. Ce hiatus renvoie à l'outil de gestion publique, aux phénomènes de manipulation ou de fabrication d'illusion. Mais on ne saurait cibler les élites et les acteurs sociaux comme seuls responsables de cet état des choses, car d'autres acteurs participent au maintien de l'illusion : les médias bénéficient financièrement et politiquement de la publication des sondages ; et la population assimile le sondage au jeu, ce qui l'incite à répondre en toute méconnaissance de cause.

Le cinquième chapitre avait pour but de tracer les paramètres et les enjeux d'une réflexion sur la « sphère publique électronique » ; nous avons évalué que, dans les circonstances actuelles, une telle expression n'est pas très pertinente. Les conditions de naissance et de développement d'Internet n'ont pas été organisées en fonction d'une quelconque démocratisation ou d'une participation politique accrue. Les régulations multiples des questions liées aux technologies médiatiques (comme l'accès aux infrastructures et aux services, le commerce électronique, la liberté d'expression, les contenus sensibles, etc.) offrent un portrait complexe où prévalent les objectifs marchands par le biais des régulations marchandes et associatives. Cela n'empêche pas les initiatives d'individus ou de groupes qui veulent s'approprier les technologies

---

1. Il faut redire l'exception que constitue la radio de Radio-Canada, où il n'y a pas de publicité. Nous précisons cependant qu'à l'exception des journalistes affectés aux émissions d'information formelles, les autres journalistes ne sont pas soumis au code déontologique. Cela signifie que dans les émissions culturelles et dans celles du matin et de la fin d'après-midi, qui couvrent les heures de pointe, les reportages peuvent être des publicités déguisées.

médiatiques pour en faire un usage progressiste ; mais le militantisme et l'organisation sociale cybernétique ont besoin d'un ensemble de conditions pour se réaliser et ne peuvent être tout bonnement « plaqués » sur le fonctionnement habituel de la société civile et de l'État.

Notre étude a consisté à déconstruire certains des symboles associés aux médias et à la communication politique, tous rattachés à leur idéal, la sphère publique. L'examen des conditions matérielles dans lesquelles se trouvent les médias, de même que de certains aspects symboliques destinés à persuader (comme le code de communication des personnages politiques et les styles politico-médiatiques), a permis cette utile déconstruction. Les médias se situent plutôt vers le pôle appareil idéologique sur le continuum sphère publique – appareil idéologique ; le continuum permet les nuances, les variantes, les intensités diverses. Il est donc possible de porter des jugements adaptés aux différents médias en fonction des situations variées dans lesquelles ils se trouvent et des pratiques – autonomes ou structurellement déterminées – des journalistes. Le continuum traduit la part d'indétermination de notre approche, notre refus des modèles fermés et stables.

Quelques précisions sur le concept de l'appareil idéologique, le pôle le plus fréquenté de notre modèle, s'imposent. Bien qu'il ne puisse expliquer les réalités du monde médiatique dans son entièreté, il faut toutefois reconnaître sa valeur heuristique. L'appareil idéologique laisse voir l'enchevêtrement entre les conditions matérielles et leur volet symbolique, l'interrelation entre le contrôle financier ou politique et l'influence des idées dominantes. Il y a, en effet, enchevêtrement total entre conditions matérielles et effets symboliques qui s'influencent et se renforcent mutuellement, les premières ne préexistant pas aux seconds et ne leur étant pas non plus dépendantes. Il nous faut conceptualiser le rapport entre conditions matérielles et effets symboliques plus comme un nœud ou une circularité que comme une structure qui laisserait voir ou supposer des préalables, un enchaînement d'éléments ou une suite logique d'effets. Moins spectaculaires mais plus justes, le nœud et la circularité ont l'avantage sur la structure de s'inspirer d'une recherche moins déterministe.

Le concept d'appareil idéologique s'inscrit dans une approche critique bien à l'opposé des positions intellectuelles qui acceptent l'état actuel des choses comme une donnée inamovible et une situation légitime. Le cadre sociopolitique existant dans les sociétés occidentales ne saurait être une limite à notre imagination ou à notre conceptualisation du rôle politique des médias. Nous nous éloignons également de l'idéologie libérale qui considère qu'il y a, dans les faits, atteinte de consensus par l'intermédiaire de la sphère publique ; nous considérons plutôt qu'il y a des luttes de pouvoir et des conflits et que ceci constitue une donnée normale de la vie en collectivité. On ne saurait nier l'existence d'inégalités dans la société et il y a deux perspectives pour les expliquer : l'approche libérale considère ces inégalités comme des failles, des accidents dans un système économique globalement satisfaisant ; pour l'approche critique, l'organisation économique s'appuie, pour prospérer, sur la distribution inégale des richesses. Une de ces deux perspectives est largement privilégiée dans les médias.

Le concept d'appareil idéologique laisse voir le rôle des médias comme un des maillons dans l'ensemble des moyens dont disposent les élites pour maintenir leur domination sur la société, et plus précisément leur hégémonie, un concept qui suppose une forme d'acceptation des faits par la collectivité. La normalisation des inégalités fréquente dans les médias s'apparente au refus de constater la traduction, dans la réalité sociale, des rapports de pouvoir en société. Des groupes sont en lutte les uns avec les autres et la situation matérielle et symbolique à une époque donnée reflète les résultats de ces luttes.

Parce que certains groupes disposent de moyens politiques et économiques supérieurs à d'autres, ils peuvent exercer une domination sur l'ensemble de la société et la légitimer de manière à normaliser les inégalités. C'est ce qu'on appelle l'hégémonie, qui suppose une certaine forme de consentement ou, plus précisément, un consentement partiel, dans la mesure où il y a dépolitisation. De tout temps, des groupes occupant une position sociale inférieure ont accepté leur situation et l'ont même défendue, comme l'illustre l'exemple des femmes québécoises contre le droit de votre des femmes dans les années 1920 et 1930[2]. Les médias peuvent jouer un rôle fondamental dans le maintien de l'hégémonie ou au contraire dans sa remise en cause.

En plus de la normalisation des inégalités fréquente dans les médias, le consentement populaire partiel est acquis grâce au divertissement et à la production de reportages peu signifiants du point de vue du pouvoir. Le divertissement prend une place énorme dans les médias écrits et audiovisuels[3], tant pour ce qui est de la quantité de jeux, de sports et de dramatiques que du *line-up* dans les bulletins de nouvelles. Il n'est pas rare, en effet, qu'on préfère un incendie ou un

---

2. L. Noël, *L'intolérance*, Montréal, Boréal, 1989.
3. Les médias publics offrent une programmation moins axée sur le divertissement que les médias privés. Malgré tout, le Comité d'examen des mandats SRC, ONF et Téléfilm écrivait : « [...] la notion de divertissement populaire domine de toute évidence les décisions de programmation de la chaîne française de la SRC [...] », *op. cit.*, p. 74 et 96.

événement spectaculaire dans sa ville à un accord de paix historique dans un pays en guerre, l'arrivée du Bonhomme Carnaval sur les Plaines d'Abraham à une décision juridique, l'ouverture du Festival de jazz de Montréal à un conflit de travail. De tout temps, les dirigeants les plus astucieux ont laissé une large place au divertissement. Le ministre de la propagande d'Hitler, Goebbels, avait bien compris qu'il fallait limiter la durée des discours politiques de son patron pour ne pas indisposer le peuple. Une dose adéquate de persuasion et de divertissement permet de maintenir la paix sociale.

Enfin, il y a production de reportages peu signifiants du point de vue du pouvoir, c'est-à-dire qu'il y a confusion entre le monde politicien, ou *la* politique, et celui du pouvoir, *le* politique. Les médias s'intéressent plus au spectacle politicien qu'ils ne cherchent à comprendre les relations de pouvoir (débusquer des conflits d'intérêts, identifier les acteurs sociaux à qui profitent des décisions politiques, cerner l'impact des politiques publiques sur la vie de la collectivité ou expliquer les conséquences des décisions des acteurs économiques nationaux ou supranationaux). L'indignation médiatique est souvent sélective, fondée sur des problèmes d'incompétence des personnages publics ou des gestionnaires, et non sur les tendances de fond de l'organisation sociale. La nouvelle est souvent un événement banal qui n'a aucun impact sur l'évolution des rapports de force en société ; le spectacle médiatique se nourrit de faits insignifiants – comme l'habillement d'une candidate au leadership d'un parti politique, des conflits à l'intérieur des partis, les rencontres mondaines des chefs de gouvernement, les goûts artistiques et culinaires des hommes et des femmes politiques – aux dépens des tractations et des événements influant lourdement sur la vie collective – une obscure réglementation en matière de relations de travail, une décision juridique modifiant les règles du jeu électoral, la privatisation des organismes publics, la centralisation des communications gouvernementales, par exemple.

Il faut donc distinguer pouvoir et parole, pouvoir et image. Le pouvoir n'a nul besoin de se montrer pour agir. La parole et l'image appartiennent au domaine médiatique, le pouvoir se situe ailleurs. Les événements politiques et économiques médiatisés ne concernent pas toujours, pas souvent faudrait-il préciser, le pouvoir. La multitude d'événements dans les nouvelles renvoie à une grande fébrilité dans l'action, mais on peut s'agiter beaucoup et ne rien faire. Ainsi, à lire, voir et entendre les médias, on a l'impression d'une activité politique intense et sérieuse ; les événements se succèdent en cascades et les déclarations intempestives abondent. Bref, les activités politiciennes occupent tout l'imaginaire de l'action étatique.

Conclusion

Un regard plus attentif montre que toute cette activité relève plus du spectacle que de réels changements, voire de modifications dans les rapports de force sociétaux. La vie politique, entendue aux sens législatif, administratif et judiciaire, se déroule lentement, contrairement au spectacle médiatique qui offre tous les jours une action trépidante. La saga des BPC de Saint-Basile-le-Grand est là pour nous le rappeler ; l'incendie a eu lieu en août 1988 et ce n'est qu'en juillet 1998 qu'une solution définitive à la destruction des déchets a été mise en œuvre. La politique, la scène déréalisée sur laquelle s'agitent hommes et femmes politiques, voile le politique, le véritable champ des rapports de pouvoir. Ce qu'on appelle le « pouvoir des médias » doit donc être précisé, relativisé et surtout distingué de leur capital symbolique.

Les médias qui se situent très près du pôle appareil idéologique se laissent happer par le spectacle médiatique, par la parole et l'image. Quelques journalistes peuvent, à l'occasion, convaincre leurs patrons d'offrir des explications ou des réflexions sur des sujets pertinents d'un point de vue politique ou sociologique et qui vont au-delà des données fournies par les institutions. Ils s'intéressent à l'évolution des rapports de force en société, au pouvoir, éloignant ainsi leur média du pôle appareil idéologique. Au total, cependant, si l'on examine l'ensemble des médias, on constate que l'atmosphère générale dans les grands médias au Québec et au Canada se prête mal à la critique des pouvoirs établis.

Si les médias jouent un rôle fondamental dans la transmission des valeurs et des pratiques libérales et capitalistes, il faut retenir que le concept d'appareil idéologique doit être nuancé pour deux raisons. Premièrement, des failles du système et des idées non orthodoxes sont parfois présentées dans les médias, même si c'est en nombre minime. On ne saurait prétendre que l'hégémonie s'exerce de manière stable ou fixe ; elle est au contraire mouvante, d'où l'intérêt de la résistance, par exemple dans les médias alternatifs qui peuvent aider à disséminer des idées nouvelles ou peu populaires. Ensuite, les travaux sur la réception incitent à la prudence quant à l'homogénéité des lectures que font les auditoires des messages des médias. La transmission des valeurs libérales et capitalistes n'est donc réalisée qu'imparfaitement. La production du consentement ne s'exerce pas sans remous ni conflits ; elle donne lieu à des luttes qui constituent le fondement de la vie collective.

Ainsi, le concept de l'appareil idéologique n'explique pas la réalité dans son entièreté. Un ensemble d'éléments demeurent difficiles à comprendre : la diversité des réactions aux messages reçus, le succès ou l'échec de la persuasion, les montées de conservatisme à certains moments et de résistance à d'autres dans les médias en particulier et dans la société civile en général.

Malgré ces interrogations, notre étude a permis de relever les éléments permettant de situer la place des médias sur le continuum sphère publique – appareil idéologique. L'analyse doit donc maintenant être menée au cas par cas par les lectrices et les lecteurs. Pour ce faire, des études de terrain doivent être effectuées pour chaque média, à l'intérieur duquel la situation de certains journalistes pourrait faire l'objet d'une attention particulière. Un ensemble d'éléments doivent être étudiés : en plus des contenus qui peuvent constituer eux-mêmes d'excellents indices du rôle politique des médias, on peut considérer les rapports entre le média et les sources politiques, tant du point de vue des accointances entre patrons de presse et personnages politiques que des relations personnelles entre les journalistes et ces personnages, l'indépendance éditoriale de la rédaction, la structure décisionnelle du média, la situation financière de l'entreprise, la place et l'influence de la publicité sur les contenus et, enfin, l'usage des sondages par le média. Quant aux technologies médiatiques il faut analyser les usages qui en sont faits, la forme de régulation qui s'applique ainsi que les intérêts qui fondent la mise en place des réseaux et des produits multimédias. Seul un «programme» aussi complexe – mis en lien avec les aspects symboliques associés aux médias et à la communication politique – permettra d'évaluer la place de chaque média sur le continuum sphère publique – appareil idéologique et donc de porter un jugement nuancé sur chaque média, voire chaque journaliste.

ANNEXE I

La couverture du *New York Times* avant et pendant la guerre en Irak

Évaluation de l'ombudsman
du *New York Times*
Daniel Okrent,
30 mai 2004

THE PUBLIC EDITOR; Weapons of Mass Destruction? Or Mass Distraction?

By DANIEL OKRENT

FROM the moment this office opened for business last December, I felt I could not write about what had been published in the paper before my arrival. Once I stepped into the past, I reasoned, I might never find my way back to the present.

Early this month, though, convinced that my territory includes what doesn't appear in the paper as well as what does, I began to look into a question arising from the past that weighs heavily on the present: Why had The Times failed to revisit its own coverage of Iraqi weapons of mass destruction? To anyone who read the paper between September 2002 and June 2003, the impression that Saddam Hussein possessed, or was acquiring, a frightening arsenal of W.M.D. seemed unmistakable. Except, of course, it appears to have been mistaken. On Tuesday, May 18, I told executive editor Bill Keller I would be writing today about The Times' responsibility to address the subject. He told me that an internal examination was already under way;

we then proceeded independently and did not discuss it further. The results of The Times' own examination appeared in last Wednesday's paper, and can be found online at nytimes.com/critique.

I think they got it right. Mostly. (I do question the placement: as one reader asked, "Will your column this Sunday address why the NYT buried its editors' note – full of apologies for burying stories on A10 – on A10?î)

Some of The Times' coverage in the months leading up to the invasion of Iraq was credulous; much of it was inappropriately italicized by lavish front-page display and heavy-breathing headlines; and several fine articles by David Johnston, James Risen and others that provided perspective or challenged information in the faulty stories were played as quietly as a lullaby. Especially notable among these was Risen's "C.I.A. Aides Feel Pressure in Preparing Iraqi Reports," which was completed several days before the invasion and unaccountably held for a week. It didn't appear until three days after the war's start, and even then was interred on Page B10.

The Times' flawed journalism continued in the weeks after the war began, when writers might have broken free from the cloaked government sources who had insinuated themselves and their agendas into the prewar coverage. I use "journalism" rather than "reporting" because reporters do not put stories into the newspaper. Editors make assignments, accept articles for publication, pass them through various editing hands, place them on a schedule, determine where they will appear. Editors are also obliged to assign follow-up pieces when the facts remain mired in partisan quicksand.

The apparent flimsiness of "Illicit Arms Kept Till Eve of War, an Iraqi Scientist Is Said to Assert," by Judith Miller (April 21, 2003), was no less noticeable than its prominent front-page display; the ensuing sequence of articles on the same subject, when Miller was embedded with a military unit searching for W.M.D., constituted an ongoing minuet of startling assertion followed by understated contradiction. But pinning this on Miller alone is both inaccurate and unfair: in one story on May 4, editors placed the headline "U.S. Experts Find Radioactive Material in Iraq" over a Miller piece even though she wrote, right at the top, that the discovery was very unlikely to be related to weaponry.

The failure was not individual, but institutional.

When I say the editors got it "mostly" right in their note this week, the qualifier arises from their inadequate explanation of the journalistic imperatives and practices that led The Times down this unfortunate path. There were several.

The hunger for scoops – Even in the quietest of times, newspaper people live to be first. When a story as momentous as this one comes into view, when caution and doubt could not be more necessary, they can instead be drowned in a flood of adrenalin. One old Times hand recently told me there was a period in the not-too-distant past when editors stressed the maxim "Don't get it first, get it right." That soon mutated into "Get it first and get it right." The next devolution was an obvious one.

War requires an extra standard of care, not a lesser one. But in The Times' W.M.D. coverage, readers encountered some rather breathless stories built on unsubstantiated "revelations" that, in many instances, were the anonymity-cloaked assertions of people with vested interests. Times reporters broke many stories before and after the war – but when the stories themselves later broke apart, in many instances Times readers never found out. Some remain scoops to this day. This is not a compliment.

Front-page syndrome – There are few things more maligned in newsroom culture than the "on the one hand, on the other hand" story, with its exquisitely delicate (and often soporific) balancing. There are few things more greedily desired than a byline on Page 1. You can "write it onto 1," as the newsroom maxim has it, by imbuing your story with the sound of trumpets. Whispering is for wimps, and shouting is for the tabloids, but a terrifying assertion that may be the tactical disinformation of a self-interested source does the trick.

"Intelligence Break Led U.S. to Tie Envoy Killing to Iraq Qaeda Cell," by Patrick E. Tyler (Feb. 6, 2003) all but declared a direct link between Al Qaeda and Saddam Hussein – a link still to be conclusively established, more than 15 months later. Other stories pushed Pentagon assertions so aggressively you could almost sense epaulets sprouting on the shoulders of editors.

Hit-and-run – journalism The more surprising the story, the more often it must be revisited. If a defector like Adnan Ihsan Saeed al-Haideri is hailed by intelligence officials for providing "some of the most valuable information" about chemical and biological laboratories in Iraq ("Defectors Bolster U.S. Case Against Iraq, Officials Say," by

Judith Miller, Jan. 24, 2003), unfolding events should have compelled the paper to re-examine those assertions, and hold the officials publicly responsible if they did not pan out.

In that same story anonymous officials expressed fears that Haideri's relatives in Iraq "were executed as a message to potential defectors."

Were they? Did anyone go back to ask? Did anything Haideri say have genuine value? Stories, like plants, die if they are not tended. So do the reputations of newspapers.

Coddling sources – There is nothing more toxic to responsible journalism than an anonymous source. There is often nothing more necessary, too; crucial stories might never see print if a name had to be attached to every piece of information. But a newspaper has an obligation to convince readers why it believes the sources it does not identify are telling the truth. That automatic editor defence, "We're not confirming what he says, we're just reporting it," may apply to the statements of people speaking on the record. For anonymous sources, it's worse than no defence. It's a license granted to liars.

The contract between a reporter and an unnamed source – the offer of information in return for anonymity – is properly a binding one. But I believe that a source who turns out to have lied has breached that contract, and can fairly be exposed. The victims of the lie are the paper's readers, and the contract with them supersedes all others. (See Chalabi, Ahmad, et al.) Beyond that, when the cultivation of a source leads to what amounts to a free pass for the source, truth takes the fall. A reporter who protects a source not just from exposure but from unfriendly reporting by colleagues is severely compromised. Reporters must be willing to help reveal a source's misdeeds; information does not earn immunity. To a degree, Chalabi's fall from grace was handled by The Times as if flipping a switch; proper coverage would have been more like a thermostat, constantly taking readings and then adjusting to the surrounding reality. (While I'm on the subject: Readers were never told that Chalabi's niece was hired in January 2003 to work in The Times's Kuwait bureau. She remained there until May of that year.)

End-run –- editing Howell Raines, who was executive editor of the paper at the time, denies that The Times' standard procedures were cast aside in the weeks before and after the war began. (Raines's statement on the subject, made to The Los Angeles Times, may be read at poynter.org/forum/ ?id=misc#raines.)

But my own reporting (I have spoken to nearly two dozen current and former Times staff members whose work touched on W.M.D. coverage) has convinced me that a dysfunctional system enabled some reporters operating out of Washington and Baghdad to work outside the lines of customary bureau management.

In some instances, reporters who raised substantive questions about certain stories were not heeded. Worse, some with substantial knowledge of the subject at hand seem not to have been given the chance to express reservations. It is axiomatic in newsrooms that any given reporter's story, tacked up on a dartboard, can be pierced by challenges from any number of colleagues. But a commitment to scrutiny is a cardinal virtue. When a particular story is consciously shielded from such challenges, it suggests that it contains something that plausibly should be challenged.

READERS have asked why The Times waited so long to address the issues raised in Wednesday's statement from the editors. I suspect that Keller and his key associates may have been reluctant to open new wounds when scabs were still raw on old ones, but I think their reticence made matters worse. It allowed critics to form a powerful chorus; it subjected staff members under criticism (including Miller) to unsubstantiated rumor and specious charges; it kept some of the staff off balance and distracted.

The editors' note to readers will have served its apparent function only if it launches a new round of examination and investigation. I don't mean further acts of contrition or garment-rending, but a series of aggressively reported stories detailing the misinformation, disinformation and suspect analysis that led virtually the entire world to believe Hussein had W.M.D. at his disposal.

No one can deny that this was a drama in which The Times played a role. On Friday, May 21, a front-page article by David E. Sanger ("A Seat of Honor Lost to Open Political Warfareî) elegantly characterized Chalabi as "a man who, in lunches with politicians, secret sessions with intelligence chiefs and frequent conversations with reporters from Foggy Bottom to London's Mayfair, worked furiously to plot Mr. Hussein's fall." The words "from The Times, among other publications" would have fit nicely after "reporters" in that sentence. The aggressive journalism that I long for, and that the paper owes both its readers and its own self-respect, would reveal not just the tactics of those who promoted the W.M.D. stories, but how The Times itself was used to further their cunning campaign.

In 1920, Walter Lippmann and Charles Merz wrote that The Times had missed the real story of the Bolshevik Revolution because its writers and editors "were nervously excited by exciting events." That could have been said about The Times and the war in Iraq. The excitement's over; now the work begins.

ANNEXE

CHOI-FM et la liberté d'expression
Le point sur le non-renouvellement de la licence
de CHOI-FM par le CRTC
Texte préparé pour la FPJQ
par Anne-Marie Gingras,
15 septembre 2005

Il y a des années que la *trash radio* suscite controverses et malaises à Québec. Le regretté Jean-Pierre Desaulniers écrivait dans *Le Devoir* du 19 août 2004 : « Pourquoi cette si jolie ville tient-elle quotidiennement à brasser de la merde, à cracher sur les gens, à saccager des réputations, à jouer la loi des gros bras ? À quoi tient une telle jouissance dans l'insulte, l'indignation hargneuse, la grossièreté scabreuse, la hargne vengeresse ? » Contrairement à ce qu'écrivait Desaulniers, ce n'est pas « toute la ville » qui aime brasser de la merde... En fait, le non-renouvellement de la licence de CHOI-FM par le CRTC a soulagé bon nombre de citoyens et de citoyennes à Québec. Ceux-ci constatent cependant à regret le succès des procédures dilatoires du propriétaire de la station, Patrice Demers, puisque l'ordonnance du CRTC de juillet 2004 n'a pas encore pris effet. Le point s'impose sur cette affaire puisqu'à chaque échec administratif ou judiciaire, Patrice Demers, non content de faire appel, clame que les tribunaux et le CRTC ne lui rendent pas justice. Qu'en est-il vraiment ?

Depuis 2004, Patrice Demers fonde son argumentation sur le droit à la liberté d'expression. Il affirme que les décisions du CRTC nuisent à ce droit et que la Cour d'appel fédérale a refusé de se prononcer là-dessus. Lui et ses supporters affirment que la survie de CHOI-FM est une question de liberté d'expression, qu'il ne faut pas réglementer le bon goût, qu'aucune instance ne peut limiter ce droit, qui constitue un des fondements de base de notre système politique. Patrice Demers a raison quand il prétend que la liberté d'expression constitue un droit essentiel dans notre société. Mais là s'arrête la justesse de ses vues.

Dans ce texte, je cherche à expliquer les fondements de la liberté d'expression pour la démocratie et à démontrer que la fermeture d'un type de radio comme CHOI-FM ne constitue pas une atteinte à la liberté d'expression. Mais auparavant, un résumé des péripéties réglementaires et judiciaires de la station s'impose.

Les revers administratifs et judiciaires de CHOI-FM

Il faut remonter à la période 1997-2002 pour comprendre les démêlés de CHOI-FM avec le CRTC. Genex Communications Inc., la compagnie de Patrice Demers, obtient une licence de radiodiffusion en 1997. Entre 1999 et 2002, le CRTC reçoit 47 plaintes au sujet de la programmation de CHOI-FM. Les plaintes sont divisées en trois : contenu verbal (propos ou langage offensant), concours offensants en ondes (dont un concours de fellation) et attaques personnelles et harcèlement. La décision CRTC 2002-189, disponible sur Internet, précise les reproches adressés à la station. Il faut bien comprendre que le CRTC est un organisme de réglementation qui a peu de dents; les plaintes ne sont pas «traitées» au fur et à mesure au sens où justice devrait être rendue à chaque plainte, et une station n'a pas à répondre des propos de ses animateurs même si elle viole ses conditions de licence à répétition. Ces conditions de licence sont *a priori* les mêmes pour toutes les stations et se trouvent dans le Règlement de la radio de 1986. Selon les informations fournies par l'organisme de réglementation lui-même, le personnel du CRTC ne fait que verser les plaintes reçues au sujet d'une station au dossier de la titulaire de la licence. Ce n'est qu'au moment du renouvellement de la licence que le dossier complet d'une station est étudié; si le CRTC a reçu des plaintes sérieuses au sujet d'une titulaire de licence, on lui demande alors de s'expliquer (Décision de radiodiffusion CRTC 2004-271, paragraphe 40). Le CRTC n'agit généralement qu'aux 5 ou 7 ans, lors du renouvellement de la licence. Entre ces périodes, il peut aviser une station des plaintes reçues contre elle, mais il ne sévit pas. L'étude de Marc Raboy *Accès inégal. Les canaux d'influence en radiodiffusion* démontre à quel point le CRTC a eu partie liée avec les radiodiffuseurs dans le passé.

En février 2002, Genex était convoquée à une audience publique en vue du renouvellement de sa licence. Les plaintes déposées contre elle concernaient l'émission «Le monde parallèle», de Jean-François Fillion. Ces plaintes portaient sur: des propos injurieux à l'égard des femmes, des personnes handicapées, des personnes homosexuelles, des autochtones; des propos sexuels et scatologiques; des attaques personnelles et du harcèlement. Devant ces plaintes, Genex a fourni une défense fondée sur 3 éléments: le premier visait à minimiser les effets des propos tenus en ondes («les propos doivent être pris dans leur contexte»); le deuxième portait sur l'idée que l'auditoire était composé de jeunes adultes (?!); et le troisième était l'usage de l'ironie, du sarcasme, de l'humour. Genex a toutefois admis le bien-fondé d'un certain nombre de plaintes, dont celles portant sur les concours offensants et d'autres sur les attaques personnelles et les propos vulgaires. Pour faire amende honorable, Genex a présenté un Code de déontologie au CRTC et a promis de mettre sur pied un comité aviseur qui aurait la charge d'examiner les plaintes et de donner des avis au sujet de l'application de ce code. Pour bien marquer la situation exceptionnelle dans laquelle se trouvait la titulaire, le CRTC n'a accordé qu'une licence de 2 ans à Genex.

À aucun moment en 2002 Genex n'a-t-elle fait état du droit à la liberté d'expression. Ce fort symbole de la démocratie n'est apparu qu'en 2004 seulement, alors que l'entreprise devait répondre à nouveau d'une série de plaintes en audience publique devant le CRTC. Celui-ci avait reçu 45 plaintes, il les a regroupées ou envoyées au Conseil canadien des normes en radiodiffusion. Durant les audiences, seules quelques plaintes ont été examinées.

Le CRTC a reçu 9 468 interventions pour ce dossier, 9 417 interventions favorables, 38 défavorables et 13 commentaires. 9 417, c'est «la ville» à laquelle Desaulniers faisait référence plus haut... En plus de découvrir tous en même temps et faire valoir ce droit inestimable appelé «liberté d'expression», les intervenants favorables à CHOI-FM ont expliqué que la station faisait la promotion du rock alternatif, était impliquée dans sa communauté en diffusant des messages contre les grossesses non désirées et pour l'usage du condom, entre autres. Les intervenants défavorables ont expliqué que CHOI-FM n'avait pas respecté ses conditions de licence, en particulier son propre code de déontologie et l'article 3 du Règlement sur la radiodiffusion en diffusant des propos offensants qui, pris dans leur contexte, risquent d'exposer une personne ou un groupe à la haine ou au mépris pour des motifs fondés sur la race, l'origine nationale ou ethnique, la couleur, la religion, le sexe, l'orientation sexuelle, l'âge ou la déficience physique ou mentale. La décision CRTC 2004-271 fait état des plaintes de M. François-Pierre Gauvin (mépris envers les personnes handicapées), Mme Sophie Chiasson (insultes et attaques à répétition visant à la dénigrer et la ridiculiser), de l'Université Laval (propos offensants à l'égard d'étudiants africains), de Cogeco et M. Robert Gillet (propos injurieux, harcèlement, vengeance), de Mmes Joncas et Brazeau et de M. Ricky Arsenault (violation de la vie privée).

Le CRTC a toujours été clair en ce qui concerne la liberté d'expression. Il s'agit là d'un droit précieux, mais qui n'est pas absolu. L'organisme de réglementation considère, conformément à la jurisprudence dans le domaine, que le droit de critiquer n'entraîne pas le droit de dénigrer et de faire preuve d'acharnement indu, ni de se servir des ondes pour faire des attaques personnelles. La décision du CRTC refusant le renouvellement de la licence de CHOI-FM comporte une conclusion de laquelle je fais ressortir quatre points majeurs :

1. Le CRTC a pris des mesures destinées à prévenir Genex des conséquences possibles de ses gestes, dont la décision de renouvellement de 2002 de deux ans seulement, ce qui est un message fort clair ;

2. Le contenu verbal identifié dans les plaintes ne reflète pas des incidents isolés mais semble faire partie d'un comportement de la titulaire qui s'est poursuivi et a même empiré au cours des deux périodes de licence consécutives et malgré des rappels à l'ordre clairs et sans équivoque de la part du CRTC, du Conseil canadien des normes de la radiodiffusion et même de son propre comité aviseur ;

3. Un mois après son renouvellement de licence pour deux ans, à l'été 2002, Patrice Demers prenait une entente avec le plus célèbre des animateurs de la *trash radio* au Québec, André Arthur pour obtenir sa collaboration à l'émission de Jean-François Fillion et expliquait que ce qui comptait réellement était les cotes d'écoute ;

4. Enfin, la gravité et la fréquence des infractions relevées, le fait qu'il s'agisse de récidive, le comportement de dénégation générale affiché par la titulaire, les mesures dilatoires qu'elle a utilisées dans le traitement des plaintes tout au long de la dernière période de licence, soit septembre 2002 à août 2004, ont convaincu le CRTC que Genex n'accepte pas ses obligations réglementaires et n'a pas la volonté de s'y conformer (Décision CRTC 2004-271, paragraphes 126, 129, 132 et 133).

La décision de ne pas renouveler la licence de CHOI-FM a été suivie d'un exercice de déchirage de chemises à grande échelle. Des manifestations à Québec et Ottawa ont rassemblé quelques dizaines de milliers de personnes qui ont adopté le slogan «Liberté je crie ton nom partout». Simon Langlois, professeur de sociologie à l'Université Laval, a fait état du malaise de classe et de génération auquel ce phénomène correspondait: les *white angry young men*, ces jeunes hommes déclassés incapables de se trouver une place sur le marché du travail dans une ville où les institutions et la bureaucratie accaparent une part importante du marché de l'emploi. Langlois précise que la station rejoint trois fois plus d'hommes que de femmes, qu'il s'agit principalement de personnes n'ayant pas terminé leur cégep (certains sont étudiants); il s'agit de la *lower middle class*, une classe moyenne au statut précaire. CHOI-FM a plus de succès chez les étudiants non universitaires que chez les étudiants universitaires (Langlois dans l'*Annuaire du Québec 2005*, p. 92-94). Dans les manifestations d'appui à CHOI-FM, il faut donc voir bien davantage qu'une revendication ponctuelle concernant une station de radio.

Genex a fait appel de la décision du CRTC de ne pas renouveler sa licence et le 1er septembre 2005, la Cour d'appel fédérale rendait son jugement. Dans une décision unanime, la Cour rejette les onze demandes de Genex. Au paragraphe 221, le juge Létourneau écrit:

> *L'appelante fait grand état de la liberté d'expression reconnue à l'article 2b) de la Charte et semble vouloir lui octroyer un absolutisme que les tribunaux ne lui ont jamais reconnu. Je ne crois pas me tromper en affirmant que liberté d'expression, liberté d'opinion et liberté de parole ne veulent pas dire liberté de diffamation, liberté d'oppression et liberté d'opprobre. Je ne crois pas non plus me tromper en affirmant que le droit à la liberté d'expression reconnu à la Charte n'exige pas de l'État ou du CRTC qu'ils se rendent complices ou promoteurs de propos diffamatoires, de violations des droits à la vie privée, à l'intégrité, à la dignité humaine et à la réputation en les obligeant à émettre une licence de radiodiffusion utilisée à ces fins. Accepter la proposition de l'appelante, c'est se servir de la Charte pour faire de l'État ou de ses organismes un instrument d'oppression ou de violation des droits individuels à la dignité humaine, à la vie privée et à l'intégrité au nom de la rentabilité commerciale d'une entreprise.*

Genex a tenté d'invalider la décision du CRTC en faisant valoir que l'organisme de réglementation avait violé les principes de justice naturelle et les règles d'équité procédurales, entre autres. Elle a tiré dans toutes les directions, sans égard à la jurisprudence, en utilisant des concepts juridiques à mauvais escient, en faisant fi des règles de procédures de la Cour, en demandant à la Cour d'appel de faire ce qu'elle ne peut pas faire, en confondant la justice pénale et la justice administrative. C'est une défense qui tient sur des cure-dents! La lecture du jugement laisse voir qu'en fait, Genex n'avait pas de cas. Les cent pages écrites par le juge Gilles Létourneau constituent par ailleurs un excellent cours de «Droit de la radio 101» et contiennent un bon résumé de l'affaire aux paragraphes 76 à 111.

La question de la liberté d'expression pour la *trash radio*

CHOI-FM ne peut faire valoir que sa liberté d'expression est bafouée par le non-renouvellement de sa licence ou par la décision de la Cour d'appel fédérale, et ce, pour deux raisons fondamentales. Premièrement, l'obtention (ou le renouvellement) d'une licence de radiodiffusion constitue un privilège, et non un droit, au même titre que l'obtention d'un permis de conduire. Le non respect des conditions d'usage de ce privilège entraîne automatiquement la perte du privilège. Si un automobiliste perd son permis parce qu'il a accumulé 12 points à son dossier, déchirer sa chemise en public ne changera rien à l'affaire. Que les auditeurs de CHOI-FM n'aient pas compris ce principe, fort simple, est bien la preuve que le problème n'a pas été présenté sous son véritable jour par les principaux intéressés, Demers, Fillion, ainsi que l'avocat Guy Bertrand.

L'usage extensif du symbole «liberté d'expression» pour rameuter les troupes, crier à l'injustice et transformer une partie de la ville de Québec en hordes en colère est un phénomène qui mérite réflexion. CHOI-FM a canalisé une colère sociale impressionniste contre les gouvernements, les personnages politiques, les bureaucrates, la haute ville, et ainsi de suite, ce qui m'incite à faire deux commentaires. Le succès d'écoute relatif de la station 98.1 s'expliquait en partie par le ton plus dur que celui de bien d'autres stations, jugées trop molles à l'égard des élites, qui ne posent que peu de questions difficiles aux personnages publics; il y a là un problème de dynamique entre les stations, un problème qui transcende CHOI-FM. À cette station, on mettait de l'avant des critiques, mais on le faisait dans la désorganisation la plus totale, dans le spectacle le moins constructif et dans un mélange de demi-vérités et de mensonges grossiers. La vulgarité et les propos crus étaient et sont encore en quelque sorte utilisés comme marques de commerce auprès d'un auditoire qui aime non seulement la confrontation, mais qui apprécie le style bagarreur des animateurs. Un autre niveau de langage était régulièrement tenu sur les ondes: celui du discours illicite (haineux, diffamatoire, atteinte à la réputation, à la vie privée, etc.) et c'est ce type de propos qu'ont condamné les instances réglementaires et juridiques. Au total, Jean-François Fillion tenait des propos peu argumentés, ce qui plaisait à une catégorie d'auditeurs qui se reconnaissaient en lui (ils parlent exactement comme lui) et se réjouissaient d'entendre à la radio une demi-douzaine de jurons dans une phrase. Sacrer fait «peuple», pensent certains... Critiques acerbes, vulgarité, propos haineux: ce cocktail acidulé n'est pas sans nourrir le mépris mutuel qu'entretiennent une partie de la haute ville et une partie de la basse ville. Diane Vincent et Olivier Turbide ont raison de qualifier la *trash radio* de «divertissement socialement coûteux»! Entre les gentilles stations de radio de la région de Québec et CHOI-FM, il y a un fossé (surtout depuis le premier départ de Robert Gillet de la scène radiophonique)... qui pourrait certainement être comblé.

Le second commentaire porte sur l'exploitation des divisions sociales par la station de Patrice Demers; on n'a pas simplement relayé une colère, on l'a abondamment nourrie en diffusant des propos non pas critiques, mais carrément offensants et parfois mensongers, particulièrement durant l'affaire de la prostitution juvénile. Jean-François Fillion et André Arthur ont accusé à tort un certain nombre de personnages publics d'avoir acheté les services sexuels de mineures, dont le maire de la ville Jean-Paul L'Allier. De très publics lynchages de politiciens et de journalistes, entre autres, ont cours depuis des années. Ces lynchages reposent sur des fictions ou des coups montés davantage que sur des réalités. Que les hommes et les femmes politiques de Québec aient à vivre avec d'éternels mensonges sur leur compte, sans cesse répétés, qu'ils soient l'objet de railleries sans fin et soient ridiculisés éloigne certainement des personnes de qualité de la vie publique, en plus de donner de la classe politique en entier une réputation exécrable, uniforme, sans nuance aucune. Et c'est sans parler de l'atmosphère d'intimidation visant à faire taire les opposants de CHOI-FM... Cette atmosphère pourrie a incité le juge Gilles Hébert, de la Cour supérieure du Québec, à déplacer le procès sur la prostitution juvénile de Québec à Montréal en 2003.

Ceci m'amène à la deuxième raison pour laquelle fermer CHOI-FM n'est pas une atteinte à la liberté d'expression. À quoi sert la liberté d'expression en démocratie? Elle permet que des points de vue divergents soient entendus, que tout l'éventail des opinions soit exprimé sur la place publique pour que les citoyens et les citoyennes puissent se faire une opinion éclairée des enjeux importants de leur société, de leur région, de leur monde. La liberté d'expression permet un meilleur débat public. Or, qu'a fait CHOI-FM durant ses deux dernières périodes de licence ? Elle a minimisé le débat public, elle n'a que peu ou pas ouvert ses ondes aux idées contradictoires, elle a intimidé ses opposants. Les animateurs de la station ont toujours pensé offrir un bien meilleur *show* en ridiculisant les personnes qui avaient des points de vue contraires aux leurs, en insultant les gens, en répandant des faussetés, en lançant des rumeurs, ou en portant des jugements de valeur lapidaires et spectaculaires, sans en expliquer les fondements. Les animateurs de la *trash radio* n'ont rien à faire du « débat public ». Le discours de CHOI-FM, sans nuances, était destiné à « propagander », pas à susciter des réflexions, raffiner les perceptions et enrichir d'une quelconque manière la façon de voir le monde de ses auditeurs. Il est arrivé à quelques reprises que des débats contradictoires corrects soient organisés sur les ondes de CHOI-FM, mais il s'agit là d'exceptions. L'essentiel du travail des animateurs de la *trash radio*, et ils sont les premiers à le reconnaître, est de faire un bon *show*… pour faire des profits. Plus les audiences augmentent, plus le prix de la publicité augmente. C'est bien connu, les médias vendent leurs auditoires à leurs commanditaires… Quand on utilise le droit à la liberté d'expression pour dénigrer des individus et ce faisant, protéger et augmenter ses profits, comme le fait Patrice Demers, il est certain qu'on risque de trouver sur sa route le CRTC, la Cour supérieure du Québec et la Cour d'appel fédérale.

Un cadre réglementaire et juridique contre les abus

Le 1er septembre 2005, la Cour d'appel fédérale a redit que le CRTC pouvait réglementer les contenus sur les ondes publiques. Le CRTC doit voir à ce que les propos tenus à la radio soient de haute qualité et ne soient pas offensants, au sens de l'article 3 du Règlement de la radio cité plus haut. Ces expressions sont-elles trop vagues ? Posent-elles problème pour l'application de la liberté d'expression ? Pas du tout. Voici pourquoi.

Les organismes qui appliquent la justice administrative et les divers tribunaux ont chacun un rôle différent mais travaillent en fonction des mêmes balises, des mêmes repères. Ce qui constitue du discours non acceptable en société pour le CRTC est fort probablement aussi du discours non acceptable pour les tribunaux, à moins d'être dans les propos *borderline*. Cela veut dire que les « propos offensants et dégradants » ou les « propos qui ne sont pas de haute qualité » qu'on retrouve dans une décision du CRTC risquent fort de correspondre aux « propos qui portent atteinte à la réputation et à la vie privée » de la Cour supérieure du Québec. Mais le CRTC ne peut pas affirmer que les propos sexistes et dégradants tenus à l'égard de Sophie Chiasson méritent 340 000$ en dommages et intérêts alors que la Cour supérieure peut le faire. Avec des rôles différents, le CRTC et la Cour supérieure sont sur la même longueur d'ondes; on arrive à tracer une ligne entre le discours acceptable et le discours non acceptable en fonction d'un équilibre entre la liberté d'expression et d'autres droits: les droits à la réputation, à la vie privée, à la dignité, à un procès juste et équitable, entre autres. Cette recherche d'équilibre de droits se fait par le CRTC et par toutes les instances auxquelles on fait appel pour protéger ces droits contre des propos offensants. Il y a une montagne de jurisprudence là-dessus. Tous, avocats, propriétaires, animateurs, organisme de réglementation et tribunaux travaillent dans un cadre connu à l'avance. Il n'y a pas de surprise ici! C'est ce cadre archi-connu qu'on n'a pas le droit d'ignorer, en prétendant à un auditoire peu versé en matière de droit que CHOI-FM est une martyre et que la décision du CRTC est arbitraire et injuste.

Illustrons ce cadre concrètement, en prenant deux passages des décisions du CRTC et de la Cour supérieure du Québec, concernant les démêlés de Sophie Chiasson contre CHOI-FM, Patrice Demers et les animateurs de la station. Dans sa décision 2004-271, le CRTC écrit:

> [...] *CHOI-FM a délibérément ridiculisé et insulté la plaignante* [Sophie Chiasson], *en diffusant plusieurs propos offensants sur ses attributs physiques et sexuels et en prétendant qu'elle est populaire seulement à cause d'eux et qu'elle est autrement dépourvue de talent et d'intelligence* [...] [Ces propos] *visaient clairement à dénigrer et à rabaisser la plaignante aux yeux du public.*
>
> *Le conseil considère que les propos diffusés au sujet de Mme Chiasson étaient offensants et risquaient d'exposer la plaignante, et les femmes en général, au mépris pour des motifs fondés sur le sexe* [...] *(paragraphes 64-65).*

Voici quelques-uns des propos offensants dont il s'agit: «experte de la menterie», «chatte en chaleur», «sangsue après Alexandre Daigle», «méchante paire de boules», «la grosseur du cerveau n'est pas directement proportionnelle à la grosseur de la brassière», «en fait c'est peut-être inversement proportionnel, effectivement», «cruche vide», et enfin des propos laissant entendre que la plaignante obtient des contrats grâce à des faveurs sexuelles (paragraphes 60 et 61).

Au sujet de la plainte de Sophie Chiasson, la Cour supérieure du Québec écrit dans sa décision du 11 avril:

> [95] Lorsque Jean-François Fillion et les animateurs de l'émission « Le monde parallèle » font référence à Mme Chiasson lors des émissions des 10 septembre et 8 octobre 2002, il s'agit d'insultes et d'attaques gratuites. C'est un manque total de respect pour la personne humaine et une intrusion dans l'intimité et le respect de la vie privée de Mme Chiasson. On peut facilement comprendre qu'à l'écoute de tels propos, la personne visée se sente humiliée, amoindrie, déstabilisée, perde confiance en elle et doute de ses capacités.
>
> [96] Le tort causé est très grave et presque irréparable. Mme Chiasson a raison de se sentir souillée en tant que femme et de considérer qu'il s'agit d'une attaque à son intégrité professionnelle et physique ainsi qu'à sa vie privée.
>
> [97] On a beau avoir la « couenne dure » comme le mentionnent les quatre (4) animateurs lors de leur témoignage devant le Tribunal, aucun être humain quel qu'il soit incluant Mme Chiasson, ne peut avoir une carapace assez solide pour rester imperméable aux insultes proférées à son endroit et aux incursions faites dans son intimité et sa vie privée ; surtout lorsqu'elles sont fausses et se répètent fréquemment.

Il existe donc un cadre réglementaire et juridique contre les abus verbaux sur la place publique. Proposer de gazer des personnes handicapées, « mimer en bruits » le viol d'une journaliste, inciter à l'illégalité, ridiculiser des personnes qui pensent à se suicider ne sont pas des propos nécessairement protégés par la Charte canadienne des droits et libertés, des propos qu'on peut tenir en prétendant exercer sa liberté d'expression. On peut raisonnablement penser qu'interdire ces propos ne constitue pas une atteinte à la liberté d'expression.

Conclusion

Devant cette affaire du non-renouvellement de la licence de CHOI-FM par le CRTC, citoyens et journalistes peuvent choisir l'une des deux voies :

   a) continuer à réclamer la liberté d'expression sans limites, ce qui revient à refuser de vivre dans une société démocratique. Toutes les sociétés démocratiques interdisent en effet la diffamation et protègent une série de droits : vie privée, réputation, droit à un procès juste et équitable, dignité, et ainsi de suite. Les sociétés démocratiques essaient constamment d'établir un équilibre entre ces droits et la liberté d'expression ;

b) tenter de comprendre le mieux possible le cadre réglementaire et juridique lié à la liberté d'expression, soit pour mieux l'appliquer, soit pour mieux le contester. On peut aussi tenter de comprendre le sens politique de la «liberté d'expression», c'est-à-dire son rôle dans les débats publics.

Les conflits et les divergences sont essentiels en démocratie, et les médias existent pour en faire part. Cela ne veut pas dire qu'une liberté à tout crin, sans balises, offre le meilleur contexte pour discuter et critiquer. La loi de la jungle n'a jamais permis aux petits de se faire entendre. C'est Voltaire qui écrivait : «Entre le fort et le faible, c'est la liberté qui opprime et la loi qui libère.»

Références

Cour supérieure du Québec, *Jugement sur requête introductive d'instances à dommages et intérêts pour atteinte à la réputation et à la vie privée*, Chiasson c. Fillion et Genex Communications Inc. et Demers et Gravel et Landry et Saint-Laurent et Côté, Taschereau, Samson, Demers, SENC, 2005.

CRTC, *Décision de radiodiffusion 2002-189*. Renouvellement à court terme de la licence de CHOI-FM, 2002.

CRTC, *Décision de radiodiffusion CRTC 2004-271*. CHOI-FM – Non-renouvellement de licence, 2004.

Langlois, Simon, «Jeunes hommes en colère à Québec : malaise de classe et de génération», dans Michel Venne (dir.), *L'annuaire du Québec*, Montréal, Éditions Fides, 2005, p. 92-94.

Raboy, Marc, *Accès inégal. Les canaux d'influence en radiodiffusion*, Sainte-Foy, Les Presses de l'Université du Québec, 1995.

Vincent, Diane et Olivier Turbide, «La radio de confrontation : un divertissement social coûteux», dans Diane Vincent et Olivier Turbide (dir.), *Fréquences limites. La radio de confrontation au Québec*, Québec, Éditions Nota Bene, 2004, p. 177-203.

Bibliographie sélective

La sphère publique

Bernier, Marc-François (2004). *Éthique et déontologie du journalisme*, Édition revue et augmentée, Sainte-Foy, Presses de l'Université Laval.

Blondiaux, Loïc (2008). *Le nouvel esprit de la démocratie*, Paris, Éditions du Seuil.

Braud, Philippe (1996). *L'émotion en politique*, Paris, Presses de sciences politiques.

Breton, Philippe et Serge Proulx (2002). *L'explosion de la communication à l'aube du XXIe siècle*, Montréal, Éditions du Boréal.

Brun, Henri (2005). «Le droit du public à l'information politique: un droit constitutionnel aux ancrages multiples», dans Service de la formation permanente du Barreau du Québec, *Développements récents en droit d'accès à l'information*, vol. 233, p. 89-113.

Comeau, Paul-André (2004). «Les enjeux éthiques de la gestion de l'information. Éthique publique», *Revue internationale d'éthique sociale et gouvernementale*, vol. 6, n° 2.

Etchegoyen, Alain (1993). *La démocratie malade du mensonge*, Paris, François Bourin.

Gingras, Anne-Marie (2003). *La communication politique. État des savoirs, enjeux et perspectives*, Québec, Presses de l'Université du Québec, p. 11-66.

Gusse, Isabelle (dir.) (2006). *Diversité et indépendance des médias*, Montréal, Les Presses de l'Université de Montréal.

Habermas, Jürgen (1978). *L'espace public. Archéologie de la publicité comme dimension constitutive de la société bourgeoise*, Paris, Payot.

Hackett, Robert A. et Richard Gruneau (2000). *The Missing News: Filters and Blind Spot in Canada's Press*, Ottawa, Canadian Centre for Policy Alternatives/Garamond Press.

Hall, Stuart (1981). «Cultural Studies and the Centre: some Problematics and Some Problems», dans Stuart Hall, Dorothy Hobson, Andrew Lowe et Paul Willis, *Culture, Media, Language*, Londres, Hutchison et Centre for Contemporary Cultural Studies, p. 15-47.

Hall, Stuart (1981). «Encoding / Decoding», dans Stuart Hall, Dorothy Hobson, Andrew Lowe et Paul Willis, *Culture, Media, Language*, Londres, Hutchison et Centre for Contemporary Cultural Studies, p. 128-138.

Kellner, Douglas (1990), *Television and the Crisis of Democracy*, Boulder, Westview Press.

Peterson, Theodore (1956). «The Social Responsibility Theory», dans Fred S. Siebert, Theodore Peterson et Wilbur Schramm (dir.), *Four Theories of the Press*, Chicago, University of Illinois Press.

Quéré, Louis (1982). *Des miroirs équivoques. Aux origines de la communication moderne*, Paris, Aubier Montaigne.

Wolton, Dominique (1997). *Penser la communication*, Paris, Flammarion.

Les médias et les pouvoirs politiques

Bennett, W. Lance (1996). «News», *The Politics of Illusion*, White Plains, Longman.

Charron, Jean (1994). *La production de l'actualité*, Boucherville, Boréal.

Gans, Herbert J. (1980). *Deciding What's News*, New York, Pantheon.

Gingras, Anne-Marie (1998). «Éthique et argument *ad populum* dans les débats télévisés canadiens (1962-1997)», *Communication*, vol. 18, n° 2, p. 53-69.

Hall, Stuart (1978). *Policing the Crisis. Mugging, The State, and Law and Order*, Londres, Macmillan Press.

Hall Jamieson, Kathleen (1992). *Dirty Politics. Deception, Distraction, and Democracy*, New York, University of Oxford Press.

Norris, Pippa (dir.) (1997). *Women, Media, and Politics*, New York, Oxford University Press.

Parenti, Michael (1993). *Inventing Reality. The Politics of News Media*, New York, St. Martin's Press.

Pirie, Madsen (1985). *The Book of the Fallacy. A Training Manual for Intellectual Subversives*, Londres, Routledge & Kegan Paul.

Schwartzenberg, Roger-Gérard (1977). *L'état spectacle*, Paris, Flammarion.

Valantin, Jean-Michel (2003). *Hollywood, le Pentagone et Washington. Les trois acteurs d'une stratégie globale*, Paris, Éditions Autrement.

Walton, Douglas (1989). *Informal Logic. A Handbook for Critical Argumentation*, Cambridge, University of Cambridge Press.

Les médias et les pouvoirs économiques

Babe, Robert E. (1995). *Communication and the Transformation of Economics. Essays in Information, Public Policy, and Political Economy*, Boulder, Westview Press.

Barlow, Maude et James Winter (1997). *The Big Black Book. The Essential Views of Conrad and Barbara Amiel Black*, Toronto, Stoddart Publishing.

Bastien, Frédérick (2004). « Écouter la différence ? Les nouvelles, la publicité et le service public en radiodiffusion », *Revue canadienne de science politique*, vol. 37, n° 1, p. 73-93.

Bernier, Marc-François (2008). *Journalistes au pays de la convergence. Sérénité, malaise et détresse dans la profession*, Québec, Presses de l'Université Laval.

Canada (1981). *Commission royale sur les quotidiens*, Ottawa, Ministre des Approvisionnements et Services Canada.

Canada, Comité permanent du Patrimoine canadien (2003). *Notre souveraineté culturelle. Le deuxième siècle de la radiodiffusion canadienne*, Ottawa, Chambre des communes.

Fédération professionnelle des journalistes du Québec (2004). *Mémoire présenté au Sénat sur la propriété des médias*, 16 décembre 2004, <www.fpjq.org/index.php?id=single&tx_ttnews[pS]=1137591308&tx_ttnews[pointer]=1&tx_ttnews[tt_news]=415&tx_ttnews[backPid]=42&cHash=f5e3e747ae>.

de Gaulejac, Vincent (2005). *La société malade de la gestion. Idéologie gestionnaire, pouvoir managérial et harcèlement social*, Paris, Éditions du Seuil.

Herman, Edward S. et Noam Chomsky (1988). *Manufacturing Consent. The Political Economy of Mass Media*, New York, Pantheon Books.

Klaehn, Jeffery (dir.) (2005). *Filtering the News. Essays on Herman and Chomsky's Propaganda Model*, Montréal, Black Rose.

Raboy, Marc (1990). *Occasions ratées. Histoire de la politique canadienne de la radiodiffusion*, Boucherville, Liber et Québec, Presses de l'Université Laval.

Sénécal, Michel (1995). *L'espace médiatique. Les communications à l'épreuve de la démocratie*, Montréal, Liber.

Smythe, Donald (1981). *Dependency Road : Communications, Capitalism, Consciousness, and Canada*, Norwood, Ablex.

Soderlund, Walter C. et Kai Hilderbrandt (dir.) (2005). *Canadian newspapers Ownership in the Era of Convergence. Rediscovering Social responsibility*, Edmonton, The University of Alberta Press.

Taras, David (1999). *Power and Betrayal in the Canadian Media*, Peterborough, Broadview Press.

Winter, James (1997). *Democracy's Oxygen, How Corporations Control The News*, Montréal, Black Rose Books.

L'opinion publique

Blondiaux, Loïc (1998). *La fabrique de l'opinion. Histoire sociale des sondages,* Paris, Presses universitaires de France.

Blondiaux, Loïc et Yves Sintomer (dir.) (2002). *Démocratie et délibération, Politix. Revue des sciences sociales du politique,* n° 57.

Bourdieu, Pierre (1984). « L'opinion publique n'existe pas », *Questions de sociologie,* Paris, Les Éditions de Minuit, p. 222-235.

Bourdieu, Pierre (1977). « Questions de politique », *Actes de la recherche en sciences sociales,* n° 16, p. 55-89.

Champagne, Patrick (1990). *Faire l'opinion. Le nouveau jeu politique,* Paris, Éditions de Minuit.

Cayrol, Roland (1985). « Du bon usage des sondages », *Pouvoirs,* n° 33, p. 12-13.

De Legge, Jean (1998). *Sondages et démocratie,* Paris, Flammarion.

Edelman, Murray (1991). *Pièces et règles du jeu politique,* Paris, Éditions du Seuil.

Gaxie, Daniel (1978). *Le cens caché. Inégalités culturelles et ségrégation politique,* Paris, Éditions du Seuil.

Gingras, Anne-Marie (2005). « Les médias, l'opinion publique, Internet et le Parlement », dans Réjean Pelletier et Manon Tremblay, *Le parlementarisme canadien,* 3ᵉ édition revue et augmentée, Québec, Presses de l'Université Laval, p. 243-272.

Gingras, Anne-Marie (2007). « La question de la liberté d'expression dans les démêlés judiciaires et les revers administratifs de CHOI-FM », *Revue canadienne de science politique,* vol.40. n° 1, p. 79-100.

Gingras, Anne-Marie (dir.) (2008). « La construction de la légitimité dans l'espace public », *Politique et Sociétés,* vol 27, n° 2.

Lachapelle, Guy (1991). *Les sondages et les médias lors des élections au Canada,* Toronto, Wilson et Lafleur.

Noelle-Neumann, Elizabeth (1984). *The Spiral of Silence. Public opinion – Our Social Skin,* Chicago, University of Chicago Press.

Les nouvelles technologies de l'information et de la communication

Anderson, David M. et Michael Cornfield (dir.) (2003). *The Civic Web. Online Politics and Democratic Values,* Lanham, Rowman & Littlefield Publishers.

Castells, Manuel (2001). *La galaxie Internet*, Paris, Fayard.

Castells, Manuel (2001). *La société en réseaux*, Paris, Fayard.

Flichy, Patrice (2001). *L'imaginaire d'internet*, Paris, La Découverte.

Fortier, François (2002). *Citoyens sous surveillance*, Montréal, Écosociété.

George, Éric (2000). « De l'utilisation d'Internet comme outil de mobilisation : le cas d'ATTAC et de SalAMI », *Sociologie et Sociétés*. *Les promesses du cyberespace*, vol. XXXII, n° 2, automne 2000, p. 171-187.

George, Éric et Fabien Granjon (dir.) (2008). *Critiques de la société de l'information*, Paris, L'Harmattan.

Gingras, Anne-Marie (dir.) (1999). « Démocratie et réseaux de communication », *Politique et Sociétés*, vol. 18, n° 2.

Gingras, Anne-Marie (2005). « Espace public et e-gouvernement aux États-Unis », dans Jean Mouchon, *Les mutations de l'espace public*, Fontenay-aux-roses, L'esprit du livre, p. 47-84.

Kline David et Dan Burnstein (2005). *Blog ! how the newest media revolution is changing politics, business, and culture*, New York, CDS Books.

Lacroix, Jean-Guy et Gaëtan Tremblay (1997). « The State's Role in the Sphere of Culture and Communication », *Current Sociology*, vol. 45, n° 4, p. 96-98.

Lacroix, Jean-Guy et Gaëtan Tremblay (2003). « Usages des TIC ». Tome 2 de *Bogues. Globalisme et pluralisme*, Québec, Presses de l'Université Laval.

Mattelart, Armand (2008). *La globalisation de la surveillance. Aux origines de l'ordre sécuritaire*, Paris, La Découverte.

Massit-Folléa, Françoise (dir.) (2005). *Gouvernance de l'internet. L'état de droit et l'état de fait*, Rapport 2005 Vox Internet, Paris, Fondation Maison des sciences de l'Homme.

Mouchon, Jean (2005). *Les mutations de l'espace public*, Fontenay-aux-Roses, L'Esprit du livre.

OCDE (2003). *Promise and Problems of E-Democracy. Challenges on Online Citizen Engagement*, OCDE.

Proulx, Serge, Francoise Massit-Folléa et Bernard Conein (2005). *Internet, une utopie limitée. Nouvelles régulations, nouvelles solidarités*, Québec, Presses de l'Université Laval.

Raboy, Marc et Thierry Vedel (2005). « La régulation des communications à l'ère numérique », dans Serge Proulx, Françoise Massit-Folléa et Bernard Conein, *Internet, une utopie limitée. Nouvelles régulations, nouvelles solidarités*, Québec, Presses de l'Université Laval, p. 318-323.

Rheingold, Howard (1993). *The Virtual Community. Homesteading on the Electronic Frontier*, Reading, Addison-Wesley.

Rodota, Stephano (1999). *La démocratie électronique. De nouveaux concepts et expériences politiques*, Rennes, Éditions Apogée.

Sénécal, Michel (2003). *Médias, technologies et réseaux. De la camera obscura aux balises de l'inforoute*, Québec, Presses de l'Université du Québec.

Tremblay, Gaëtan (1994). « La société de l'information : du fordisme au gatesisme. Conférence Southam », *Communication*, vol. 16 n° 2, p. 131-158.

Tsagarousianou, Roza, Damian Tambini et Cathy Bryan (1998). *Cyberdemocracy. Technology, Cities and Civic Networks*, Londres, Routledge.

Vedel, Thierry (1994). « Introduction à une sociopolitique des usages », dans André Vitalis (dir.), *Médias et nouvelles technologies*, Rennes, Éditions Apogée, p. 13-43.

Vedel, Thierry (1996). « Les politiques des autoroutes de l'information dans les pays industrialisés : une analyse comparative », *Réseaux*, Dossier : *Les autoroutes de l'information*, Paris, CENT, p. 11-28.

Vedel, Thierry (2003). « L'idée de démocratie électronique », dans Pascal Perrineau (dir.), *Le désenchantement démocratique*, La Tour d'Aigues, Éditions de l'Aube, p. 243-266.

Wilhelm, Anthony G. (2000). *Democracy in the Digital Age. Challenges to Political Life in Cyberspace*, New York, Routledge.

Marquis imprimeur inc.

Québec, Canada
2010

Imprimé sur du papier Silva Enviro 100% postconsommation
traité sans chlore, accrédité Éco-Logo et fait à partir de biogaz.